達標

芝加哥大學布斯商學院教授
艾雅蕾・費雪巴赫
Ayelet Fishbach——著
祁怡瑋——譯

芝大商學院教授親授，意想不到的激勵課

Get It Done

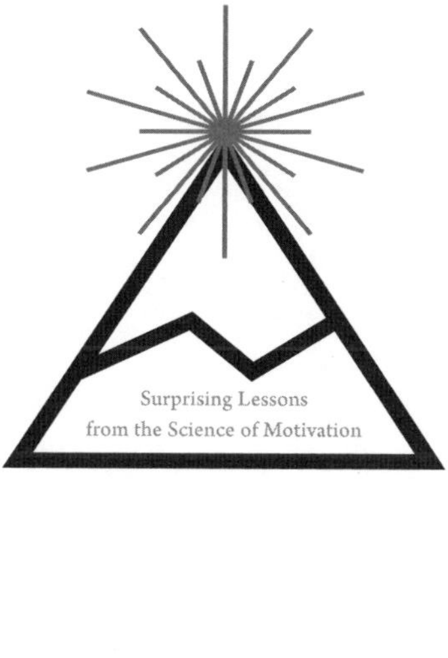

Surprising Lessons
from the Science of Motivation

CONTENTS

各界好評

如果你喜歡丹尼爾·康納曼的《快思慢想》和理查·塞勒的《不當行為》等行為經濟學大作，那你就不該錯過《達標》——一本富含樂趣，將振奮與擢升你「內在動機」，目的在於幫助你達成多重「人生目標」的書。在本書中，作者倚重其行為科學專業，大量剖析了一系列經典案例、研究成果和自己真實的生命故事，相當值得讀者們細細品嘗。此外，作者更系統性地盤點出務實觀念與執行方法，讀者們絕對能從中獲得啓發並應用於生活裡。

——洪瀞／《自己的力學》作者、成大副教授、雙寶爸

找對目標很難，更難的是「保持動力」，不是嗎？一年之初，人人都立下新志願，然而，不到半年就動力全失，無以為繼。作者艾雅蕾·費雪巴赫的社會心理學背景，幫助你借力使力，進而改變你的困境。立即閱讀，你就是激勵自己的大師。

——洪培芸／臨床心理師、作家

費雪巴赫擁有超凡的敘事能力，再加上扎實的學理根據，讓此書輕鬆好讀，同時又令人信服。書中談到「找尋內在動機」「善用人際支持」的論述，都與我拙作《內在原力》有異曲同工之妙，讓我讀來深有共鳴，也更加讚佩其旁徵博引的能力。極力推薦給每一位渴望實現目標、想要活出更好人生的讀者們一起共讀！

——愛瑞克／《內在原力》作者、TMBA共同創辦人

關於激勵，常有酸民會說：「那只是心靈雞湯，騙人的、沒用！」但打從我第一次接觸到激勵的相關書籍和理論，就知道它一定有用！而且，它等於是用最小的成本，就能發揮最大的效益。本書明確點出成功改變行爲的四大關鍵因素，分別是「選定一個目標」「保持動力」「兼顧多重目標」，以及「善用人際支持」。這些方法都是我親身驗證過確實有用的。激勵改變了我的人生，相信它也能改變你的人生。

——鄭匡宇／激勵達人

我愛這本書的什麼呢？讓我數一數。首先，我愛它的作者。不管是科學家還是什麼學家，就我所知，沒有人對目標心理學的認識比艾雅蕾·費雪巴赫更深。其次，我愛它的切實可行。我跟大家一樣都有夢想，書中每一章都教我更認識自己，並教我如

何制定實現夢想的目標。第三，我愛它的文筆。條理清晰、切中要點，卻又溫暖親切，而且誠實得深得我心。我還可以繼續數下去，但總而言之一句話：我眞的很愛這本書，而且我知道你也會愛上它。

——安琪拉・達克沃斯 Angela Duckworth ／《恆毅力》作者

艾雅蕾・費雪巴赫是當代代最有趣的一位心理學家了，而她研究的又是心理學最重要的主題之一——動機。這本令人欲罷不能的著作，讓我們看到人要如何透過改變自身處境和改變看待自身處境的眼光，激勵自己達成人生中的目標。

——卡蘿・杜維克 Carol S. Dweck ／《心態致勝》作者

費雪巴赫是激勵學界領先群倫的專家，她的研究不斷爲我們帶來既驚人又實用的見解。在這本引人入勝的著作中，她讓讀者看到如何縮短想法和行動之間的距離。

——亞當・格蘭特 Adam Grant ／《給予》作者

每個人都希望擁有達成目標的動力與信心，也希望自己能夠達成目標，但多數人卻事與願違。在這本文筆精湛、別具見地的著作中，費雪巴赫勾勒出一套常保動力肌肉發達的鍛鍊課程。

——法蘭西絲卡・吉諾 Francesca Gino／《莫守成規》作者

費雪巴赫突破性的見解革新了激勵學，也改變了我們對於人如何達成目標的理解。這本縝密、逗趣、保證實用的書，將她的創見化爲具體的辦法，每個人都能把這些辦法應用在自己的人生中。本書帶領你認識有效達標的絕招，把你從日常生活大大小小的挑戰中解救出來，實現難如登天的目標，一圓你可能截至目前爲止都圓不了的夢想。這是一本必讀之書。

——溫蒂・伍德 Wendy Wood／《習慣力》作者

如果人人都能「做就對了」，那還需要用這句話激勵自己嗎？但我們爲什麼就是不能「做就對了」呢？我們又該怎麼辦呢？在這本詞鋒犀利、賞心悅目又舉足輕重的著作中，全球首屈一指的激勵學專家不只解答了這個問題，也解答了其他的問題。那你還等什麼呢？讀就對了！

——丹尼爾・吉伯特 Daniel Gilbert／《快樂為什麼不幸福》作者

有這麼多書都保證幫助你達成目標，但只有這本以心理學研究爲根據，並由親自完成這些研究的傑出學者寫成。本書讓你明白爲什麼有時那麼難拿出動力，也讓你明白要怎麼做才能激發出更多動力。不只文筆慧黠、讀來有趣，最重要的是超級實用！

——尼可拉斯．艾普利 Nicholas Epley／《為什麼我們經常誤解人心？》作者

對於任何想要產能更高、注意力更集中、動力更強的人而言，本書都是寶貴的資源。費雪巴赫平易近人又獨具見地的著作，將革新你對立定目標和達成目標的想法。

——伊塔瑪．賽門森 Itamar Simonson／《告別行銷的老童話》共同作者

很特別的一本書。費雪巴赫提供了一個大師級的工具箱，人人都能用箱中工具強化自己的動力，並用那股強大的動力追求人生目標，也更有效地實現。她要教給我們一套人生在世不可不知的激勵術。

——托里．希金斯 Tory Higgins／哥倫比亞大學心理學教授

本書揭開了我們的生活、愛與渴望背後的原因、方法與理由，並爲我們的選擇、決定和感受提出罕有的見解。對於如何在工作、玩樂和人際關係上找到更好的方向，

本書既富有啓發性，也很實用。對人類社交行爲及其奧祕有興趣者必讀。

——艾里・庫格蘭斯基 Arie Kruglanski／馬里蘭大學心理學教授

前言

一封激勵自己、改變自己的邀請函

在魯道爾夫．拉斯伯（Rudolf Raspe）一七八五年的故事集《吹牛大王歷險記》當中，虛構的男爵說了許多想像的故事，內容圍繞著自己的足智多謀。在其中一則故事裡，他意外將手中的斧頭丟到了月亮上，於是他用生長神速的豆子養出長長的豆莖，長到讓他可以沿著豆莖爬上月亮拿回斧頭。在另一則故事裡，男爵槓上一隻鱷魚和一隻獅子，他巧妙地躲開攻擊，讓獅子一頭衝進鱷魚嘴裡，逃過一劫。還有一則故事說他把手伸進野狼的喉嚨，長驅直入抓住這頭野獸的尾巴，把野狼從裡到外翻了過來，就像把手套翻面似的。

而最著名的故事，或許是男爵騎著馬，陷入一大片沼澤裡。馬兒越陷越深，男爵四處張望，苦思如何脫離這險境。他冒出一個奇特的主意，男爵抓住自己的豬尾巴（當時流行的一種男士長辮髮型），靠著拉自己的頭髮，把人和馬雙雙拖出泥淖。

就算只是一種比喻，要靠拉頭髮把自己拉起來，怎麼想都不可能。撇開男爵打破的物理定律不談，我們都對類似的處境似曾相識。你可能今天一早硬是把自己拖下床，或是在吵架吵得正激動時叫自己冷靜。你可能意識到自己喝多了，逼自己離開派對現場。在面臨人生的重大轉折，像是搬到陌生的城鎮、展開新事業、開始或結束一段感情時，你勢必也得拉自己一把。男爵把自己拖出泥淖的故事，儼然成爲人生諸多自我激勵時刻的寓言。

就跟你一樣，我的人生也歷經幾番拉扯。我在以色列的集體農場基布茲（kibbutz）長大，這裡的人反對私有財產，他們認爲錢很髒，不只是因爲很多雙手都摸過。基於這種意識形態，我和其他同齡的孩子共享個人物品，包括我的房間、我的玩具、我的衣服，即使我們不是一家人。如今，我是芝加哥大學商學院的教授，本院奉資本主義爲圭臬，肯定私有財產的基本價值。初至芝大任教的第一週，一位同事客氣地拒絕了我向他借書的請求，並好意提醒我身爲教授應該要有自己的書。這是令我深受文化衝擊的一刻，我意識到自己得花一番力氣扭轉從小到大被灌輸的觀念，才能適應這個陌生國家和新同事們的思考模式。

我已經靠自我激勵努力到了這裡。我生長的社區重視農業和勞動更甚於教育。如果你頭腦聰明，性別男，想學點有用的東西，大家才會認為上大學是你該走的正途。我不是男的，也自認並非絕頂聰明，況且，我想攻讀的是心理學。在基布茲人眼裡，學這個沒有用。社區的人鼓勵我學開曳引機（我反抗到底），建議我念工程學系或農業學系。一般而言，如果你在社區裡工作一年，基布茲就會幫你出學費。但我對他們鼓勵我做的工作沒興趣，於是我搬到大城市，在麵包店打工、當清潔工，存錢去念特拉維夫大學心理系。我憑一己之力搬出來住，長時間辛苦工作，努力取得好成績。

時間快轉到現在，外子和我努力移民美國，取得公民身分，努力養大三個很棒的孩子，每天也持續朝其他比較小的目標邁進：保持廚房整潔、遛狗、陪我們的小兒子做功課等等。

要達到任何目標，乃至於保有人生中你所珍惜的東西，事事都要經過一番努力。若不激勵自己前進，你恐怕移動不了半步。

我在二〇二〇年中疫情期間提筆寫作本書，就跟多數人一樣，我擔憂、心煩，勉強保持動力。過去幾個月來，我學會不要把任何一件事視為理所當然，無論是我的健康、工作、孩子們的教育，還是和朋友喝杯咖啡。然而，即使我熱愛自己的工作，我還是越來越難保持動力。為了寫一本關於自勵的書，我就從激勵自己提起筆開始。

所以，你要如何激勵自己呢？

一言以蔽之，答案就是——靠改變你的情況。

若是將一位心理學家、一位社會學家和一位經濟學家集合到一個房間裡，「透過改變情況來改變行爲」可能是他們唯一會有共識的基本原則，至於其他的，大概都會引發激烈的唇槍舌戰。這是行爲科學的一條基本原則，也是激勵學許多研究發現的基礎。

激勵學相對年輕，幾十年前才誕生。但隨著大眾對於環境如何激發個人成長越來越感興趣，這門學問也在短時間內發展神速。

我們常使用激勵學的觀點來激勵別人。企業設下組織目標，激勵員工努力工作。老師稱讚學生有進步，激勵他們繼續下去。醫護人員鼓勵病患遵從醫囑。關心環境的能源公司分享低耗能的做法，鼓勵大家節約能源。無論是對學生、同事、客戶或同胞，我們對如何激勵他人已經發展出一套又一套寶貴的見解。

而這些見解也能夠用來激勵自己。

你可以透過改變情況來改變行爲。舉例而言，你可能知道自己肚子餓了的時候看到什麼就吃什麼，所以，如果你想開始吃得健康一點，先把冰箱塞滿新鮮蔬果，就不失爲一個好辦法。還有一個辦法是告訴家人你想吃得更健康，下次你又伸手去拿甜甜圈，他們就可以叫你爲自己說過的話負責。你也可以在心裡改變食物的意義，面對奶香濃郁的甜甜圈，你要把它想成「有害食物」而非「美味食物」。這些策略（容後詳述）各不相同，但都有一個共同點：它們改變了你的情況。冰箱塞滿蔬果，改變了你伸手拿點心時的選項。告訴家人你想吃得更好，改變了你負責的對象。催眠自己說甜甜圈是有害的，則改變了這個蓬鬆炸物在你心目中的形象。

在本書中，我會用科學案例說明如何借助激勵學的觀點來引導和駕馭自己，而不受制於自己的欲望。我會和你分享成功改變行爲的四大關鍵元素：

首先，你要**選一個目標**。無論是決心找到眞愛，還是立志練成雙手倒立，也無論你是行家或新手，你都要從訂下目標開始。

其次，你要在前往目的地的途中**保持動力**。你可以透過別人給你的好評和負評，以及回顧已有的進展和展望尚未做到的事，看看自己有沒有進步。

第三，你必須學會**兼顧多重目標**。別的目標和渴望可能會拉著你朝反方向走，你要學會管理這些目標，訂下先後次序，找到平衡之道。

最後，你會學到如何**善用人際支持**。單靠自己達成目標本就不容易，萬一有人擋路就更困難了。相形之下，若是讓別人來幫你一把，追求目標就會變得比較容易。

了解這四大元素還只是其中一步，你也要釐清你的成功食譜中缺了哪一味食材。你不必爲缺了胡椒的菜餚加鹽。所以，舉例而言，在你覺得已經得到支持的情況下，尋求人際支持便無助於提升你的動力。你的問題可能不在人際支持，而在於對自己的目標提不起勁。若是如此，你要做的是找到火力全開的辦法，把內在動機的火力開到最大。

本書分成四部，分別處理成功食譜的其中一項食材。第一部著重於如何訂下強大又具體（但不要太細）的目標，以激勵自己衝向終點。第二部教你如何保持動力，用正確的方式檢視自己的進度，同時避開「中途障礙」。第三部說明兼顧多重目標的最佳做法，剖析該在何時以哪一個目標爲優先。最後，第四部教你如何和別人互惠互助，大家一起走在達成目標的路上。

別忘了，每個人的問題都不一樣，沒辦法用單一策略一網打盡。本書歡迎你依據個人情況選擇適合自己的策略，爲自己量身打造改變行爲的辦法。我會在每一章結尾列出幾個問題，引導你自創一套個人專屬的改變之道。在回答這些問題時，除了思考你想達成的目標，也要衡量你個人特有的情況，包括機會和障礙在內。

本書是一封邀請函，邀請你將激勵學的原理運用在自己身上。你會學到如何建構目標系統、不同類型的目標如何影響你的達標方式，乃至於人常在何時何地裹足不前。但最重要的是，你會學到如何靠拉自己的頭髮，將自己拖出泥淖。

PART 1

—

選一個目標

一九九六年五月十日，二十三名登山客攻上聖母峰，無邊的景色盡收眼底，想必他們感覺自己來到了世界的巔峰——無論是就字面意義而言，還是就象徵意義來說。然而，他們的雀躍之情爲時不久，嚮導越來越擔心，因爲這群人花了太多時間攻頂。即使他們知道必須在下午兩點前下山才能確保平安歸來，但等到全隊的人都登上山頂欣賞美景，已是下午四點了。儘管如此，嚮導還是安慰自己應該不會有事吧。

就在他們開始下山不久後，天候突然一變，天色暗了下來，狂風呼嘯，白雪落下。登山客現在面臨極爲凶險的歸途，不但有可能在零度以下的氣溫徹夜受困山中，還有可能耗盡備用的氧氣。聖母峰海拔高度將近九千公尺，在這裡連呼吸都不容易。

晚間九點，風雪演變成暴風雪。一組登山客決定停下來過夜，大家緊挨著彼此，等待風雪稍歇。風寒指數（人體在特定氣溫及風速下的體感溫度）爲零下一百度，登山客感覺眼皮子都凍結在一起了，許多人不再抱持能活著回營地的希望。待天氣明朗，搜救隊展開任務時，五名登山客已經斷氣或傷勢過重，撐不到山腳下。其他探險隊也有人喪命，總計有八名登山客在暴風雪颳起時因位於或靠近聖母峰而身亡。

一九九六年五月十日那一夜，至今仍是聖母峰歷來傷亡最慘重的悲劇之一。這一夜也揭示了在危急存亡之際，懷抱目標的力量。

登上聖母峰是這些登山客的終極目標，兩名登山客即使累到動彈不得還是不肯回頭，一個勁兒朝聖母峰挺進。登上聖母峰的意念何以強大至此，讓這些人不惜犧牲性命？

一個激勵作用強大的目標包含許多要素，而「登上聖母峰」這個目標就囊括了全部的要素。

首先，登上聖母峰不是另一個目標的替代品，也不是達成其他目標的途徑。因爲這些登山客只想登上聖母峰，他們之所以來攻這座山頂，不是爲了取得參加另一項挑戰的資格。在他們的心目中，這個目標就是終點，而不是通往終點的一條途徑。所以，這件事感覺就不那麼辛苦。

其次，攻頂是一個不確定能否成功的具體目標。只有攻上聖母峰頂，你才會知道自己成功了。你不確定自己會不會成功，很有可能會失敗，除非試試看，否則不會知道結果，這個目標因此更具吸引力。

第三，攻頂有很大的誘因。如果你活了下來，這段經歷將是人人都想聽的故事。

第四，這是一個內在目標。即使別人都不在乎你有沒有登上聖母峰，但要是成功了，你會自豪得不得了。

我們可以用這些要素來爲自己設定強大的目標，同時也不忘聖母峰教給我們的另一個教訓：**明智地選擇目標**。有些目標危及性命，訂下這些目標的人罔顧自身的情況與能力。這樣的目標拉著我們朝錯誤的方向前進，非但無益於我們的健康快樂，還蒙蔽了我們的雙眼，讓我們看不見這條路上的凶險。極端的節食行爲、害自己受傷的運動、守著一段扭曲變態的關係……都是活生生的例子。

目標是很有力的工具，正因爲如此，我們才要小心處理。訂下強大的目標是好事，但前提是經過深思熟慮，確定它適不適合你。

強大的目標拉著我們朝終點邁進，激勵我們付出抵達目的地所需的努力。本書第一部將揭開強大目標的四大特徵，其一是追求起來不覺得辛苦，反倒令人興致勃勃（第一章），其二是具體可測（「多少」或「多快」，第二章），其三是它有讓你一路上保持興趣的誘因（第三章），最後是它發揮了內在動機的力量（第四章）。

CH 1 目標不是苦差事

愛麗絲問：「可不可以請你告訴我，接下來我該往哪走呢？」

柴郡貓答：「那要看你想去哪裡了。」

這段摘自路易斯．卡羅知名童書《愛麗絲夢遊仙境》的對話，讓我想起在我的管理課上很受歡迎的一項練習[1]。每年，我都會給商學院的學生分組，請他們想像自己搭乘水上飛機，剛剛意外墜機了，各組要自行決定從機上搶救哪些物品，他們必須靠這些物品在野外求生。我的學生有兩套方案，一是選擇火柴、斧頭之類的紮營物品，在原地等待救援；二是選擇指南針、地圖集之類的導航物品，離開原地尋求救援。

結果學生常常不假思索，沒先決定目標是要走還是要留，就開始亂挑一通。不知道目標是什麼，容易做出自相矛盾的決定，換來的就是一堆亂無章法、用途不一的雜物，到頭來，什麼也做不了。

在旁觀者眼中，愛麗絲和我學生的失誤或許顯而易見，但許多人都會犯一樣的錯。若不選好一個指出特定方向的目標，你有可能在原地兜圈子，腦袋裡冒出什麼就做什麼，即使這個舉動和你才剛採取的行動相抵觸。你可能在決定節食的同一天報名馬卡龍烘焙課，或是在開立儲蓄帳戶的同時貸款買新車。

我們爲自己設下的目標是強大的激勵工具。**目標不只為你指出特定方向，也拉著你朝那個方向前進。一旦訂下目標，它就會策動你的資源，讓你付出腦力、體力、金錢、時間和人脈去實現它。**

想想「成爲父母」或「轉行」的決定，這些目標都需要你長期持續投入心力。「吃得更健康」或「多運動」之類的目標則需要意志力和自制力。就連表面上看起來直截了當的目標（領養一隻小狗回家不是很好玩嗎？），長久下來，事實也可能證明這麼做的代價很高。然而，撇開代價不談，一旦訂下目標，你就會願意投入資源和付出代價。

強大的目標拉著你朝最大的願望邁進，你就會覺得這值得付出代價。**為了要拉得動你，目標必須像是一種嚮往，而不是一件苦差事。**舉例而言，登上聖母峰是一種嚮往，但行前的山訓則是一件苦差事。同理，攻讀法律是一種嚮往，但準備律師資格考試則是一件苦差事。爲人父母是一種嚮往，但如果只是因爲怕將來後悔才生小孩，生兒育女就成了一件苦差事。這些例子說明了制定目標的三個陷阱：

一、把這個目標當成實現另一個目標的途徑，而不是最終的目標。
二、訂下太過明確或具體的目標，而不是一個抽象的目標。
三、把目標放在「你想避免什麼」的脈絡之下，而不是放在「你想達成什麼」的脈絡之下。

凡落入這三個陷阱中的任何一個，目標的力量都會減弱。

訂下目標，而非途徑

說到要訂下感覺像是「嚮往」而非「苦差事」的目標，英文俚語用「緊盯獎品」（keep your eyes on the prize）來形容追求目標就很有道理。強大的目標是你渴望達到的狀態，而不是爲了達到那個狀態的途徑。

想想外出用餐這件事吧。你可能毫不猶豫就在餐廳點了一杯十二美元的雞尾酒，但如果要付十二美元請泊車小弟幫你停車，你可能就要想一想了。爲了免付停車費，你甚至可能繞著那個街區開好幾圈。你不想付停車費，因爲停車費本質上是途徑，你透過這個途徑進入餐廳，坐在你看中的餐點前。同理，運費和禮品包裝費是途徑，送你朋友一件完美的生日禮物才是目標。我們不喜歡付這些費用，許多人寧可爲禮物多花一點錢以換取免運費的服務。一般而言，我們想把資本投入在目標上，而不是投入在途徑上。正因爲商人知道我們不喜歡爲途徑付出，所以許多網路商店就把運費計入產品定價中，營造免運費的錯覺。

富蘭克林．薛迪（Franklin Shaddy）和我發現，不願投資在途徑上的心理有著驚人的效應。我們和企管碩士班的學生一起做了一項實驗，結果顯示受試者寧可整體算下來花更多錢，也不願爲途徑付出一毛錢（正如同許多人極力規避運費）。在這項實驗中，我們拍賣了著名經濟學家理查．塞勒（Richard Thaler）的一本親筆簽名書[2]，對企管碩士生而言，這可是一件寶貝。最後，這本書的平均出價爲二十三美元。接下來，我們向另一群一樣想買這本書的學生拍賣一個托特包，這個托特包裡裝著同一本書。雖然這組學生是在競標一個包包，但這筆交易比較划得來，因爲出價最高者得到的不只是包包，還有一本書。結果出乎我們意料，競標者平均只願付出十二美元，遠低於單賣一本書的出價。

用經濟學的術語來說，這個托特包的價值是負的，意思就是，多了它反而拉低交易的價碼。爲什麼會有這種出乎意料的結果呢？因爲這個包包顯示的唯一用途就是裝一本免錢書，爲這樣一個包包花那麼多錢感覺就是不對，大家不想爲途徑投入資本[3]。

在設定目標時，別忘了這個實驗的教訓，**記得要從「得到什麼好處」而非「付出什麼代價」的角度訂下目標**。例如將目標訂爲「找到工作」就好過「應徵工作」，「擁有一棟房子」好過「存錢付頭期款」。找到工作和擁有一棟房子都是令人嚮往的結果，填履歷表和存頭期款則是換取這些結果的努力過程與代價。實現目標是興奮的，完成這些過程則是苦差事。

訂下抽象目標

想像你在找工作，你可以將這個目標定義成「探索職涯新機會」或「瀏覽徵才廣告並寄出應徵資料」，這兩者是對同一個目標的不同定義。「瀏覽徵才廣告」是具體的描述，說明了你要如何探索職涯新機會。「探索職涯新機會」則是抽象的描述，說明了你爲什麼要瀏覽徵才廣告。雖然兩者描述的是同一個目標，激勵作用卻有高下之分，具體的描述著重於行動面，目標就成了苦差事；抽象的描述著重的則是這些行動背後的意義。

抽象目標捕捉到行動背後的目的，凸顯出你要得到的是什麼，而不是你爲此必須採取的行動。抽象目標指出了你要前往的終點，而具體目標指出的只是通往終點要走的路，亦即途徑。

一旦養成抽象思維法[4]，不管是任何目標，追求起來都不會像是一件苦差事。**以抽象的眼光看待日常生活，著眼於行動背後的目的與意義，你思考特定目標的方式也會變得較為抽象**。

爲測試這條原理，心理學家藤田健太郎及其研究團隊召集受試者，請他們回答一系列抽象（爲什麼）或具體（如何）的問題，藉此將他們區分爲抽象思維者或具體思維者。舉例而言，受試者要回答「你爲什麼保持身體健康」或「你如何保持身體健康」。回答完幾個諸如此類的問題之後，受試者思考目標的方式也會跟著改變，有些變得比較抽象，有些變得比較具體，端看他們回答的是哪一系列的問題。回答「爲什麼」這系列問題的受試者投入資源追求目標的動力更強，更努力達成目標，舉例而言，他們在練握力時會更用力。

當然，抽象目標也有壞處。若是太過抽象，目標就變得模糊不清，以至於無法採取具體作為，難以追求。舉例而言，「探索職涯新機會」遠遠好過「變成功」。同理，「開始上教堂」好過「道德零瑕疵」。不管是追求成功，還是追求道德上的純潔（如果你是修身養性那一派的人），兩者都沒有清楚確切的辦法。從甲地到乙地之間若沒有一條清楚的路徑，你只會對目標充滿虛妄的幻想，而不會採取行動實現目標。

當目標流於幻想，我們只是一味想像目標實現之後的生活，我們想像穿上那件畢業袍、掛上那面獎牌或披上那襲婚紗的滋味多美妙。但幻想不會帶來行動，幻想以優異的成績畢業，不見得會讓你更用功；幻想五千公尺跑第一，不會讓你更勤於練跑；幻想步入禮堂，不會讓你安排更多相親。

誠然，在一項研究中，心理學家嘉布里樂．歐廷恩（Gabriele Oettingen）和湯瑪斯．瓦登（Thomas Wadden）請減重人士在展開減重計畫之初，評估自己的期望有多高（他們覺得自己減重成功的可能性有多大），以及對減重懷有多少幻想。一年後，期望高者比期望低者減掉了更多體重[5]，但幻想多者則不然，抱有幻想的人實際減掉的體重比較少。

幻想的滋味或許美妙，但作為一種激勵的辦法，幻想多半是無效的。當目標太過抽象，這些目標就有可能淪為幻想，讓空想取代了行動。

不忘將達到目標需採取的行動考量進去，才是抽象得恰到好處的目標（例如「改善情緒健康」就好過「變快樂」），你可以馬上知道下一步怎麼做（例如「開始接受心理治療」）。這樣的目標讓你比對現況和你渴望的狀況，如此一來，你才能擬定從甲地去到乙地的行動計畫。

肯定句好，還是否定句好？

外出用餐時，將目標訂爲「吃得健康」比較好，還是「不要吃垃圾食物」比較好？比賽時，將目標訂爲「贏」比較好，還是「不要輸」比較好？

肯定句目標也稱爲「趨近型目標」，這個目標是你想達到的狀態，它拉著你朝健康飲食或贏得比賽靠近。否定句目標也稱爲「迴避型目標」，它讓我們遠離自己想要避免的狀態。本質上，像這樣的目標其實是「反目標」。

顧名思義，趨近型目標意指我們朝目標邁進（接近渴望得到的結果，縮短和目標的距離），迴避型目標則是我們刻意遠離反目標（迴避不想得到的結果，拉開我們和反目標的距離）。

將目標和途徑混爲一談，或是把目標訂得太具體，都有可能讓追求目標變成一件苦差事。同理，把目標訂爲「反目標」也可能有一樣的作用。如果你想贏得校內籃球比賽冠軍，「贏球」的趨近型思考模式就比「不要輸球」的迴避型思考模式更激勵人心。

迴避型目標足以得到反效果最著名的例子，來自有關壓抑念頭的研究。有時候我們會想甩開某個念頭，像是努力叫自己忘掉辦公室裡不愉快的爭執、不要再滿腦子想著前任了，抑或是將腦海裡繚繞不去的惱人旋律拋諸腦後。最近，我兒子日以繼夜勤練小提琴，他的老師要他練日本作曲家兼教育家鈴木鎮一的作品，我雖然樂見小犬的琴藝有所長進，但每當練習結束，我總是迫不及待想將那歡快的旋律趕出腦海。

這番矛盾掙扎讓我想起丹尼爾．韋格納（Daniel Wegner）做的經典實驗。韋格納的實驗很簡單，他募集一群受試者，請他們「不要去想白熊」[6]。然而，聽到他特別提到「白熊」，這些受試者怎麼也無法不去想。換作是你，有辦法不去想嗎？無論你是叫自己別去想你的同事、前任，還是一隻白熊，壓抑念頭的企圖就是一個迴避型目標，你想遠離「想一件不愉快或不該想的人事物」的反目標。

壓抑是出了名地困難，你越是不想去想，腦袋就想得越厲害。刻意壓抑，反而讓念頭更加浮出檯面。之所以如此，有一部分的原因在於，爲了確認念頭壓下去了沒，你得問問自己是不是還在想它。每一次確認，就會再次喚起那個討厭的念頭。正因其諷刺之處，這種現象才被稱爲「諷刺的心理控制」。壓抑對人來講是一大挑戰，並不好玩。壓抑是件苦差事。

雖然迴避型目標比較像是苦差事，也因此激勵作用較弱，但訂下這種目標不見得就沒有激勵效果。對某些人和某些處境來說，迴避型目標是很有效的。

有些人（姑且稱他們爲「趨近型人物」吧）特別受到趨近型目標的吸引，對趨近型目標的反應比較強。玩遊戲時，他們抱著贏的希望。用心理學的術語來說，他們有很強的行爲趨近系統。有些人（姑且稱他們爲「迴避型人物」吧）則能忍受迴避型目標，並對迴避型目標反應較強。玩遊戲時，他們抱著不要輸的希望。所以，用心理學的術語來說，他們有很強的行爲抑制系統。

要釐清你是趨近型還是迴避型的人[7]，不妨問問自己以下兩組敘述何者符合你的情況：「當我想要一件東西時，我會全力以赴」「當我看到機會出現，我會很興奮」，還是：「我擔心犯錯」「別人的批評或責備很傷我的心」。如果你會全力以赴，那你就是趨近型人物。如果你怕犯錯、怕受到批評，那你就是迴避型人物。

有時候，是你的處境決定了你要追求趨近型還是迴避型目標。若覺得自己握有掌控權，你比較會去追求趨近型目標[8]。所以，如果你是老闆，你可能希望受人愛戴，這是一個趨近型目標。但如果你是實習生，你可能希望自己不要惹人厭，這是一個迴避型目標。

對迴避型人物或置身於迴避型處境的人來講，迴避型目標一樣有激勵你採取行動的作用。用老鼠和小鳥來研究動機的行爲學家表示，「負增強」（勿與懲罰混爲一談）說明了遠離反目標（採取行動來迴避負面結果）的吸引力。

一九四〇年代，心理學家史金納（B. F. Skinner）發明了「史金納箱」，用來研究老鼠的迴避行爲。箱底布滿電網，老鼠不管站在哪裡都會被電到。爲了避開電擊，牠們在箱子裡竄來竄去。流竄之際，老鼠不小心碰到一根關掉電源的控制桿，久而久之，牠們就學到了可以直接用控制桿關掉電源。

這種學習過程不只發生在老鼠身上。有過一次疼痛不堪的曬傷經驗，我們就學到下次去海邊要擦防曬乳。即使不曾出過車禍，基於對受傷的恐懼，我們也學會在車上要繫安全帶，或騎車要戴安全帽。這些舉動都是在「負增強」的作用之下，受到迴避型目標的驅使。你透過採取這些行動來迴避負面的結果。

就預防受傷和避免危險而言，迴避型目標的作用特別強大。像是叫自己擦防曬乳時，相較於「得到健康的皮膚」，把目標訂爲「避免曬傷」才對。叫自己戴安全帽時，比起「保持頭顱完整」，把目標訂爲「免得撞破頭」才對。

要判定如何設立目標，你可以想想「適合」的問題，亦即什麼目標適合什麼方向。

舉例而言，安全性的目標就適合以「遠離危險」爲努力方向。相形之下，當你決定開始相親，把目標訂爲「找到眞愛」會比「避免遭拒」更適合。

爲了說明迴避型目標和趨近型目標適合什麼情況，心理學家托里·希金斯（Tory Higgins）將目標分爲「應然目標」和「理想目標」[9]。應然目標包括你必須做的一切，像是把門鎖好以策安全、負起照顧家庭的責任等等。理想目標則是你希望或渴望、但不一定要做的事，像是讀這本書或攻讀商科學位。追求應然目標時，以避免損失爲努力方向才是合適的。追求理想目標時，則以得到收穫爲努力方向較爲合適。舉例而言，當你的目標是保障自己的安全（應然目標），你就可以用「避免人身和財物的損失」來激勵自己。當你的目標是加入合唱團（許多人的理想），則可以用「駕馭某個音域」來激勵自己練唱。

還有，雖然趨近型目標一般而言較爲刺激，但迴避型目標卻可能讓人感覺較爲迫切。爲具體說明，請嘗試完成以下造句：

A、我必須避免＿＿＿＿＿＿（塡入你的答案）。

B、我想要達成＿＿＿＿＿＿（塡入你的答案）。

現在，比較一下A與B。前者是迴避型目標，可能感覺較爲迫切，但較不愉快。後者感覺較爲愉快，而且更容易長期堅持下去。所以，把目標訂爲「不要輸」，可能比「要贏」感覺更爲迫切，你會對「不要輸」的目標更快做出反應。但長久下來，你會對「要贏」的目標有更大的耐力堅持下去。

最後，趨近型目標和迴避型目標追求起來的感覺也不一樣[10]。實現趨近型目標會帶給你滿足感、成就感和躍躍欲試的感覺，沒能實現趨近型目標則會帶來傷心、失望的感覺。舉例而言，工作上獲得升遷，我就會有成就感。相形之下，實現迴避型目標則讓你鬆一口氣，你會有平靜和放鬆的感覺，沒能實現迴避型目標則會導致焦慮、恐懼和愧疚。舉例而言，今年去做乳房攝影（爲了避免罹患乳癌而設下的應然目標），檢查結果爲陰性，讓我鬆一口氣。

激勵學告訴我們，人的喜怒哀樂是很有用的，這些情緒是激勵作用的感覺系統，它們爲目標提供了回饋。面對你所追求的目標，一旦心情好，你就知道自己有進展。一旦心情不好，你就知道進度落後了。這種回饋來得很即時，也很好懂。

在追求終極目標的過程中，這些感受本身也是額外的誘因或迷你目標。當我們覺得滿足或放鬆，這些感受便發揮了獎勵的作用。同理，焦慮、愧疚等負面情緒則有懲罰的作用。人之所以有動力追求目標，不只是因爲想達成目標，也因爲達成目標（或只是有進展）的感覺很好，而失敗的感覺很糟。於是，情緒成了強大的誘因，人甚至會用情緒來激勵自己。你會選擇在「對」的時機感覺良好。假設得知自己即將拿到一份工作，你會先壓下心中的興奮之情，直到結果正式公布爲止。你說不想空歡喜一場，但實際上，你是在等待「對」的時機（誘因相關內容詳見第三章）。

整體而言，區別趨近型目標和迴避型目標的意義在於，一旦釐清哪一種目標對你或你的處境較有激勵作用，你就知道如何設下最有效的目標。撇開個體差異不談，一般通用的原則是：對多數人而言，在多數處境之下，趨近型目標（例如追求成功和健康）都比迴避型目標（例如避免失敗和生病）的激勵作用更強。所以，在設定目標時，你應該從趨近型的肯定句思考，以此爲基礎做調整，而不是採取迴避型的否定句。

問問自己

目標的力量很強大。一旦訂下目標，你會迫不及待想實現它。目標影響你的行為，目標拉著你前進，所以，你不該輕忽設定目標這件事。

如何設定目標，決定了目標的力量。在你眼裡，實現目標若是苦差事，而非令你興致勃勃的趣事，這個目標的激勵作用就減弱了。要訂下「不是」苦差事的目標，不妨從思考下列問題開始：

❶ **你訂下目標了嗎**？對你來說，這是正確的目標嗎？你的目標是否適合你這個人？對於你想成為的人而言，這是最好的目標嗎？你可不會想把目標的內容搞錯。

❷ **你如何對自己定義你的目標**？相對於達成結果所需的途徑，你能否將注意力放在想要達成的結果上，以振奮你追求這個目標的情緒？

❸ **你的目標是否抽象得恰到好處**？能夠讓你兼顧目標與行動，既不忘你要去哪裡，也不忘要如何去到那裡。

❹ **相較於避免你不樂見的負面狀態，你能否以趨近正面狀態、獲得身心愉快的方式來設定目標**？你或許覺得迴避反目標的需求較為迫切，但趨近型目標對你的激勵作用可能更大。

CH 2 訂個數字吧！

每次啓動 Fitbit 計步器，系統就會直接預設日行萬步的目標。目前，一般的共識是日行萬步對健康最有益。但這個數字是從哪裡來的呢？

你可能以爲這是經過數十年嚴謹的研究才得出的確切數字，但眞相沒那麼科學。每天要走多少步的目標，當初是來自日本一則計步器廣告。

一九六〇年代，日本準備主辦一九六四年的奧運。在期待世界各國的運動家來到東京的興奮情緒下，日本民眾開始熱烈探討和思考健康的課題。高血壓、糖尿病和中風都是當時日本人常見的問題，民眾意識到運動是預防這些疾病的好辦法。有鑒於走路是最簡單的運動了，既不需要特殊裝備，又很容易呼朋引伴，日本人就流行起組團一起健走。

差不多在這段時間，日本一位健康科學教授訂出日行萬步的理想數字，並發明了一款能夠追蹤步數的計數器，取名為「萬步計」。這款計步器的廣告欣然號召道：「大家一起日行萬步吧！」

五十多年過去，日本擁有全世界最健康的人口，而我們依然以「一萬步」為每日運動量的指標。

訂下開始健走的目標固然重要，但對於日本人的健康和計步器的銷量來講，喊出一個數字或許才是最重要的。原則上，**目標就像食譜，最好列出精確的分量**。「日行萬步」好過「多走路」。你的目標或許是「開始跑步」，但訂下「五小時內跑完芝加哥馬拉松」的量化指標更好。

量化指標通常有兩種形式：多少（存一萬元）和多快（一年內）。這些指標不只在激勵學中由來已久（我們頗著迷於研究量化指標整體的正面效果），也經常出現在一般人關於目標的日常對話中，提到的頻率之高，你可能都沒意識到自己訂下的是量化指標，而不是目標。舉例而言，你可能會說你的目標是存一萬塊，但實際上，你的目標是存錢，一萬塊是你的量化指標。

量化指標之所以這麼常見，原因顯而易見，就是因為它有效。量化指標拉著你朝目標邁進，並讓你更容易檢視自己的進展。量化指標甚至告訴你何時該放棄或慢下來。

量化指標有激勵的作用，因爲一旦訂下量化指標，我們會很在乎自己有沒有做到那個確切的數字。如果你以「存一萬元」爲目標，「只」存到九千九百元你會很失望。相形之下，存到一萬零一百元，並不會讓你多快樂多少。若是未能達標，差一百塊意義重大；若是已經達標，差一百塊就不那麼重要了。整體而言，一旦訂下量化指標，沒達標的部分對你來講都是損失[1]，你很在乎損失，非避免不可。相對來說，任何超標的部分都是多出來的，有很好，沒有也無所謂。

這就是心理學家丹尼爾．康納曼（Daniel Kahneman）和阿莫斯．特沃斯基（Amos Tversky）所謂的「損失規避心理」[2]。每當錯失了什麼，我們會很失望，有時甚至惱羞成怒。但如果得到的比本來預期的多出一點，我們不會有那麼大的反應。基於損失規避心理，比起超標，你會爲了達標付出更大的努力。

以馬拉松跑者爲例，他們的終極目標是盡快跑完全程。然而，跑者往往都喜歡訂下確切的時間目標，如果能在四小時內完賽對他們來講是了不起的成就。一項研究分析了一千萬名跑者的資料，發現在自訂時間前一刻跑完的跑者，遠多於超出自訂時間一點的跑者[3]。舉例而言，在三小時五十九分跑完的人，遠多於在四小時零一分跑完的人。逐漸接近終點線之際，跑者發現自己大有機會達到自訂的時間目標，於是跑得更快、更賣力。所以有許多馬拉松選手都在自訂時間的前一刻越過終點線。爲了確保自己達標，他們在最後幾分鐘跑得格外賣力。

聰明的商人明白這種心理，精心設計出一套獎勵辦法，利用消費者對於達標的渴望來賺錢。一項研究檢驗了飛行常客快得到菁英會員身分時的行爲[4]。飛行常客每次搭機都能獲得點數作爲獎勵，研究結果發現，越接近航空公司頂級會員的資格時，這些乘客搭機的次數就越多。然而，一旦達到每年十萬英里的頂級會員門檻，他們搭機的頻率就降下來了。之所以發生這種現象，是因爲在達標之後，我們會感覺自己被「重新設定」了。若有助於達到指標地位，賺取飛行里程就比較重要，但是在達標之後便沒那麼重要了，因爲多出來的里程也只是白白累積而已。同理，一旦你跑出四小時完賽的佳績，你的馬拉松練跑計畫可能就鬆懈下來，直到下一次比賽近在眼前爲止。

除了拉著我們朝目標邁進，量化指標也有助我們評估進展，從而發揮激勵的作用。目標追求模式最早出現於一九六〇年代，當時的研究者將追求目標定義爲「縮短現況與量化指標差距的過程」。身爲認知心理學的奠定者之一，喬治·米勒（George Miller）提出一套他名爲「TOTE」的模式[5]。這套有點機械化的激勵模式假設，一旦訂下目標，當事人就會測量（Test）自己和目標的距離，接著執行（Operate），亦即開始追求目標。執行過後，會有另一次的測量（Test），判定距離達標還有多遠。這套反覆測量、執行的模式會持續到達成目標爲止，最後當事人就會「退出」（Exit），不再追求下去。多年以後，這套目標追求模式依然盛行（詳見第五章），而它說明了一個簡單的重點：一旦訂下量化指標，我們會判定離達標還有多遠，接著採取行動消弭差距。

既然明白了量化指標的力量，我們就應該明智地訂下具體數字。激勵學告訴我們：訂得好的量化指標既有挑戰性，又可以測量、可以執行，而且是你爲自己訂下的。

訂下富有挑戰性的量化指標

想訂下有效的量化指標，第一個要素就是**訂得樂觀一點**。若是全由我們自己決定，人其實自然而然會訂下樂觀的量化指標。如果你像多數人一樣，那麼，你目前可能正在進行某件昨天（或上個月）計畫要完成的事情，依你本來的計畫，這早該完成才是。不過，這份樂觀倒不是一件壞事。

人之所以樂觀地認爲自己可以完成得比實際上更多、更快，有兩個主要原因：其一在於，我們是不完美的計畫家。「計畫謬誤」意指低估做任何事需要的時間和資源。無論你是打算今年早點報稅，還是計畫在預算內完成居家裝潢，就實際情況而言，這些計畫恐怕都難以成眞。大型建築計畫亦然，你以爲大規模的工程勢必經過審愼的規畫，但其實，它們經常落入計畫謬誤的陷阱。丹麥建築師約恩．烏松（Jørn Utzon）於一九五九年開始打造現今名聞遐邇的雪梨歌劇院，他預計在四年內花費七百萬美元完工。然而，烏松卻在一九六六年悻悻然地下了台，完工日程已晚了數年，預算也超支到他付不出工人酬勞的地步。歌劇院換了一位新的建築師接手，但還是拖到一九七三年才完工。此時已超過預訂的期限十多年，而且花費高達一億零兩百萬美金。

說來有趣，即使知道自己犯過一樣的錯，人還是會落入計畫謬誤的陷阱。不管再怎麼告訴自己你已經學到教訓了，次年報稅時你還是會拖拖拉拉，未來居家裝潢時你還是會低估預算。

計畫謬誤導致的樂觀是需要改正的錯誤。之所以發生這種情形，是因爲人在規畫時間和金錢時，往往只看到手邊的事務，而忽略了其他也需耗費資源的待辦事項。顯然，若明年報稅月沒有別的事，我們都能在那個月準時報稅。但若把其他待辦事項也算進來，包括慶生會、足球賽、舞蹈教學成果發表會、聚餐、跟醫生約診……貌似有空的時間就不再有空了。

這份樂觀的第二個原因，在於我們會**策略性地**訂下樂觀的量化指標。你或許會爲了讓人刮目相看、爲了和人談成合約，或爲了激勵自己（本書最主要的重點）而訂下樂觀的量化指標。

人會以樂觀的前景來鞭策自己動起來。許多人直覺意識到量化指標的力量，會刻意把數字訂得樂觀一點來挑戰自己。麻省理工學院商學教授丹．艾瑞利（Dan Ariely）給學生非比尋常的自由時，他的學生就表現出這種情形。一般商科學生都有規定交報告的期限，但在艾瑞利班上，學生卻可以自訂期限。這門課若要及格，學生在學期結束前總共要交三份短篇報告，他們可以為每份報告訂一個期限，也可以不訂期限，高興什麼時候交就什麼時候交。多數學生都選擇訂出期限[6]，即使他們知道沒依期限繳交會被扣分，但他們可不傻，訂下早一點的交期，有助鞭策自己早一點開始寫報告，不訂期限的學生就沒有這種動力了。從這些學生身上我們看到，如果期限快到了，你會立刻開始做你該做的事（詳見第十章的「預先自我約束」）。

這也是我們常常選擇挑戰自己的原因。你可能計畫在四小時內跑完馬拉松，即使此刻的你也知道自己做不到，但有朝一日四小時完賽的前景，會鞭策你更加勤奮練跑。當我們挑戰自己時，你不會否認自己太過樂觀了，但你寧可自我期許高一點，也不要期望太低。為了激勵自己，你選擇高標，而不選擇低標。

就算不是硬性的交期，還是有可能策略性地懷抱樂觀的期望，以鞭策自己動起來。在一項類似的研究中，張影和我發現了這種現象。在我們的研究中，一樣請學生自訂期限，但學生只須粗估他們完成作業需要的時間，不須保證在預估的時間內完成。這個期限只是一種期許，就算沒達成也不會受到處罰。但我們對待兩組學生的方式不一樣，一組學生聽說作業很難，另一組學生則聽說作業很容易。事實上，兩份作業是一樣的。爲了測試學生會不會訂下早一點的交期來鞭策自己[7]，我們比較「困難作業組」和「容易作業組」自設的期限，發現前者自設的交期比後者要早。既然比較難，爲什麼還打算早一點交呢？這種結果或許令人訝異，但卻正如我們所料。爲了鞭策自己早一點開始，困難作業組就把交期訂得早一點。

我們也測量了學生實際花多少時間完成作業，以驗證對難度的預期心理如何影響學生的計畫和表現。結果發現，預期作業很難、把交期訂得較早的學生，比預期作業很簡單的學生，更早完成作業。值得注意的是，計畫謬誤無所不在，無論是把交期訂得早一點或晚一點，平均來講，學生都錯過了交期。然而，單單是預期作業很難，就會促使學生早點開始、早點完成。**要激勵自己做到最好並立刻開始行動，預期難度較高其實是有助益的**。

當然，有時候準時交件比做到最好更重要，因爲遲交的後果比品質欠佳更嚴重。在另一項請學生完成作業的研究中，我們特別強調交期務必準確。在這樣的前提下，預期作業很難的學生就會訂下較晚的交期。當我們以準時交件爲優先、交期的激勵作用次之，我們就會給自己更多時間完成困難任務。

結論是：在設定交期或其他量化指標時，如果未達標的後果沒那麼嚴重，你將更有機會激勵自己做到最好。你可以訂下挑戰自己的量化指標，激勵自己達標。

富有挑戰性的量化指標之所以激勵你，是因爲人在面臨困難任務時會打起精神，集中資源，以迎接即將到來的挑戰。面對困難（但非不可能）的任務，預期心理促使你動用更多精神和體力。有時，挑戰這類任務會讓你有點亢奮，覺得躍躍欲試，你甚至注意到自己心跳加速或心跳得更大聲。有時，你渾身來勁，迫不及待要行動了，自己卻渾然不覺。無論有沒有自覺，面對困難的任務最令人振奮[8]。簡單的任務不需要準備，至於不可能的任務嘛，你才不自找麻煩呢，直接放棄算了。

當人準備迎接挑戰時，激勵系統會火力全開，讓人整個精神都來了。這就是設定量化指標時不妨樂觀一點的好理由。

訂下可測量的指標

訂下有效指標的第二個要素，是確保這個指標容易測量。如果訂得模模糊糊又沒有一個明確的數字，這個指標就難以測量，激勵作用也就沒那麼大了。像是「在新的工作崗位上表現傑出」「存退休金」和「睡眠充足」，這些指標的激勵作用都不如「本週結束前完成一項專案」「今年存到一萬元」或「每晚睡足八小時」。

可測量指標給你一個有意義的數字，這個數字易於理解又便於監測。根據上床和起床的時間，你知道自己是否睡足八小時。若是沒有指標數字，你就不容易判定自己睡夠了沒。

爲了發揮激勵作用，也不是隨便訂個數字就好。以訂下每日閱讀目標爲例，你可以訂下每天閱讀二十頁的目標，也可以訂下每天閱讀一萬字的目標。兩者指示的閱讀量類似，但頁數容易測量，而要邊讀邊數讀滿六千字了沒很困難，算字數搞不好比閱讀本身更花時間和精神！算頁數也可能搞得你頭昏腦脹，因爲你得注意自己是從哪一頁開始的。所以，不妨考慮改用每天閱讀二十分鐘爲指標。我家八歲小孩的老師就規定他們每天要讀二十分鐘的書，我對這個聰明的做法讚賞不已。時間目標不只對小孩來講很好懂，對家長來講也最便於監測。

爲自己設定量化指標時，先想想哪一類型的數字對你最有效。是數量？還是時間？如果是數量，最易於監測的測量單位又是什麼呢？

訂下可執行的指標

訂下有效指標的第三個要素是可執行。就算有確切的數字，若無法輕易化爲行動，訂下可測量指標也是無效的。想想「每天攝取的熱量限制在兩千五百大卡以內」這個目標。對許多人來講，這是一個分量精確的樂觀目標。然而，熱量是一種很難測量的東西。當你看著一份甜點，你可能看到了巧克力、鮮奶油或焦糖，但你看不見熱量。你沒辦法確切回答這些問題：多少食物等於兩千五百大卡？燃燒一百大卡要走多少步？燃燒多少大卡才能減掉〇．四五公斤？

如果你好奇的話，燃燒一百大卡平均要走兩千步，減掉〇．四五公斤則需燃燒三千五百大卡[9]。所以，一般而言，每天從你典型的三餐中減掉五百至一千大卡，經過一個星期，你就能減掉〇．四五至〇．九公斤。

想像你身在一個不同的世界，這裡的食物標示的不是熱量，而是每日攝取量，類似塑身公司慧優體「聰明點數」的做法。要是知道鋪滿香腸、臘腸、肉丸、培根和其他重口味食材的拿坡里義大利麵占據了每日卡路里攝取量的九九％（亦即每日兩千五百大卡中的兩千四百七十大卡），你或許就會改點托斯卡燉雞（烤雞肉佐酸豆、朝鮮薊、番茄、巴西里），這道菜有五百九十大卡，只占每日卡路里攝取量的二三%。每日攝取量的百分比是一個可執行的量化指標，鼓勵你吃得健康。

再想像另一個世界，在這裡，食物標示的不是熱量，而是燃燒熱量所需要的運動量——另一個將卡路里化爲可執行指標的辦法。按照這套辦法，食物被換算成燃燒熱量所需要的步數或其他運動。舉例而言，一項研究發現，當青少年得知喝一瓶汽水就要慢跑五十分鐘，才能燃燒掉多餘的兩百五十大卡，汽水的購買量就下降了[10]。

然而，我們目前所用的食品標示法，卻充斥著未盡理想的指標數字。它們之所以不理想，原因就在於我們無法據以採取行動。

在多數國家，法律都規定食品包裝上要有成分標籤和營養標示，告訴你這件食品中含有多少蛋白質、脂肪、鈉和纖維等。理論上，根據這些標籤，你應該知道自己該吃什麼又該吃下多少。但實際上，這些成分標籤是沒有用的，因爲它們太複雜了，一般人才搞不懂到底要吃多少才健康。成分標籤少了最重要的一項資訊：爲了吃得健康，這是你該吃還是不該吃的食物？可執行的成分標籤應該要告訴你這件食品健不健康[11]。在一項研究中，將自助餐的菜餚標示綠色（健康）、黃色（尚可）、紅色（不健康），採用這些標籤之後，紅色品項的消費量減少，綠色品項的消費量則提升了。誠然，把量化指標訂爲「吃九成的綠色食物和一成的紅色食物」就簡單多了。

其他可執行的量化指標還包括每天刷牙兩次、日行萬步、每星期打電話給爸媽兩次，以及每晚睡前讀書二十分鐘。這些都是直覺上有意義的量化指標，它們提供的數字不只易於理解，也很容易做到。

自己訂指標

最後一個訂下有效指標的要素，則是透過自己訂指標來掌握主導權。多數時候，在設法激勵自己時，我們都會爲自己訂下目標，但有時我們把主導權交給老闆、老師、醫生或健身教練等等的旁人。雖然徵詢專家意見是有好處的，但讓旁人來爲你作主，風險在於約束力較弱。如果你的私人教練叫你多做十下伏地挺身，你可能會趁他沒看到的時候少做一、兩下。但如果是你自己要做十下伏地挺身，就比較難矇混過去了。

讓別人爲你作主還有一個風險，那就是你可能會有反抗的衝動。回想一下，你是否曾因爲媽媽叫你做功課，你反而不想做？這種現象是心理學家傑克·布魯姆（Jack Brehm）所謂的「心理抗拒」[12]。你覺得媽媽的要求或命令威脅到你的自由，讓你覺得自己別無選擇。迴避型目標尤其容易引起心理抗拒，因爲當你被要求別做某件事（例如「把菸戒了吧，抽菸會要了你的命」），這反而變成你想做的事了。反抗的結果，可能就會做出對自己不利的舉動。別人要求你做對自己好的事，你之所以反抗，只因爲這個目標不是自發的。

反抗的感覺就像回到青春期，年少的你痛恨一切大人叫你做的事。目標自選、指標自訂，就表示不是由別人說了算，時光沒有退回不能自主的時期。如今，我有規律運動的習慣，但高中時我很討厭上體育課，唯一的差別僅在於那時是別人要我運動。現在，運動是我自主的選擇，每天我都樂得綁好鞋帶跑步去。

無論是求教於你的老闆，還是你的私人教練，諮詢專家時，不妨請對方提供各種選項讓你挑選。如此一來，你就能爲你的自選目標作主。無論訂下這個目標是有益於你的身心健康，還是有助於你的財務狀況，**只要是由自己作主，你就會全力以赴**。

辨別不當的量化指標

二〇一六年秋，聯邦監管機構指控富國銀行進行大規模非法活動。二〇一一年至二〇一五年間，行員偷開了數百萬個未經授權的銀行帳戶和信用卡帳戶，爲銀行賺取更多費用並達到內部銷售目標。聯邦監管機構指出，富國銀行訂下難如登天的內部銷售目標，名之爲 Gr-eight，逢八就發，意思是要向每位客戶賣出至少八件金融商品。爲了達到這個野心勃勃的目標，行員迫於壓力做出不肖之舉。

諸如此類的事件屢見不鮮。逢八就發的口號喊得漂亮，但每位客戶八件商品仍是一個不當的量化指標，除非走旁門左道，否則不可能做到。以這個案子而言，銀行若是訂下適度的目標，例如只要每位客戶都有買商品就好，結果想必好得多。

這個故事也告訴我們爲什麼事先辨別不當目標很重要。若沒有正途可走，人就會誤入歧途，採取有違道德的行動，抑或是甘冒違法犯紀的風險。舉例而言，如果你以爲履歷灌水是得到夢幻工作的不二法門，到了面試那一關，你就準備謊話連篇吧。先學會那個職位所需技能再去應徵，才是比較好的做法。

野心勃勃的目標可能導致你繃得太緊或用力過度。回想一下史上第一位馬拉松跑者，爲了傳遞希臘勝利的消息，那位古希臘信使從馬拉松當地一路跑到雅典，最後體力不支倒地身亡。時至今日，運動員常常還是太操，甚至操到受傷。

範圍太窄的量化指標也是不當的[13]，你可能因此忘記你追求的大方向是什麼。如果將「保持規律運動」的目標窄化爲「日行萬步」，你可能就不會去鍛鍊其他重要肌群。如果將「接受良好教育」的目標窄化爲「考高分」，你可能就不會去探索和發展個人獨具的專業。

再者，短期的量化指標可能導致你忽略長期的利益。要是太早停下來，這條路你就走不遠了。以計程車和 Uber、Lyft 等共享平台駕駛為例，他們的終極目標是要靠載客賺越多錢越好，但駕駛往往會設下每日目標，一旦賺到當天的目標金額就收工[14]。結果在需求量大、潛在收入高的時段，駕駛卻已經收工了。叫車的需求量會隨著下雨暫時提高，一達到當日目標就收工的駕駛，便錯過了雨天多賺一點的機會。然而，駕駛也會在需求量低、但還沒達到每日收入目標時加班。在這兩種情況中，駕駛都可能受短視近利所害。更有甚者，將眼光放得太近，你甚至可能置真正的目標於不顧，例如只要這一餐吃得很健康，你一達到短期目標就立刻回到老樣子。

還有一些不當的量化指標在於不切實際。達標既然是不可能的任務，一時的失敗就可能導致你全盤放棄。上武康亮和楊納森（Nathan Yang，音譯）在一項研究中發現，節食者最終的目標是要減重，但他們常把重心放在追逐一個野心勃勃的每日熱量指標，只是超標幾大卡，就挫折到完全放棄[15]。薇諾娜・科克倫（Winona Cochran）和亞伯拉罕・泰瑟（Abraham Tesser）將這種現象稱為「管他的效應」[16]。超標幾大卡之後，你就會覺得「管他的」，索性繼續吃下去，最後演變成超標一大截。在這項研究中，比起差一點就超標的節食者，只超標了一點的節食者，減掉的體重少了許多。例如單日目標是兩千大卡，吃進一九九五大卡的人差一點就超標，吃進二〇〇五大卡的人則只超標了一點，減重結果卻大不相同。多吃半片酪梨吐司可能足以毀了你的節食計畫，如果你也是那種會因爲沒達到每日指標，就索性把冰箱裡的東西吃光光的人。

當人因爲過度自信或過度樂觀而對成功有不切實際的期待，就會衍生出「錯誤願望症候群」[17]。他們自認能夠達到不可能的指標數字，卻是設下了害自己失敗的陷阱，最終陷自己於放棄目標的危機中。舉例而言，許多減重人士看到瘦身前後對比照，就立志要減到一個不切實際的指標體重，一旦沒瘦到心目中的理想尺寸，他們就失去信心了。過度樂觀的指標數字則進一步導致你落入幻想，而不努力實現目標[18]。

幻想變有錢或變有名，既不會讓你發財，也不會讓你成名，制定計畫才會。

問問自己

本章爬梳了設定量化指標的學問。請記得，就算訂下一個指標數字，也不要因為未能達標就氣餒。明白量化指標的隨性成分，是我們和目標建立良好關係的關鍵。雖然以搭火車來講，錯過一分鐘就跟錯過一小時一樣糟糕，而且只錯過一分鐘感覺還更惡劣，但是一年少存幾塊錢、少運動幾次或少讀一本書，對你的人生並不會造成多大的影響，只要你不會因為這些小失誤而放棄大目標。記住這一點，並藉由回答下列問題設定量化指標：

❶ **你能否為自己的目標訂下數字，例如多少或多快？**

❷ **這些指標數字有挑戰性嗎？易於測量嗎？可以執行嗎？**

❸ **這些量化指標是你自己訂下的，還是別人幫你訂的？**

❹ **這些指標對你有用嗎？**如果你覺得有什麼不當之處，請加以修正。在能夠掌握什麼樣的數字切合實際又有挑戰性之前，你甚至可以訂下「盡力就好」或「有就好」這種模糊的指標。

CH 3 誘因是門大學問

每當有改不完的報告或回不完的電郵時，我非但不想待在靜得出奇的研究室，反而還受到人滿爲患的咖啡館吸引。聽起來雖然違背常理，但咖啡館的氣氛有助我完成更多工作。沒錯，那裡人多又吵，但我可以每改完一份報告就犒賞自己一杯香噴噴、熱呼呼的印度香料奶茶。

長久以來，一直有人說咖啡館貴得離譜的咖啡是存不了錢的罪魁禍首，但許多人之所以還是不斷回到一杯五美元飲料的懷抱，只因這些飲料感覺像是完成報告或起床去上班的犒賞。當我需要激勵自己的時候，我就喝印度香料奶茶。我女兒在爲她的醫學院考試苦讀時，她靠珍珠奶茶撐下去。

無論你的長期目標是心靈有所成長、智慧有所長進，還是變得更健康或更有錢，像一杯昂貴的咖啡這樣的誘因不只具體可見，而且唾手可得。短期而言，給自己的努力一點犒賞，可以激勵你堅持下去。獎勵和懲罰都是誘因，當我們為目標加上誘因，行動就受到「獲得獎賞」或「避免受罰」的有形小目標所激勵。舉例而言，如果你想開始練跑，並以參加下個月的慈善路跑為目標，朋友用你的名義捐款，就是激勵你綁好鞋帶跑完全程的誘因。

儘管我們可能想用誘因來激勵自己，但有關誘因的研究卻往往把重點放在激勵別人。父母師長用獎懲來激勵孩子用功讀書、打掃房間、多吃菜和做家事。政府也用誘因來激勵成年人保持健康和注意安全。舉例而言，因為怕收到罰單，所以我們會遵守交通規則，將車速控制在速限之內。

誘因相關研究告訴我們如何激勵他人做出對我們有利之舉，達到我們的目的。管理階層訂下分紅制度，目的是要激勵員工工作得更賣力。商人設計折扣活動，目的是要激勵顧客購買商品。社會則鼓勵個人做出對全體有利的行為，造成危害的人要罰錢或坐牢，行善者則受到公眾的肯定與表揚，捐款抵稅就是對付出的獎勵。

在相關研究中，雖然多數誘因都不是由受到激勵的人自訂，但為自己訂下誘因也是激勵自己的一個辦法。你可以策略性地利用既有的誘因系統，幫助自己達成目標。你也可以利用我們從誘因相關研究中學到的東西，獎勵自己朝目標步步邁進。

誘因相關研究在心理學和經濟學的領域都有悠久的歷史。心理學對於何時和如何給予獎懲的認識源自行爲主義。行爲主義則始於十九世紀末伊凡・巴夫洛夫（Ivan Pavlov）對狗的研究，到了二十世紀中期蓬勃發展，激進派行爲主義學家史金納於此時提出外在的獎勵能充分說明人的行爲。根據激進派行爲主義，如果你充分了解一個人目前的誘因系統，並對他過去的誘因系統有全面的認識，你就能準確預測他未來會有什麼行爲。有鑒於人剖析起來太過複雜，行爲學家就去研究動物，例如老鼠和鴿子。他們試圖解答「誘使老鼠穿過迷宮」和「誘使鴿子啄有色圓盤」的原因。但各位可別誤會了，他們想要了解的是誘因如何影響人類行爲。雖然當今多數心理學家都不再認同這套激勵觀，但我們對誘因所知的一切，有許多都要追溯到行爲主義。普遍說來，我們都從行爲主義學家那裡學到了一件事，那就是**改變行為可以從改變情況開始**，不需要改變人的個性，或歸咎於基因遺傳。而要改變情況，就靠誘因。

與心理學對誘因的研究遙相呼應，經濟學的領域有大量有關金錢誘因何時以及如何發揮作用的經驗數據。經濟學家不像行爲學家那麼關注迷宮盡頭的食物對老鼠的誘惑，他們好奇的是金錢如何影響人類行爲。雖然經濟學理論指出金錢誘因對行爲有激勵作用，但行爲經濟學這個相對較新的支系卻發現事實不盡如此。有時候，金錢非但不能激勵我們，反而還有損我們的動力。我們從行爲經濟學的研究中學到，了解誘因在什麼情況下會失效，是了解誘因如何發揮作用的關鍵。

給對獎勵很重要

一九〇〇年代初，科學家發現受跳蚤感染的老鼠是腺鼠疫的罪魁禍首不久後，越南河內市面臨一場嚴重的鼠患。在這個法國殖民地，新建的豪華下水道系統成爲老鼠滋生的溫床。這會兒，牠們甚至成群結隊跑上地面，引發群眾對新一波鼠疫的恐慌。爲了對抗鼠疫，法國殖民者發明了一套賞金制度，捕鼠人每殺一隻老鼠可得一分錢。一開始，這套辦法似乎進行得很順利。不出一個月，每天都有成千上萬的老鼠遭到捕殺。在賞金制度施行短短兩個月後，一天就有多達兩萬隻老鼠命喪河內市的捕鼠人之手。但令該市衛生福利官員大感意外的是，捕鼠人的業績似乎對市內的鼠患沒起半分作用。

很快的，大家發現無尾老鼠全城亂竄。這種現象很耐人尋味，因爲捕鼠人只要交出一條老鼠尾巴就能換取賞金。後來眞相大白，許多捕鼠人捉來老鼠剁下尾巴，然後就把牠們放回下水道繁衍後代去了。再後來，衛生福利官員還發現捕鼠人企業化經營起來了。他們打造了老鼠養殖場，就靠養老鼠維生。賞金制度隨之取消，那些捕鼠人就把專為賞金飼養的老鼠都放了出來。到最後，獎勵計畫非但沒有減輕河內市的鼠患，還導致街上有更多老鼠逛來逛去。

這是歷史上有關給錯獎勵的一大教訓。給錯獎勵的後果又稱為「眼鏡蛇效應」，為了解決眼鏡蛇災，英國殖民者在印度用過類似的賞金獎勵辦法。可想而知，為了有一條死掉的眼鏡蛇，你得先有一條活的眼鏡蛇。

這些故事的教訓是獎勵沒有效嗎？恰恰相反。獎勵有效到讓民眾大規模飼養起老鼠和眼鏡蛇來了。顯然，獎勵可以塑造出你要的行為。但若是給錯獎勵，就會招來錯誤的行為。

給對獎勵是一門大學問[1]。身為商學院教授，我想鼓勵學生團隊合作，畢竟，我的學生未來成功與否，有賴他們和別人合作的能力。然而，高等教育常用的誘因（高分、推薦函等獎勵或當掉一門科目的懲罰）都無法鼓勵優異的團隊表現。這些誘因針對的是個人表現，而非團隊表現。在我要學生繳交一份如何提高管理績效的分組報告時，我用同組成員分數都一樣的辦法來鼓勵團隊合作，有時也不見得有用。因為之前成績優異的學生會主動攬下做小組報告的重責大任，不讓其他小組成員插手，以確保自己拿到漂亮的分數。這種團隊合作的問題一直延續到出社會之後。既然績效考核根據的是個人表現，我們就沒有追求團隊表現傑出的外在誘因，也缺乏爲自己訂下這種誘因的動機。

還有些時候，獎勵變得很棘手，因爲我們不確定要怎麼衡量成功與否。我們可能會把某個易於測量、但搞錯了重點的目標當成獎勵自己的標準。在工作上，你爲自己訂下「找到別出心裁的解決辦法」或「朝長期的成長邁進一步」之類的理想，但因爲這些目標都難以測量，所以你比較有可能因爲「迅速完成工作」或「比別人完成更多專案」而獎勵自己。如此一來，你獎勵的是工作量，不是工作品質。這套獎勵制度其實有損你的創意和遠見。

當你追求的是一個迴避型目標，要給對獎勵就更困難了。如果目標是避開危險或避免生病，你就要針對警訊給予獎勵。然而，要我們對壞消息給予獎勵實在是強人所難。人通常不會舉杯慶祝自己檢查出一顆異樣的痣，即使及時發現及早切除，可避免罹患皮膚癌的風險。英文以「射殺信使」（shoot the messenger）比喻遷怒於通報壞消息的人，就捕捉到那份對壞消息傳遞者（包括我們自己在內）的反感。這個說法源自古希臘[2]，可見懲罰壞消息不是現代才有的現象。然而，**獎勵壞消息卻有助於達成目標**。或許，做完切片檢查之後，你應該跟自己乾一杯。在降下第一場雪之前發現暖氣需要修理，你應該手舞足蹈一番。朋友警告你別跟自私自利的鄰居走太近，你應該請這位朋友喝一杯。及時發現壞消息，一切還來得及挽回，豈不值得慶祝？

無論是團隊合作、創意發想、防患未然，還是保有一個沒有害蟲（而非鼠屍處處）的居住環境，想發揮誘因的正面效益，你要給對獎勵才行。當然，這說起來容易，做起來難。要確認自己做得對不對，不妨問自己兩個問題：

首先，這個誘因是鼓勵你朝目標前進，還是一個容易測量、但沒有意義的量化指標？舉例而言，當你想在工作上求進步時，與其根據坐在電腦前多久來獎勵自己，不如根據完成多少工作量來獎勵自己，因爲前者也包括發呆和逛社群媒體的時間。你還可以選擇針對工作品質給予獎勵，而不是針對工作量。

其次，怎麼做最容易達到獎勵的標準？有沒有什麼捷徑？如果這條捷徑不會拉著你朝目標更進一步，那你就用錯獎勵辦法了。

避免誘因太多

一九七三年，心理學家馬克・列波爾（Mark Lepper）帶著一盒色筆走進史丹佛大學的校園。他去那裡不是爲了送大學生五彩繽紛的禮物，而是爲了給這所大學的附設幼稚園做個實驗。一連三週，他每天都帶這盒色筆到幼稚園，讓班上的孩子在自由活動時間用這盒色筆。每天，他就躲在單面鏡後頭看這些三歲到五歲的小畫家畫畫。有些小朋友被告知在自由活動時間畫畫可以得到好寶寶獎，獎品是一個有紅色蝴蝶結的金色大星星。有些小朋友沒有獎勵，還有些小朋友則是在畫了一幅畫之後，會出其不意得到好寶寶獎。

孩子們畫了第一幅畫之後，獎勵組的孩子得到了獎勵，並被告知獎勵只有一次，接下來都不會再有。雖然所有的孩子一開始都畫得興致高昂，列波爾卻注意到，畫了第一幅畫獲得好寶寶獎的孩子，在被告知不會再得到獎勵之後，只用了遊戲時間的一〇%來畫畫。其他的孩子，包括沒得到獎勵和意外得到獎勵的孩子，則花了二〇%的時間用那盒色筆塗塗抹抹。

如同人生中的許多事情，**獎勵也是少一點反而好一點，誘因太多可能適得其反，**正如列波爾在「過度辯證效應」[3]相關研究中的發現。

所謂過度辯證效應，指人爲一件事賦予別的理由（或誘因），拿掉這個多出來的理由，就削弱了做這件事的動機。在列波爾對孩子們做的研究中，爲畫畫賦予獎勵的誘因，把目標從「單純的自我表達」轉爲「自我表達加上獲得獎品」。一旦自我表達又變成畫畫唯一的理由，小畫家們就不再有創作的興趣。

針對這個經典案例，有個狹隘的解讀是「金錢和獎品等外在獎勵有損自我表達這類內在誘因」。但問題不只出於外在誘因，距離列波爾的研究二十年後，在一項新的研究中，研究人員給小二生和小三生兼具著色本功能的故事書，每本書都附帶一張故事人物的圖畫，孩子們可以自行上色。「閱讀」和「著色」各爲一個內在誘因，一個是閱讀故事書的樂趣，一是個透過著色表達自己。然而，實驗證明，不分內在外在，任何多出來的誘因都能破壞原先的誘因[4]。拿掉著色這個選項降低了孩子繼續閱讀的動力，拿掉閱讀的選項一樣降低了繼續著色的動力。

舉例而言，如果公司本來獎勵我們在工作上可以有較大的獨立性，新來的老闆卻管東管西，剝奪了這份獨立，那麼我們的工作動力想必就減弱了。所以，只有外在獎勵才會削弱內在動機的觀點似乎過於簡化，不足以解釋列波爾的研究結果。

更有甚者，就算誘因沒有被剝奪，有時附加的誘因也會對動機產生負面影響。在列波爾的研究中，一開始有好寶寶獎這個附加的誘因，接著把這個誘因拿掉，取消獎勵看似就是孩子們動力減弱的原因——如果畫畫不能獲得獎品了，爲什麼還要畫下去呢？但四十年後，其他的研究卻發現，即使誘因仍在，附加的誘因還是會降低動力。

麥克·麥瑪瑞（Michal Maimaran）和我以幼童爲對象，測試當他們學到了食物的功能不只是好吃之後的反應。我們帶著一本繪本到芝加哥郊區的一所幼稚園，繪本中有個吃餅乾和紅蘿蔔的女孩，我們也帶了一樣的餅乾和紅蘿蔔過去。我們對不同組的孩子說不同版本的故事。在第一個版本中，女孩吃餅乾和紅蘿蔔是爲了強健的體魄。在第二個版本中，她吃這些東西是爲了學會認字。在第三個版本中，則是爲了學會數到一百。聽了這些故事，學到繪本中的食物有助變強壯和變聰明，孩子們有了爲這些了不起的好處去吃這些東西的誘因。

你或許以爲，學到食物有這些了不起的好處（變強壯或變聰明）之後，孩子們就會想吃那些健康的點心，但實驗結果恰恰相反。當幼稚園的孩子聽到吃餅乾會讓他們變強壯，他們就斷定餅乾不好吃，反而吃得比較少。另外兩組孩子聽到紅蘿蔔能幫助他們學會認字或數數，他們吃的紅蘿蔔就比較少。整體而言，強調食物的益處降低了五〇%的食用量。聽故事的小朋友推斷出多功能（既好吃又有助健康）的餅乾在他們眞正在乎的那一項功能（好吃）上可能表現欠佳的結論[5]。對長期靠「多吃紅蘿蔔和花椰菜會讓你變高變壯」哄孩子多吃菜的父母來講，這無疑是一大打擊。

請注意在這些研究中，外在誘因並不曾被拿掉，孩子們還是認爲吃紅蘿蔔有助學會認字和數數。儘管如此，他們卻比不知道這些功能的孩子更沒有意願吃這些東西。

我們常告訴自己吃某些食物讓人氣色好、更長壽、更有精神，但食品行銷研究卻發現，以健康爲訴求的食品廣告也會讓成年人失去食欲[6]。在一項針對美國幾所大學校園餐廳的研究中，相較於強調味道的菜單（例如「香草蜂蜜紅酒醋漬大頭菜」「川味香蒜乾煸四季豆」），強調健康益處的菜單（例如「健康嚴選大頭菜」「營養滿分四季豆」）食用量減少了將近三〇%。這是因爲吃東西（相較於吃藥）是爲了享受味道，若是被賦予其他理由，我們就會認爲這食物沒有那麼美味。

過度辯證效應顯示，誘因多了，反而削弱動機，而較新的這些研究告訴我們，這種效應不只是誘因被剝奪後的一種失望反應。付出卻獲得較少回報，或努力卻獲得較少獎勵，固然令人沮喪，但過度辯證效應還有另一個原因：**光是附加的誘因本身就有損（或稀釋了）我們從事一項活動的主因**。

了解稀釋原則

在列波爾還沒提供任何獎勵之前，他在幼稚園觀察孩子的第一天看到的是樂趣，孩子們樂於透過藝術表達自己。但是當獎品的誘因附加進去之後，孩子們從畫畫中感受到的意義就少了一點，色筆也就不再有一樣的吸引力。

這是「稀釋原則」在發揮作用。根據稀釋原則，包括誘因（亦即迷你目標）在內，從事一項活動達到的目標越多，這個活動和主要目標之間的關聯就越弱。以主要目標而言，這個活動的作用也越少。在我們從事這項活動時，主要目標反而比較不會浮現腦海。一旦腦海不再浮現這個目標，這項活動似乎就不再是爲了這個目標而存在。孩子在獲得獎勵之後就不想畫畫，因爲畫畫的重點已經不再是自我表達。

根據稀釋原則，爲一件目標導向的活動添加新的目標，只會淡化這項活動在你心目中和原始目標之間的關聯。當你聽說吃紅蘿蔔有助降低血壓，在你心目中紅蘿蔔對視力的幫助就沒那麼大了。如果我說我朋友是很棒的烹飪顧問，你就會假定她不是理想的醫療顧問，儘管她可能是一位愛下廚的醫生。

當附加的誘因是你不感興趣的東西時，稀釋作用會特別強。舉例而言，你本來想在公司推行回收計畫，當你得知這項計畫能爲老闆減稅之後，你的動力恐怕就沒那麼大了。在既有的目標之外，額外多出了你不感興趣的目標或誘因，對原本的目標而言，這項活動似乎也沒那麼好了。如果不想達到這個新目標（例如幫老闆省荷包），你可能會讓這個新目標凌駕於原本的目標之上，以至於動力全失。

以葡萄酒爲例，在選購葡萄酒時，通常有兩個主要的誘因引導我做決定：我想買好喝又實惠的酒。這兩個誘因在我腦海中競爭，根據稀釋原則，當我得知某一款酒很實惠，我會假定它沒那麼好喝；當我得知某一款酒很好喝，我會假定它比較貴。不過某些時候，其中一個誘因會變得沒那麼重要。敝校每年會舉辦無限暢飲派對，在派對上，我就不那麼在乎酒實惠不實惠了，又不是我付錢。我就會選我認爲比較貴的酒，並認爲自己喜歡這款酒。在我心目中，廉價酒的美味度被價格誘因稀釋掉了（僅就認知上而言，不是就實際上而言）。我假定兼具美味與實惠的酒一定既不美味也不實惠，兩個目標兼備，就兩者都做不到位。

同樣道理也適用於多功能的工具。張穎、艾里·庫格蘭斯基（Arie Kruglanski）和我合作的一項研究中，我們請受試者完成一份市調，其中一半的人要試用一枝有雷射功能的筆。結束後，每個人來到簽退桌前，桌上有兩枝筆，一枝是一般的筆，一枝是其中半數人剛剛試用過的雷射筆，他們要從中選一枝來簽名。試用過雷射筆的人都沒選擇雷射筆，反而選了一般的筆。相形之下，沒試用過的人選擇雷射筆和一般筆的機率各半，他們是隨機選擇的[7]。這項研究說明了爲什麼多功能工具最後往往一無是處，我們寧可一枝筆就好好當一枝筆。

稀釋原則有助我們判斷何時設定少一點誘因比較好。一如列波爾在兒童畫畫研究中的發現，先加上誘因再把它拿掉，只是徒增失望而已。這麼做削弱了活動和原始目標之間的關聯。有鑑於此，添加你不想要的誘因也會降低你的動力，即使誘因一直都在。

當你在既有的目標之外還想添加誘因時，不妨想想這個誘因對你有沒有好處。它是會拉著你朝目標更近一步呢，還是會模糊你的焦點，使你偏離目標呢？

誘因為什麼會造成反效果？

如果你想不透誘因怎麼會有損動力，那也不奇怪，畢竟，我們都在自己的人生中看過誘因發揮作用。在我的企管碩士班學生中，很少人因爲有機會拿到學位而失去學習動力。我也不曾碰過抱怨薪水太高害他們失去工作熱忱的員工。金錢獎勵和其他誘因似乎自有它們的作用，至少就某些時候而言。

你甚至可能擔心誘因（尤其是金錢誘因）降低動力的觀點之所以盛行，只因它讓人有了不用付錢的藉口。如果你免費享用創作者的心血（例如非法下載音樂，或用前任的帳戶看影音串流平台的節目），你或許就寧可相信創作者是爲了創作而創作，不是受到金錢驅使。如果你在一家經營陷入困境的公司登上管理職，你寧可相信加薪會降低員工把工作做好的動力。如果你是付錢的那一方，支付酬勞有損動力的觀點就成了方便好用的藉口。有時候，這個藉口就被用來合理化過低的報酬。

但酬勞能讓創作者做出更多作品，而非更少作品。加薪則會鼓舞員工士氣，對經營管理來講，這是好事。在這些例子中，人都期待獲得報酬，金錢誘因是他們從事該項活動的部分原因。因為你期待以工作換取酬勞，看到薪水入帳不會模糊你一開始做這份工作的原因，正如同販賣藝術品不會模糊藝術家對於創作動機的認知。

但也有我們不知道自己為什麼要從事的活動。當我們質疑自己為什麼要做某件事的時候，誘因的存在提供了解答的線索。但有時候，這些線索卻可能誤導我們。

發現誘因有損動力的研究許多都是以兒童為實驗對象，背後是有原因的。孩子們忙著摸索自己的好惡。當我問我的八歲兒子喜歡學校的哪一科，他得想一想才知道，沒辦法像大人一樣直覺知道答案。孩子對於這個多半受到大人控制的世界還很陌生，所以，許多占據他們日常生活的活動都需要一番解釋，他們可能會問自己：「我畫畫是因為我喜歡，還是因為老師叫我畫？」或「我是覺得這個食物很好吃呢，還是因為不吃它就沒有飯後點心了？」誘因給他們拼湊個人好惡的線索。假如你是個孩子，有個大人願意付錢叫你做某件事，那就有可能是你不喜歡做的事。

相形之下，成年人早已釐清自己的好惡，所以誘因對於我們為什麼要做一件事的認知影響較小。你每天都去上班，如果你在同一份工作或同一個領域待了許多年，你很清楚自己對這份工作有什麼感覺，誘因不太會改變你的觀感。加薪非但不會減損你的工作動力，還可能讓你更有動力，因爲加薪代表成功。但如果你正在嘗試某件你不太確定的事情，可能就比較需要靠誘因來釐清爲什麼要做這件事。而無論什麼事，你大概都會以爲你做這件事主要是爲了得到獎勵。我是到海外任教時才體認到這一點。當我首度報名去新加坡教課時，我以爲自己之所以這麼做，是因爲到芝加哥以外的地方任教可以獲得額外的教學積分。但去過新加坡幾次之後，我發現自己不太在乎什麼積分，反倒比較在乎那份不同凡響的教學經驗和探索異國的機會。

針對爲什麼從事一項新活動這個問題，誘因給你的線索一旦模糊了從事這項活動的主因，你就有可能受到誤導，以爲自己對這個目標沒有實際上那麼投入。當誘因對某個活動來說不恰當時，誘因對動力的傷害甚至更大。舉例而言，如果有人付錢叫你打電話給你外婆，那也太奇怪了吧。感覺不對勁的金錢誘因對你的動力是一種干擾。但當金錢誘因是某個活動的重點所在，好比在工作或賺零用錢的時候，金錢誘因會提高動力。在一項研究中，付錢請小朋友玩積木，他們就沒那麼愛玩積木了，但付錢請小朋友玩丟銅板遊戲，則讓他們受到激勵，玩得更起勁，因爲丟銅板遊戲與贏錢有關聯[8]。許多人覺得賭博很刺激，他們之所以賭博是因爲有金錢的誘因，而不是沒有金錢誘因也要賭。當我們期待得到報酬，報酬就會提升而非削弱我們的動力。

爲了確保誘因不會產生反效果，不妨問問自己，旁人會怎麼解讀你從事這項活動的原因。如果誘因會誤導旁人的解讀、如果你內心不見得清楚從事這項活動的原因，不妨考慮調整這些誘因。

誘因模糊了行為造成的影響

想像你可以完全隱形二十四小時，沒人看得見、聽得見或察覺得到你的存在，你做什麼都不會被逮到，那你會做什麼呢？這些年來，我問過無數我班上的學生這個問題，絕大多數學生都想搶銀行、闖空門、暗中監視和竊聽（他們的老闆、朋友、同學、家人、男女朋友，乃至於名人）。少數學生想殺掉（通常是毒殺）某個自己恨之入骨的人。當然，他們是開玩笑的（我希望是啦）。這些答案背後有什麼共通點呢？一旦拿掉負面誘因——你知道自己的行爲不會受到懲罰——壞主意就冒出來了。

正常來講，人都會在乎別人，而學生們的答案顯示「怕受罰」是一般人堅守基本道德規範的唯一理由。但人難道不該在沒人看到的時候也做好事嗎？我寧可相信多數人（至少我的多數學生）不偷、不搶、不殺人、非禮勿視、非禮勿聽是因爲他們在乎別人，而不只是因爲怕被逮捕。

這讓我想到誘因還有一個意想不到的後果，那就是它可能模糊了行爲造成的影響。即使沒人看到，犯罪還是會造成傷害。然而，因爲我們的社會爲犯罪行爲建構了懲罰機制，導致我們覺得不被抓到就沒關係。就算社會未來放寬有關毒品的法律規定，但吸毒對健康的危害並未改變。雖然各地速限不同，但無論你在哪裡開車，超速都一樣危險。

同樣道理也適用於正面誘因。慈善捐款對世界有益，但如果你捐錢主要是爲了節稅，節稅這個誘因就模糊了你這麼做的目的。雖然設下誘因是爲了鼓勵大家堅守目標，但這些誘因卻有可能模糊焦點，讓人忘了一開始爲什麼要採取或避免某種舉動的初衷。

因此，在設定誘因時，請注意這些誘因如何影響你對目標的想法，以及一旦拿掉這些誘因會怎麼樣。以美國法律來講，年滿二十一歲，喝酒就變成一件合法的事，但並沒有因此變成一件健康的事。犯法的懲罰（亦即負面誘因）不再，不代表你就能放任自己飲酒過量，危及你追求健康的目標。正如同誘因不該改變眞正的目標，誘因也不該模糊某個舉動對目標的影響。問問自己：如果取消獎勵或懲罰，你還會想做這件事嗎？

不確定的誘因效果更好

二〇〇〇年代早期，外子和我帶著兩名稚女移民美國時，我備受衝擊，我就像一條離水的魚，難以適應美國文化，尤其擔心財務狀況，因為對於在這個新的國家生活有多花錢，我的概念很模糊。雖然生活費未知，但我的收入卻很容易預料。在我的祖國以色列，薪水是每月支付，不像在美國領的是年薪。在以色列，我的薪資每個月都變來變去，所以我不知道自己一年會賺多少錢。在美國，我的收入是固定不變的。

我個人雖然喜歡穩定，但也不禁懷疑固定的薪水對動力有什麼影響。一個是固定的獎勵，一個是變動的獎勵，你會為何者工作得更賣力？

想想這兩份假定的工作：A工作付你十萬元，B工作則有五〇%的機會賺到八萬五千元、五〇%的機會賺到十一萬五千元。多數人都喜歡確定一點，所以選擇A工作。然而，多數人卻都是在酬勞不確定時才會工作得更賣力。

為什麼不確定的誘因反而能提高動力呢？行為主義給出了第一個答案。你或許還記得很久以前的心理學概論課教過，行為學派發現了兩種基本的獎勵時制，一是動物做出正確反應後，每次都得到獎勵的「連續時制」，二是動物做出正確反應後，只有某些時候得到獎勵的「間歇時制」。結果出人意料，間歇時制的效果竟然比較好。無論是要教小狗玩新把戲，還是要訓練鴿子打乒乓球（史金納試過），最好都只在某些成功的時候給牠們食物，而不是每次都給。如此一來，牠們的行爲就會在獎勵變少時依舊保持下去。當動物搞不清楚何時會得到獎勵，牠們就一直抱著希望，繼續做你要牠們做的動作（坐下、等等、安靜或過來），即使牠們再也不會得到獎勵。

人類也是動物，這套辦法也能用來訓練自己或別人。舉例而言，若是採取連續時制，每次班上學生答對一個問題，我都會說：「答得好！」若是採取間歇時制，當學生給出漂亮的答案，我時不時稱讚一下，就跟動物一樣，間歇時制的激勵效果幾乎都比連續時制來得好。當誘因不確定，例如分量不一或頻率不一，要是得到比預期少的獎勵或沒有獎勵，你也不會那麼氣餒。你知道做得好不一定有獎勵，並且期待下一次會有。

有些時候，不確定的誘因之所以有激勵作用，是因爲得到獎勵的難度更高。你要剛好走運或加倍努力才能贏得獎勵。正如同難度適中的量化指標可以提升動力，具有挑戰性的不確定誘因亦然。運動員保持動力是因爲勝負從來沒有定數，而不是因爲他們確定自己會贏。

不確定的誘因也很刺激。以電子遊戲場爲例，我的孩子很愛去，我就沒那麼愛去了。在我的經驗裡，玩遊戲機台一般都是你吃虧，你投錢到機台裡，機台亮起來，發出一些滑稽的噪音，接著你贏得某種廉價的塑膠玩具，價值遠低於你投進機台的錢。這種划不來的交易爲什麼這麼流行？可能因爲這是一種搏運氣的遊戲，而且不需要什麼技巧。你不知道自己會贏得什麼，揭開謎底是很刺激的事情。你只要推一下或拉一下操控桿，或是丟一顆球出去，運氣好的話，你得到的獎品就會值回票價。

不知道付出會不會獲得回報，讓你對結果很好奇。不確定性本身不好玩，沒有人喜歡一直處於曖昧不明的狀態。但揭開謎底，得知你的付出換來什麼結果，不再曖昧下去，卻有著心理上的獎勵作用。沈璐希、奚愷元和我在一項不太尋常的研究中測試了此一現象。我們召集受試者來玩一個小遊戲，如果他們能在兩分鐘內喝下一・四公升的水，我們就會付錢給他們。對多數人來講，喝這麼多水雖然有挑戰性，但並非不可能（而且不會危害健康，別擔心！）。受試者不知道的是我們有兩套獎勵機制，有些人會得到兩美元的固定獎勵，有些人則不確定能得到兩美元或一美元，要丟銅板決定。整體而言，確定的獎勵是比較划算的交易，只要喝完水，保證能拿到兩美元，相形之下，其他人只有五〇%的機率拿到兩美元。然而，在獎勵金額不確定的情況下，於時限內喝完水的人卻多了許多。[9] 我們發現，揭開謎底（究竟贏得一美元或兩美元）比確定拿到兩美元激勵作用大得多。

即便如此，人通常還是不會選擇不確定性。多數人寧可選擇確定拿到一百萬，也不要去玩可能中兩千萬、也可能什麼都得不到的樂透。不確定性不見得有趣，但對行動有激勵作用。

幸好，不確定的誘因很常見。應徵工作或申請學校時，你不知道自己會不會錄取，所以你有努力的動力。求婚的時候，你不知道親愛的會不會答應。**未知激勵你全力以赴。在未來，不妨擁抱人生中的不確定性，它將讓你保持動力。**

問問自己

在追求某個目標時，誘因相關研究建議我們要小心額外附加的理由。雖然誘因能激勵行動，但誘因太多卻會產生反效果。過多的誘因改變或稀釋了我們追求某個目標的主因，讓這個主因顯得不那麼迫切或刺激。此外，誘因可能讓我們忘了追求某個目標的初衷。確定的誘因雖然看似比不確定的誘因更有效，但實際上恰恰相反。確定性使人養成習慣性，不再那麼在乎得到的獎勵。切記這幾個風險，問問自己下列有關誘因機制的問題：

❶ **為目標添加什麼誘因能額外給你堅持下去的理由**？舉例而言，不妨在打完年度流感疫苗或工作上完成一個重要的專案之後，犒賞自己看場晚場電影，或好好泡個泡泡澡。

❷ **想想為了追求目標而存在的誘因。這些誘因是否改變了你追求這個目標的意義**？若是如此，這些誘因就需要修正。舉例而言，如果外在獎勵降低了你從閱讀本身得到的樂趣，那還不如不要這些獎勵。

❸ **你是否為自己還在探索的新活動附加了誘因**？如果你還在摸索自己的好惡，誘因可能讓你誤以為自己只是為了得到獎勵而做某件事，請拿掉這些誘因。

❹ **你的誘因適合這個活動嗎**？舉例而言，金錢獎勵就不適用於經營感情這個目標。如果有錢拿，許多人反而不那麼想跟親朋好友保持聯絡了，請拿掉這些誘因。

CH 4 內在動機（以及你為什麼應該給自己更多樂趣）

在《湯姆歷險記》中，一天夜裡，馬克．吐溫筆下這位與書同名的主角回到家，波麗姨媽見他渾身髒兮兮，氣得罰他星期六一整天油漆前院的圍籬。一開始，湯姆做得拖拖拉拉，一下想著自己錯過哪些好玩的事，一下想著街坊上的男孩們會如何嘲笑他。但就在第一個男孩跑來亂的時候，湯姆心生一計。

湯姆最怕的莫過於班．羅傑斯的嘲笑，不出所料，班立刻開始鬧他：「我要去游泳囉！走囉！你都不想去嗎？」只見湯姆陶醉地望著圍籬，像是望著史上最迷人的藝術計畫，告訴班說他才不想去呢，他在這裡好得很。「刷油漆這種機會是天天有的嗎？」他說。

這下子，班不只是請求湯姆讓他參一腳，甚至哀求起來了，他願意用剩下的多汁蘋果交換這個機會。越來越多男孩跑來看熱鬧，湯姆也騙倒了他們。他用刷油漆的特權換來風箏、彈珠、粉筆、蝌蚪和一隻獨眼貓等寶貝。到了傍晚時分，圍籬已刷上三層油漆，而湯姆幾乎沒動一下手指。

湯姆假裝這是千載難逢的良機，哄朋友們替他刷好了圍籬。馬克．吐溫透過這知名的一幕，向我們揭示了內在動機心理學——工作帶有被迫的成分，玩樂則帶有自發的成分。

儘管早有此見解，時至今日，在激勵學的領域，內在動機仍是最少人了解的概念。有人用內在動機一詞指免費做事，或單純出於好奇去做某件事。但內在動機的定義是「從事一項本身就是目標的活動」，意指你有源自內在的動力，你爲了一件事本身去做這件事。

幾乎不管哪一件事，內在動機都是你投入多少心力的最佳指標。一如亞當．格蘭特（Adam Grant）的發現，消防員的工作時數[1]和保全人員在工作上發揮的創意[2]，皆因內在動機而提升。當我們訂下具有內在動機的目標，或是採取加強內在動機的策略，我們成功的機會就更大。不管是像空中瑜伽初體驗這樣的短期目標，還是像學中文之類的長期目標，我們都會做得很起勁，因爲我們是眞心想做這件事，而不是因爲覺得不做不行。

以新年新希望爲例[3]。每年，時序從十二月來到一月，總有成千上萬人許下宏願。但我敢說，立下志願的人不會太熱中於實現目標。無論你在元旦那天決心要做什麼，如果你有百分之百的內在動機，你根本不需要特別立志一番。話雖如此，新年新希望就像油漆圍籬一般，當事人做這件事的決心因內在動機的強度而異，這點很重要。

在我和凱特琳．伍利（Kaitlin Woolley）合作的研究中，我們在三月時追蹤一月許下宏願的研究對象。不出所料，追求這些目標的內在動機有多強，預告了接下來投入的程度。你可能也猜得到，有許多研究對象都立志新的一年要多運動，但成功與否大大取決於每個人對運動的感受。本來就愛運動的人內在動機較強，運動量比不愛運動的人更大，其他的新年新希望也都有一樣的現象。說來有趣，某個願望對當事人而言的重要性，和他實際做到的頻率無關。如果一個人認爲運動對健康很重要，不代表他會比沒那麼注重健康的人更常運動。如果你想預測一個人（包括你自己）對某件事貫徹到底的決心，不妨問問他有多期待做這件事，而不是這件事對他來講有多重要。

目標的含義要清楚，若有辦法讓追求目標的過程愉快又刺激，你就會有來自內在的動機，能在這條路上堅持更久。如果你的目標是去做一件你本來就很愛的事，把過程變有趣的主意幫助就不大了。古典樂迷可以每天都聽莫札特，體育迷可以連看幾小時的比賽，冰淇淋控可以吃上好幾桶冰淇淋。**但即使是面對內心不覺得好玩或刺激的**

目標，我們也可以善用內在動機的力量。一旦找到辦法把運動、工作或整理凌亂的衣櫃變成一件樂事，我們就比較容易貫徹這些目標。

內在動機是什麼？

「從事一項本身就是目標的活動」是什麼意思？當你無法將「從事一項活動」和「從中得到的好處」分開時，你就是受到內在動機的驅使。如果你熱愛自己的工作，你之所以從事這份工作，只因爲它就是對你胃口。同樣道理，如果你很享受運動流汗，就不必勉強自己上健身房。你會覺得去探究做這份工作或做這些運動能得到什麼才奇怪，因爲你的首要目標就是做這件事，在你心目中，這項活動和目標是一體的。

本質上，你達成目標的那一刻是由內在動機驅使。在那一刻，讓你實現目標的活動和目標本身合而爲一。吃一頓美食、春日在公園散步、看煙火、玩猜謎、性愛……這些都是內在動機驅使你去做的事。從事這些活動，通常就立刻達到了它們所服務的目標，如果問你看煙火讓你得到了什麼，你會說你得到了看煙火的機會。

然而，多數活動的「內在性」或「目標達成感」程度不一。在實現自我和做得興致勃勃之外，工作和運動還是附帶了一些潛在的目標：賺取酬勞和活得長壽又健康。對多數人而言，工作和運動只有一部分是出於內在動機。爲了判定一項活動受內在動機驅使的程度，我們可以問：從事這項活動，對你而言，有多像實現了目標，而不是朝目標邁進了一步？

答案取決於這個人、這項活動，以及活動發生當時的情況。以前述活動爲例，享用美食通常是自發性的，但如果是在面試工作的飯局中，你內心暗藏的目標是得到工作，而不是享用美食。當你避開可能弄髒西裝的茄汁義大利麵、注意自己的用餐禮儀、美酒當前只敢淺嘗幾口，你就是把重心放在得到工作這個長期目標上，而不是在享用美食這個立即目標上。同樣的，到公園散步或看煙火背後也可能有別的目的，好比趁伴侶放年假時多陪陪他。如果你急著想懷孕，做愛就有了不同的動機。一旦有其他隱藏的動機，這項活動及目標在你心目中便一分爲二，你的內在動機就沒那麼強了。

爲了判斷你做某件事的內在動機有多強，不妨評估一下這項活動（途徑）及目標（終點）的融合程度。從事這項活動就像實現了目標嗎？若否，一旦完成這項活動，感覺離最終目標還有多遠？舉例而言，如果你是爲了長久的健康而運動，運動與目標之間就隔著數十年的距離。內在動機弱的活動對你來講可能還是很重要，這些重要活動是受到外來動機的驅使，它們幫助你獲得外來的好處。以年度健康檢查爲例，做這件事不好玩，但很重要。

為了將內在動機發揮到極致，你也要釐清什麼不是內在動機。首先，內在動機不只限於滿足好奇心。這種誤解要追溯到二十世紀中期，當時研究人員發現動物會出於好奇去探索周遭環境，這麼做沒有任何外部獎勵，研究的結論是：「滿足好奇心」是一種內在動機，它本身就是目標。動物透過探索來滿足好奇心。到後來，「探索是出於內在動機」這個經過證實的結論就變成了別的意思：內在動機是透過探索來滿足好奇心。

雖然探索常常是出於內在動機，但也不盡然如此。如果好奇心曾讓你搭上長途飛機，擠在其他乘客中間，前往這世上你還沒看過的遙遠國度，你的動機就可能是外來的，而不是內在的。跟攀登洛磯山不一樣，飛到某個地方是抵達終點的途徑。飛行本身的內在動機很弱，即使此行的目標是要滿足你的好奇心。再者，就像看煙火或愜意地散步，有些受到內在動機驅使的活動與好奇心無關，我們都知道煙火長什麼樣子，每年國慶都會看到，但我們還是想看。

內在動機也不限於先天的動機。激勵學家區分出先天和後天習得的動機[4]。先天動機是每個人與生俱來的動機。我們生來就有建立人際關係的動機，也有展現個體的獨立及能力的動機。在嬰兒身上我們可以看到，寶寶生來就有展露笑容的反射動作（讓父母黏在他們身邊，直到他們學會自主展露笑容爲止），學步兒則力圖展現個體的獨立（每個父母都聽過「兩歲小孩很可怕」的警告），並樂於挑戰肢體活動和認知活動。相形之下，獲得權勢、地位和金錢等動機則是後天從成長的文化和社會中習得的。

有時候，這種動機來源的區別，被誤解成只有先天動機才是內在的。舉例而言，你可能以爲追求財富不是內在動機。其實不然，如果你去過拉斯維加斯，你會看到人是基於內在動機想贏錢。賭博的感覺可不像迫於無奈、非做不可的工作。在賭徒心目中，這項活動（賭博）及目標（贏錢）密不可分，賭博本身就像是目標。當你是爲了贏錢而玩遊戲，追求財富（後天習得的動機）就成爲內在自發的。但是當白天枯燥的工作是你賺錢的途徑時，同樣的目標也可能是外來的。

對於什麼是（以及什麼不是）內在動機有一個廣泛的認識之後，請注意下列徵兆，用這些線索判斷某個人（包括你自己）是不是受到內在動機的驅使。

首先，若是受到內在動機驅使，你會很想繼續下去，不想停下來。舉例而言，一天的工作來到尾聲，不妨問問自己有什麼感覺。你是很想再忙個幾分鐘，繼續手邊的工作呢，還是覺得太好了，終於可以收拾東西回家了？激勵學家用「自由選擇模式」來捕捉內在動機的這個面向。在自由選擇模式下，研究人員告訴受試者實驗結束後可以繼續手邊的事，也可以放下手邊的事回家去。如果他們選擇繼續，就好像你可以下班了，卻還在辦公室逗留，我們就能據此推斷他們是受到內在動機的驅使。

要知道一個人是不是受到內在動機的驅使，我們也會問他們做這件事的心情和感受。從事這項活動會覺得迫不及待、好奇不已、樂在其中嗎？會覺得像是遊戲而不像工作嗎？會像是實現了你的目標嗎？如果答案是肯定的，你就是受到內在動機的驅使。

如何提升內在動機？

雖然有些活動不會純粹出於內在動機，例如爲了健康而運動或爲了賺錢而工作，但我們還是可以問問：有什麼能讓這些活動更像是目標？

當從事某個活動立刻就能達到某個目標時，這個活動就比較像是內在自發的，即便那不是你原先設定的目標。或許你是爲了健康才開始運動，但如果每次運動都讓你覺得精神百倍，「運動」和「精神好」就會在你的心目中合而爲一，你就有更強的內在動機去運動。

這可能會讓你想到實驗心理學和行爲治療所用的制約技巧。在「操作制約」的訓練中，人類和其他動物經由重複學到某個行爲會帶來獎賞。想想巴夫洛夫的狗，牠們在制約作用下將鈴聲和食物聯想在一起，所以聽到鈴聲就流口水。久而久之，在制約作用下，將某個行爲（運動）和某種獎賞（精神好）聯想在一起的人和動物，會更常做出這個行爲，並對它有更正面的感受。對獎賞的興奮，會轉移到帶來獎賞的行爲上。舉例而言，動物研究發現，學到壓下控制桿可以得到食物的鴿子，在壓下控制桿，還沒得到食物之前就已顯露出興奮之態。自動自發的健身房常客也一樣，在還沒結束運動、還沒得到任何好處時，就已經很興奮了。

如果某個目標只能靠某個活動來達成，這個活動也會像是你發自內心想做的。如果只有一種活動能讓你達到某個目標，而且也只能達成這個目標，在你心目中，該活動和該目標之間就有著密不可分的關係。舉例而言，如果你爲了達到平靜而靜坐，而且唯有靜坐能讓你感到平靜，你就會發自內心想靜坐。這種一對一的關係或許會讓你聯想到第三章談過的稀釋效應，亦即具有多重目標的活動對於要達到其中任何一個目標來講都不是那麼有用（你的大腦告訴你葡萄酒不可能既便宜又好喝）。活動和目標之間的關係遭到稀釋還有一個結果，就是這個活動會變得不那麼像是你發自內心想做的。如果你散步穿過公園只是爲了到戶外走走，你的內在動機會比爲了通勤上班而走這段路來得強。但請注意，一對一的關係可能有其代價。如果只有靜坐能讓你平靜下來，萬一忙得沒時間靜坐，你就很難穩住情緒了。對於達到你的目標而言，保持彈性

（例如有不止一個保持平靜的辦法）可能很重要。

要提高從事某項活動的內在動機，還有一個要素是這項活動及目標之間的匹配度。如果這項活動及目標兩相匹配，它們在你心目中的關聯會更緊密。比起以放鬆情緒爲目標，若是以個人成長爲目標，你學習彈鋼琴、打籃球或說西班牙語的內在動機會更強。我們在上一章學到，活動和目標之間的關係若不恰當，可能有損動力。如果有人付錢叫你打電話給你外婆，你會質疑做這件事的初衷。因此，在設定目標時，請注意你的誘因和內在動機要適合這個目標。

最後，「何時」達到目標，對內在動機很重要。從事一項活動和達到目標之間的時間越短，內在動機就越強。如果這項活動及目標同時發生，內在動機最強。想想一頓浪漫的晚餐、一趟巴黎度假之旅、一次思想上或情緒上的突破，抑或是在晴朗的日子裡到公園遛狗，這些活動都是在進行的當下就達成了我們想要的目標——和伴侶親近、探索陌生城市、個人成長或放鬆情緒。**立即的滿足創造出最強的內在驅動力**。

想一想看新聞這個較爲乏味的每日例行活動。這年頭，越來越多人不看新聞報導，轉而把脫口秀當成獲知全球動態的來源。當這些新聞以嬉笑怒罵的方式呈現出來，我們就比較容易忍受一切天下事[5]。有鑑於此，伍利和我邀集一群受試者，請他們看一段有關達賴喇嘛及西藏政治局勢的新聞影片，這段影片是由《上週今夜秀》的約翰·奧利佛（John Oliver）所主持。我們請一半的人想想看這段節目的立即收穫是什麼：在觀看當下，這段影片讓他們增廣什麼見聞？另外一半的人則想想後續有什麼遲來的好處：看完這段影片後的幾星期，這段影片如何開拓他們的眼界？這個簡短的練習影響了觀者看節目的體驗。腦中想著立即收穫的人感覺到更強的內在動機。

時序性對提升內在動機有著強大的作用。即便是外部獎勵，早點得到獎勵也比晚點得到獎勵更能提升內在動機。比起過幾週才領薪，若能立刻拿到酬勞，工作起來自然更愉快。在人不期待有什麼酬勞可拿的情況下，支付酬勞反而有損動力（回想一下過度辯證效應），但以有薪工作而言，早一點給人預期中的酬勞會提升內在動機。相反的，如果從事一項活動和得到好處的時間拉得太長，內在動機會越來越弱。

把無聊的活動變有趣

一位舊識最近寫信跟我聊她的女兒奧利維雅。奧利維雅二十九歲，患有糖尿病和自閉症，近來，她常常步行兩英里，走遍她位於美國西部的小社區。不過幾年前，她幾乎足不出戶，平常只會去附近的超市或餐廳，除此之外，她覺得出門很無聊，寧可宅在家，直到她下載了《Pokémon GO》的應用程式。

成長於一九九〇年代晚期的奧利維雅，是精靈寶可夢的死忠粉絲。所以二〇一六年《Pokémon GO》一推出，她就迫不及待玩了起來。這款遊戲利用手機定位，偵測你在遊戲中的地點和時間，讓精靈寶可夢「出現」在附近，你就可以去尋寶和抓寶。下載遊戲後不久，奧利維雅就開始了她的兩英里散步，她走的那條路線最適合抓寶。這款遊戲給了她出門和走路的理由，這是她從十歲起就夢想踏上的旅途。

奧利維雅不是唯一的一個，我還聽過很多《Pokémon GO》鼓勵大家動起來的故事。事實上，這款遊戲是我的八歲兒子和我開始在住家附近走來走去的一大原因。以它剛上市時的風靡程度，研究人員估計在二〇一六年夏天的高峰，這款遊戲爲全美增加了一千四百四十億步的步行數[6]。成功到讓大家都怪它害得街上有一堆走路不專心的人。

《Pokémon GO》激勵出這麼大的運動量（比其他運動類的應用程式都多），因爲它靠的就是人的內在動機——把走路變成一種遊戲。要把無聊或困難的活動變得引人入勝有三個辦法：

方法一：把它變有趣

首先，我們有個叫做「把它變有趣」的策略，顧名思義就是把一件事變有趣。這個策略主動把立即誘因（亦即迷你目標）和進行這項活動綁在一起。這些誘因利用人心對於立即得到滿足的渴求，把一件本來很枯燥的活動變得刺激，從而讓我們將這件活動當成最終目標來進行。

舉例而言，伍利和我（跟某些老師唱反調）鼓勵高中生一邊做數學作業，一邊聽音樂、吃零食，並用鮮豔的彩色原子筆來寫作業，我們發現學生花更多時間做作業了。算術變得很有趣，因爲它帶來立即的聲音、味道和視覺享受。對於《Pokémon GO》玩家來講，抓到寶也是一個立即誘因。

人常常會用結合誘因和目標的辦法來讓事情變有趣。將健身和追劇綁在一起，或邊做功課邊聽音樂，都是結合誘因的例子[7]。若是限定將某一項誘人的活動和某一個特定目標綁在一起，這個策略尤其有效。舉例而言，你只讓自己在回覆完滿坑滿谷的工作郵件時吃一塊巧克力，「吃巧克力的誘惑」就能提升「把信回完」這個目標的內在動機。然而，獎勵務必來得即時。遲來的獎勵是沒有用的，例如上完一週的班之後才吃五塊巧克力，就很沒勁。

方法二：找到一條有趣的途徑

在激勵學的百寶箱裡，第二個策略是找到一條有趣的途徑。當你立定一個目標，思考達到目標的途徑時，請把立即的樂趣也考慮進去。舉例而言，想激勵自己多運動的人，應該要想想什麼運動比較有趣，與其自己一個人在健身房苦哈哈地踩飛輪，不如去上搭配動感音樂、讓你熱血沸騰的飛輪課。以重金屬樂迷來講，紐約有一些飛輪教室有開重金屬飛輪課，學員運動時，教練就把搖滾樂開得震天價響。這是很有效的策略，伍利和我在一項研究中發現，上健身房的人當中，比起選擇自己認爲效果最佳的運動，選擇自己喜歡的運動，多完成了五〇%的重複動作[8]。當然，你還是要選擇有助達成目標的活動，如果你運動是爲了練出健美的身材，低強度的瑜伽可能幫助就不大。但如果有多種活動都能達成同樣的目標，不妨選擇你自己覺得最有趣的一種。

方法三：多多注意既有的樂趣

第三個策略是多多注意既有的樂趣。如果你滿腦子想著從事一項活動的立即好處，而非遲來的好處，你就有可能感覺到更強的內在動機，也更有可能堅持下去。假設你想鼓勵自己多吃紅蘿蔔，想著你喜歡它什麼——脆脆的、甜甜的、帶點泥土的氣息，而不是想著紅蘿蔔很健康或有助改善視力。這正是伍利和我在一項研究中發現的結果。我們拿著兩包一模一樣的迷你紅蘿蔔，但請某些受試者選擇他們覺得比較可口的一包，另一些人則選擇他們認爲比較健康的一包，結果可口組比健康組多吃了將近五〇%的紅蘿蔔。在做決定時，想著立即的正面體驗，對你堅守目標會有幫助。

但別誤會了，如果你的年紀早已過了十二歲，你知道人生不是時時都在開派對，不是每件事都充滿內在動機。這輩子首度懷孕時，我想像生頭胎會是一次不同凡響的經驗，畢竟人人都說生小孩多美好、多神奇。但我很快就發現生產是漫長的疼痛，伴隨著驚天動地的結局。幸好，你不需要內在動機就能完成這件差事。在做一件痛苦、但相對短暫的事情時，不如別去擔心怎麼提升內在動機，想著怎麼收工就得了。

更有甚者，雖然內在動機有助我們超常發揮，但如果你只想低空飛過，那就不需要什麼內在動機了。身爲商學院教授，我聽過許多員工說他們一直做著自己痛恨的工作，覺得自己是「薪水奴隸」。然而，除非有更好的出路，否則人通常不會辭掉工作。對失業的恐懼就給了許多員工充分的動力去上班，他們不會全力以赴，但也不會辭職不幹。

破除迷思和誤解

儘管證據確鑿，內在動機的力量卻一直蒙受著一些迷思和誤解。大家都以爲別人不像自己那麼在乎內在動機，而且會假想未來的自己也不像現在那麼在乎內在動機。然而，若能意識到這些迷思和誤解的存在，我們就能和別人建立更好的關係，也更懂得怎麼設下自己可以堅持到底的目標。

當我們和別人比較時，幾乎人人都覺得自己的正面特質優於平均。這是「優於平均效應」的偏誤。不管是什麼正面特質，以慷慨大方來講好了，照理說大約一半的人都比一般人小氣，另一半的人則比一般人大方。不可能所有人都比一般人更慷慨，但你遇過自認比一般人都小氣的人嗎？（順帶一提，從統計學的角度而言，多數人都優於平均是有可能的，但卻不可能多數人都高於中位數，所以此種現象稱爲「高於中位效應」是較爲準確的說法。）

這種優於平均效應之強大，就連牢裡的罪犯都自認比監獄外面的一般人更高尚、更可靠、更誠實、更自律。我們都喜歡以正面的眼光看自己[9]。

同樣的，說到目標和動機，我們也覺得自己比別人有更強的動機和更迫切的目標。在職場上，儘管我們明白人人都想加薪，但多數人都有加薪對自己比對其他同事更重要的錯覺。儘管我們知道別人也想做有趣的案子，但我們也自認比其他同事更在乎手上的案子有趣不有趣。

有鑑於此，激勵學家就不禁要問：人是否容易覺得自己的內在動機比別人更強？

你是否覺得自己比一般人更在乎工作有不有趣（內在動機），但卻自認不像一般人那麼在乎薪水有多高（外在動機）？結果證實，普遍還眞是如此。比起外在動機，優於平均效應更明顯表現於內在動機上。

每一年，我都請學生評量自己相對於同學而言有多在意不同的工作動機。他們要評量自己有多在乎薪資待遇和工作保障等外在動機，也要評量自己有多在乎學習新事物或帶來自我肯定等內在動機。多數學生皆認爲這一切對他們來講都比其他同學更重要。然而，這種偏誤在內在動機的部分更明顯。學生們雖然能體認到其他同學也在乎薪資待遇和工作保障，卻沒發覺其他同學也跟自己一樣在乎能不能學到東西、能不能帶來自我肯定。

沒發覺別人也想要內在動機，不知道別人也想和志同道合的人一起做有趣、有意義的事情，這對我們與家人、朋友及同事的關係都可能造成阻礙[10]。當父母低估孩子在課業上對內在動機的追求，以爲孩子在乎分數，更甚於擁有別具意義、改變一生的學習經驗，便可能損害親子關係。在職場上，當雇主低估員工的內在動機，而員工也低估雇主的內在動機，上司和下屬之間的交流便可能出問題。一項研究發現，求職者會在面試工作時低估了內在動機的重要性，原因是儘管求職者想要滿足自己的內在動機，卻以爲面試官沒那麼在乎內在動機，殊不知面試官會對表現出內在動機的求職者留下深刻的印象[11]。一心以為雇主在找的是想要出人頭地、飛黃騰達的人，求職者就不會提到這份工作對他們來講多麼有意義。

要克服這種有關內在動機的偏見，我們要學會設身處地站在別人的立場，試問：換作是別人，他們心目中的優先順位會是什麼？有時候，我們很容易忽略人各有異，例如別人的飲食愛好或政治立場跟我們不一樣。但說到內在動機，我們卻很容易忘記多數人想的都跟我們一樣。這時，揣摩別人的想法會有幫助。

我們不止低估別人的內在動機，也低估自己未來的內在動機。多數人都知道內在動機對現在的我們來講很重要，殊不知它到了未來也一樣重要。

多數人都知道，和喜歡的人一起做有趣的事，是他們早上起床去上班很重要的動力。如果你對自己的工作深惡痛絕，無論你有多愛那份薪水和福利，你都很難逼自己從床上爬起來。但是當你衡量未來要應徵什麼工作時，「和喜歡的人一起做有趣的事」在你心目中的分量有多重呢？如果你跟多數人一樣，那答案就是就不夠重。思考未來要應徵的工作時，人往往會把個人喜好等內在動機排在後面，優先根據薪水之類經濟上的好處選擇職務。

低估內在動機的重要性，也可能導致你做出將來後悔的選擇。在探究這種可能性的實驗裡，我們請受試者二選一：是要聽一分鐘披頭四的經典老歌〈Hey Jude〉，還是要聽一分鐘震耳欲聾的鬧鈴。答案看起來很明顯，對吧？但在我們的研究裡，受試者受到外在動機的驅使而選了鬧鈴，因爲我們會多付一〇%的酬勞。多數人選擇聽刺耳的鬧鈴，想賺取最多的受測費。但比起選擇酬勞較低的歌曲，選擇這段噪音的人也更有可能後悔。雖然這些受試者預測自己在乎金錢更甚於聽覺享受，但到頭來他們還是在乎聽覺享受更甚於金錢[12]。

捨棄內在動機、選擇受到外在動機驅使的活動，帶來的不良後果不只是懊悔。選擇我們認爲對自己比較好的活動，而不是讓我們樂在其中的活動，我們堅持到底的可能性就比較低。在另一項實驗中，我們請受試者在讀笑話大全和讀電腦操作手冊之間做選擇。不管是讀笑話大全的趣味任務，還是讀電腦操作手冊的枯燥任務，受試者都預測自己做酬勞較高的任務會堅持得較久。然而，酬勞對他們實際上的持久度沒有影響，幾乎每一位受試者都花更長的時間在有趣的任務上，也因此賺到較多的酬勞。

這種料不到自己未來會多在乎內在動機的現象與「同理落差」有關，亦即人容易低估不是發生在當下的事情。現在很熱，你就很難想像下次去亞斯本（Aspen）滑雪會有多冷，所以在打包行李時，你可能不會帶上最保暖的那件毛衣。一早坐上駕駛座，準備開車去遠方，你想像不到接下來會有多累，所以可能規畫了過長的車程。我們也看不見自己的情緒只是一時的，如果有人讓你心碎，你可能以爲自己永遠好不了，至少現在你還想像不到，有一天你會走出陰霾，展開新的戀情。

對未來的自己缺乏同理心，意味著低估自己未來有多在乎內在動機，尤其如果你現在狀態很好的話。這種認知偏誤的結果，就是錯把未來的自己（以及別人）看成只在乎外在利益、不在乎有不有趣的冰冷個體。**看待未來的自己時，若能更實際地提醒自己任何內在動機薄弱的目標都很難堅持到底，你在設定目標和選擇行動方案時，就會做出比較明智的決定**。

要提升對未來的自己的同理心，有一個辦法是在近似的狀態下設定目標，你可以趁還在職時做轉職計畫，趁還沒吃飽時做節食計畫。別忘了內在動機對堅持下去的毅力和優異的表現都有幫助，記住這一點，有助你做出更明智的抉擇。

問問自己

內在動機的定義是「活動本身就是終點」，要堅持目標，內在動機是一個重要元素。設定目標時，我們希望它刺激好玩，能帶給我們一些立即的滿足。然而，我們卻常常低估內在動機對行為的驅動力，沒能善用內在動機來設定目標。想提高你堅持貫徹某個目標的可能性，不妨從回答下列問題開始：

❶ **如何讓追求這個目標伴隨更多立即的獎賞**？舉例而言，你可以邊運動邊聽音樂、podcast或有聲書。

❷ **追求這個目標最有趣的途徑是什麼**？舉例而言，與其買一台跑步機，不如去上水中有氧課。

❸ **在追求目標的過程中，是否有立即的好處值得你關注**？舉例而言，你可以把注意力放在運動時腦內啡帶來的幸福感。

❹ **能否提醒自己，別人（包括未來的你）就跟現在的你一樣在乎內在動機**？這種提醒有助你為自己和別人設下可達成的目標，並且增進你們之間的關係。

PART 2

—

保持動力

一九四九年，以色列建國數月後，《兵役法》賦予國防軍不分性別徵募所有以色列公民的權利。多年後，十八歲的我，經過兩週的基本訓練，就到以色列相當於美國國家安全局的單位上班了。

如果你想像的是什麼帥氣的間諜，腰際配一把槍，飛到世界各地出祕密任務，那你就想太多了。我的軍事任務無非是辦公室裡的文書工作（儘管我眞的學過用槍），把情資報告從收件匣移到寄件匣（所以接下來會到別人的收件匣裡）。這是在網際網路普及之前的事，所以是眞有實體收件匣和寄件匣在我的辦公桌上，我是名副其實處理紙本文書的小職員。

我只是做了幾項測驗，就被分配到這個單位。雖然軍方在分配工作時會參酌你的個人喜好，但我沒什麼喜好，因爲我覺得每一件工作都跟我此生想做的事無關，我壓根就不想從軍。我從軍只是因爲法律規定。就像以色列（乃至於世界各地）國防軍的多數軍事工作，我的任務基本上無聊透頂，工作時數很長，要做的事情很少，最大的挑戰就是想出打發時間的辦法。

身爲以色列女性，我必須在以色列國防軍服役兩年，日子過得再無聊，我都不能說不幹就不幹。爲了保持動力，我有一本被我戲稱爲「絕望日曆」的日曆，每天我都數一數離下次放假還有多少日子，雖然聽起來很絕望，事實卻證明這麼做是個好主意。

無論你設下的是當醫生這種輝煌的目標，還是把還沒回的郵件回一回這種平淡無奇的目標，你都需要從甲地（醫學預科課程或一百封未讀郵件）到乙地（醫學士或清爽的收件匣），在這一路上，你要如何保持不輟的動力呢？對我來講，為了撐過乏味的服役期，我將眼光放在檢視進度，確切說來，是展望我離每次假期還剩下多少天。

檢視進度是保持動力很重要的一環，當我們感覺自己有進展，就有繼續前進的動力。但有時我們比較難看見自己前進了多少。用傳統時鐘來打比方好了，當你看著秒針，很容易看到時間一秒一秒過去。但改成看時針，就很難從它細微的移動中看出時間在前進。把目標拆成較小的單位或子目標，就像把一小時拆解成一秒又一秒，有助我們更容易看出自己的進展。本書第二章談過量化指標，為目標設下量化指標也有幫助。當你訂出明確的數量，一件事的進展就比較容易衡量。讀一本書的時候，你可以說已經讀了二五％，或還剩下七五％要讀，無論前者或後者，都比你說「讀了個開頭」更能呈現出具體的進展。當我靠展望一個接一個的假期熬過服役期，本質上，我是把兩年的服役期拆成六個月又六個月。在第五章，我們會探討檢視進度的動作如何幫助我們保持動力。

雖然進度本身就很重要，但如何檢視自己的進度也很重要，是用「已經做了多少」，還是用「剩下多少要做」來標記進度，也會影響你的動力。所以，你是告訴自己這本書「已經讀了二五%」，還是「剩下七五%要讀」真的很重要。事實上，許多電子閱讀應用程式都清楚顯示這些百分比，比方說，它會告訴你目前已經讀了本書的二八%。相對於「離上次假期已經過去多久」，我著眼於「離下次假期還剩下幾天」是否用對了策略？「杯子半滿」和「杯子半空」的心態哪個好？我們會在第六章揭曉。

無論你怎麼檢視進度，在旅途的開端和終點前會比較容易保持動力。第七章專門針對「中途障礙」，探討如何避免半路卡關。

最後，繼續前進有賴成功經驗的心得和失敗經驗的教訓。就像那句老話說的，我們不該遺忘過去，反倒該向過去學習。然而，人一般都很難從錯誤中學習。我們會再三回味自己嘗到的甜頭，卻壓抑和忽視自己嘗到的苦頭。在第八章，我們會探討這種回應正反面經驗的不對等現象，你將學到如何善用從失敗和挫折中學到的東西，讓自己未來做得更好。

CH 5 有進展就有動力

大約一星期一次，我會從我在芝加哥大學研究室的電腦前抬起頭來，起身到校園餐廳買一杯蔬果昔。其實我沒有很愛喝蔬果昔，蔬果昔不錯喝，我也知道喝蔬果昔是多攝取幾份蔬果的好辦法，但它們不會刺激我的味蕾。那我爲什麼樂此不疲呢？

嗯哼，敝校的校園餐廳有一套很有效的獎勵辦法。去年，他們給我一張小卡片，只要累積購買十杯蔬果昔，就可以免費換一杯。一開始，我沒怎麼管那張卡片，反正我沒那麼愛喝蔬果昔。但卡片上蓋了幾次章之後，我發覺自己更常跑去蔬果昔的攤位了。越接近得到那杯免費蔬果昔的時候，我就越想得到它。

這在激勵學上稱之爲「目標漸近效應」：事情越有進展，你就越想繼續下去[1]。這種現象不只在人類身上看到，在動物身上也可以看到。克拉克・赫爾（Clark Hull）發現，迷宮中的老鼠越接近終點的乳酪，就跑得越快。我的狗從遠處看到我時，隨著我們之間的距離漸漸縮短，牠也是跑得越來越快。

你來到目標進度表的哪一點，已經完成或尚未完成多少進度，也會影響你半途而廢的可能性。想想大學的輟學率[2]，美國幾乎半數大學生都沒念到畢業，這些人蒙受了雙重損失：已支付的學費是其一，伴隨大學文憑而來的薪資收入是其二。就經濟學的角度而言，學位課程只念了一部分，比完全沒上過大學還糟糕。儘管學生輟學有很多原因，有時是因爲負擔不起學費，但有一個主要原因是攻讀學士學位有點像一口氣要爬四年的山，看不到進展就很容易氣餒。所以，還沒念完一年級就輟學的學生人數高得不成比例，此時他們的進展最少，從山腳下往上看，山坡看起來太陡峭了。但如果已經爬完第一段，就像已經念完一年級的大學生，接下來就比較有可能繼續前進。

爲什麼有進展能鼓勵我們更加努力，並且降低半途而廢的可能性呢？其中一個原因在於，隨著我們步步前進，我們所走的每一步都顯得對達成目標有更大的作用。另一個原因是，追著目標跑會加強我們實現目標的決心。

有進展就有影響

行動對目標的影響力是一個強大誘因。在試圖達成目標時，讓我們更接近終點線的每一次行動，感覺比之前的行動有更大的影響力。當我買了第一杯蔬果昔，拿到集點卡，我得到那杯免費飲料的一〇％（集滿十點中的一點）。買第七杯時，我得到那杯免費飲料的二五％（剩下的四點中的一點）。當然，買第十杯時，就讓我百分之百擁有免費的那杯了。附近咖啡館的集點卡，或是累積一定哩程就能換一張機票的飛行獎勵計畫，都給了許多人類似的經驗。接續的每一杯飲料或每一次搭乘都對獲得獎勵起了更大的作用。

前面談到的大學生亦然，他們也感受到每上完一堂課的影響越來越大。以「拿到學位」為目標，每一個學期完成的比例都更大。念完一年級，為你贏得四年制學位的四分之一，到了四年級時，你會期待用這一年的學習換來學位。同樣是一年的學習，念完四年級顯然比念完一年級得到的更多。無論你想得到的是一杯免費的咖啡，還是一紙文憑，完成的進度越多，付出得到的回報就越多。你的努力不只沒有白費，還為你賺到更多。

就連錯覺有進展也能提升動力，這份錯覺讓你感覺比實際上更接近完成目標。申請大學通常是在入學整整一年前的事，如果你在一年級的尾聲檢視自己獲得學士學位的進展，你是在為時五年的路程裡走完了兩年，你已經走完四〇％的路程，而不是只有二五%。這告訴我們要慎選檢視進度的方式，若是將你已經完成的距離放大來看，就會覺得離終點線比較接近。

回到咖啡館集點卡的例子。瑞恩·科維茨（Ran Kivetz）、歐列格·爾明斯基（Oleg Urminsky）和鄭毓煌跟紐約一家咖啡館合作，測試錯覺有進展的激勵效果[3]。咖啡館的顧客會獲得一張獎勵卡，買十杯咖啡後可免費換一杯。半數顧客拿到的獎勵卡有十個空格，另外半數顧客拿到的則有十二個空格，但上面已事先蓋了兩個「福利」章，嚴格說來，這兩個獎勵方案是一樣的，顧客都要在這家咖啡館買十杯咖啡（集滿十點）後才能得到免費咖啡。但白白得來的那兩點誘惑力很大，以爲自己已經領先的顧客會更常光顧這家咖啡館，比其他顧客更快集滿點數。十二格的卡片上事先塡滿兩格，顧客甚至還沒開始集點，也感覺自己已經達成一六%（十二分之二）的目標，認爲自己離獎勵更接近一些，也因此更有動力衝向終點線。

上述例子有一個共同點，它們都是「全有或全無型目標」。無論是在獎勵卡上蓋最後一個章、大學念到畢業，還是小狗和主人分開一天後重聚，都是只有在達成目標時你才會得到獎勵。這類目標與「累進型目標」不同，後者如一星期運動五次或今年讀二十本書。

以全有全無型目標而言，獎勵建立在達到目標的條件之上。就算你只差一點就集滿點數，你還是什麼也得不到。除非你通過每一門必修課，否則你畢不了業。當你和目標之間的距離越來越近，剩下的努力帶來的回報便隨之提高。這使得全有全無型目標在你有所進展時激勵作用更加強大。

相形之下，累進型目標讓你一邊前進、一邊獲得獎勵。如果你是爲了健康而運動，透過每一次運動，你都會慢慢累積運動的好處。如果你以博學多聞爲目標，想在今年讀二十本書，每讀一本書就像達成一個迷你目標。

從累進型目標獲得的好處是與時俱增的，「邊際價值」（亦即閱讀或運動等每次行動增加的價值或好處）往往會降低，經濟學家稱之爲「邊際價值遞減」。這星期的第一次運動比第五次運動對你的健康影響更大。對身體健康而言，「完成一次運動和沒有運動的差異」大過「完成五次運動和完成四次運動的差異」。如果你的目標是今年讀二十本書，對增廣見聞而言，「讀一本和完全沒讀的差異」就大過「讀二十本和讀十九本的差異」。今年讀了一本書的人確實比一本都沒讀的人博學許多，但讀了二十本書的人只比讀了十九本的人博學一點而已（雖然只差一本就達標很令人扼腕，想想我們在第二章討論過的）。如果你的目標是今年讀二十本書，你甚至可能認爲讀三十本就太超過了。

以累進型目標而言，就算差一點達標，我們還是得到了追求目標絕大部分的好處。

追求累進型目標時，你不見得要靠有所進展來提升動力。舉例來說，如果上大學是爲了受教育（累進型目標），而不是爲了拿學位（全有全無型目標），最後一堂必修課對於才智的增長就沒什麼影響，我們甚至大可蹺掉最後一堂課。然而，即使是累進型目標，有進展往往也能提升動力，只不過理由不一樣。

行動創造決心

萬一截至目前爲止，在追求目標的路上你都沒有進展，連一點錯覺也沒有呢？或許你一上路就開錯了方向，等你發覺走錯路的時候，就跟剛上路時一樣，絲毫沒有更靠近目的地。或許你想報名一門線上課程，卻用錯了網頁連結。或許你訂購了一件新毛衣，但包裹遺失了，於是賣家取消訂單，問你願不願意換別件。即使看不到任何進展，追求目標這個舉動會不會激勵你繼續下去呢？答案是會的。

人會因爲已經投入成本就繼續下去。如果你事先付了線上編織課程的學費，即使你發現自己很討厭織毛衣，還是會繼續上課。這種現象稱爲「沉沒成本謬誤」[4]。你覺得自己都走這麼遠了，不想就這麼停下來。或是你已經付出成本了，無論有沒有更靠近目標一點，也無論這對你來講是不是最好的選擇，你還是會繼續下去。

從「謬誤」一詞就看得出來，只因爲已經在進行而提升動力，對你來講並不是最有利的。每當你只因爲已經開始就繼續下去，無視其他更好的選擇，就是落入了沉沒成本謬誤的陷阱[5]。可能是一些小事，像是只因爲花錢買了就繼續穿不舒服的鞋子，或是肚子已經很撐了還是把盤子裡的食物吃完，只因爲再加熱就不好吃了。也可能是一些大事，像是因爲已經虧錢了，你希望能打平，就繼續一項沒有獲利的投資。或是因爲已經付出感情了，只好繼續跟打從一開始就不該交往的對象在一起。

經濟學理論指出，過去已經投入、無法回收的成本（沉沒成本）不該影響你現在堅持與否的動力，但人就是會受到影響。而且這種行爲不是人類獨有，在動物身上也看得到。在一項研究中，研究人員聚集了三組實驗對象——人類、實驗大鼠和實驗小鼠（幸好是在不同的實驗室），並設計讓人類和老鼠得到一些獎勵（人類得到有趣的影片，老鼠得到食物）[6]。接著，趁實驗對象在等待的時候，研究人員讓他們/牠們有機會換成更好的獎勵，而且這個更好的獎勵立刻就能得到。照理說，既然有更好的獎勵，所有受試者應該都會改變心意才對，但多數受試者寧可繼續等待原先的獎勵，至少會等一下子。然而，等越久，改變心意的可能性就越低。老鼠等淡而無味的飼料等越久，就越不可能換到迷宮中的另一個區域，去吃巧克力口味飼料（就跟多數人一樣，老鼠喜歡巧克力口味更甚於淡而無味的食物）。至於人類受試者呢？他們等著看一部不太有趣的影片（例如車禍影片）等越久，就越不可能改看他們感興趣的影片（例如貓咪影片）。

如果對你不是最有利的選擇，我會叫你就別管沉沒成本了，但人很難無視已經付出的成本。即使理智告訴你適可而止才是最好的選擇，你還是不甘願放棄。爲什麼？因爲投入暗示著決心。有一條激勵原則是：**光是投入就能提升動力**。這不見得是壞事，我們可以拿這條原則安慰自己無法放棄也沒關係。當我們回顧過去，看到自己爲一個目標付出努力，即使進展不多，光是對這個目標的投入就暗示我們繼續前進。我們可以利用這種心理來提升自己達成目標的決心。

追求目標的決心有兩項要素，你需要一個**你很看重又實現得了的目標**。如果這個目標對你個人來講別具意義，而且有自信可以達成，這個目標就值得你付出努力。

要知道一個目標受不受重視，人往往會回顧過去爲它做了些什麼。你如果不看重這個目標，那要如何解釋截至目前爲止你爲它付出的努力？基於這份看重，過去所做的一切有時會導致你違背自己目前的利益（例如你已經輸了選舉卻還是堅持挽回頹勢）。然而，過去所做的一切有助你堅持目標（所以你在某些難熬的日子裡仍堅守一份感情或職業）。回顧過去也讓你看到這個目標是可實現的，畢竟你都成功做到一部分了。這些推斷（這個目標值得追求，而且你是做得到的）都更堅定你的決心。更有甚者，即使你的投入只是讓目標「看起來」更重要或更可行，還是能加強你的決心，而這有助於維持動力。

舉例而言，第一次約會以失敗收場，恐怕很難讓你建立起找到戀愛對象的信心，但這次經驗卻暗示著你很在乎找對象這件事。你已經採取行動追求目標，只不過還沒有任何進展。所以，你的行動暗示著那個目標雖然沒有變得比較可行，但是卻變得更重要了。重要到假使你的行動成功了，你的決心會更強。你學到自己不只在乎這個目標，而且，沒錯，你是可以達成目標的。第一次約會後接著有第二次，這是在告訴自己或許眞能找到對象。

關於行動如何創造決心，社會心理學有兩套經典理論都提出了類似的觀點。首先是里昂·范士庭（Leon Festinger）的「認知失調論」[7]。這套理論指出當我們的行爲與自己的觀念不一致時，我們會改變自己的觀念以符合行爲。我們不喜歡自相矛盾，所以我們設法避免自己的認知和行爲「失調」或不一致。舉例而言，想想人對墮胎的觀點。有過墮胎經驗的人較有可能支持墮胎。有鑒於男性本身不會有墮胎的經驗，認知失調論就能解釋他們爲什麼支持墮胎權的可能性較低（也說明了爲什麼反對墮胎權的男性比女性多[8]）。套用到激勵學上，認知失調論指出我們會採取與過去行爲一致的目標，放棄不一致的目標。

其次是達瑞・貝姆（Daryl Bem）的「自我知覺論」[9]，這套經典理論對於行爲如何影響目標有類似的觀點。自我知覺論的基本假設是，人認識自己的方式和認識別人的方式一樣，都是透過觀察和解釋行爲。如果你看到我在遛狗，你會得出我是愛狗人士的結論。同理，如果你看到自己在遛狗（而且還遛得滿愉快的），你會得出自己是愛狗人士的結論，就算你的初衷是爲了賺零用錢。

我們往往沒有充分意識到自身行爲的初衷（或純粹就是忘記了）。自認爲是愛狗人士的遛狗者，忘了自己一開始是爲了賺零用錢才遛狗的。爲了讓約會對象刮目相看才參加政治活動的人，有可能忘記最初的動機，得出自己純粹只是支持這個政治理念的結論，即使未來約會對象換人了，還是繼續支持這個理念。

「行動創造決心」是說服術的一條基本原則。無論你是想說服朋友、工作團隊或全體社會追求一個目標，不妨先從說服大家追求一個與目標一致的行動開始，這個行動就會加強他們對該目標的決心。喬納森・弗里德曼（Jonathan Freedman）和史考特・弗雷澤（Scott Fraser）半世紀前做的一項經典實驗中，要求受試者在庭院或房屋正面窗戶擺放「小心駕駛」的告示牌，比起在前院放一塊大招牌的受試者，在窗戶放一塊小招牌的受試者，後續更有可能在前院放一塊巨型告示牌。雖然行車安全長久以來都是社會關注的課題，但在你的人生順位中可能不是優先的目標。然而，根據這項實驗，一旦你先接受了注意行車安全的小請求，這件事在你心裡的分量可能會變得很重。科學家稱這種說服術爲「得寸進尺法」[10]。

募集小額捐款，或是爲請願募集簽名時，慈善團體仰賴的也是這種行爲的一致性。雖然慈善團體只募集象徵性的小額捐款，但背後的用意是希望今天提供協助的人明天會採納慈善團體的目標，給予更多實質的協助。原則上，你會重視自己支持過的理念。如果你種一棵樹，你就是森林愛好者。如果你救一隻貓，你就是在捍衛貓咪全族。

就連追求迴避型目標也能加強決心。你避免自己不樂見的狀況越久，就越有繼續下去的決心。因爲過去擦防曬乳成功幫助你避免曬傷，你就抱定了決心，從不在豔陽高照的日子沒擦防曬乳就出門。因爲曬傷很痛，所以下次我們就會擦防曬乳。即使你家不曾遭過小偷（所以你從未體會過回家發現東西被偷的痛苦），但每次把門鎖好都讓你更有繼續保護居家安全的決心。當我們學到自己是有力量避免某些不樂見的狀況，我們繼續下去的決心就會增強。

無論實際上有何進展，在設法加強決心並隨之提升動力時，不妨回顧自己已經爲一個目標付出的努力，給自己事情有所進展的感覺。

在一項探討回顧進展效應的研究中，具峯廷和我訪問一群芝加哥大學的學生，請他們說說準備接下來考試的動力有多強。察覺自己「已經讀了一半」的學生，比察覺自己「還有一半沒讀」的學生更有動力[11]。**比起展望未來，回顧過去能讓你更有決心**。

缺乏進展的激勵作用更大

「有進展」或「錯覺有進展」都能提升動力，如果你還沒有進展呢？事實證明，進度落後的感覺有時也有激勵作用。回想一下，你是不是有過看到地上一大坨灰塵毛髮的經驗？那坨灰塵毛髮或許讓你仔細看了看家裡，意識到自己好一陣子沒大掃除。看到洗臉台上的污垢和辦公桌上的咖啡漬，也會讓你突然伸手到櫥櫃裡拿掃帚。

有些目標你之所以追求，是因爲你目前做得很好。但也有些目標，像打掃家裡，你是因爲落後了才去追求。理想狀態（乾淨）和目前狀態（骯髒）之間的落差，暗示你得採取行動了。當你家裡大致上都很乾淨，你就不覺得有伸手去拿漂白水的必要。

心理學的調控模式顯示，人一旦偵測到目前狀況和目標狀況有落差或進度落後，就會受到激勵，採取行動[12]。想想第二章談到的TOTE（測量、執行、測量、退出）模式。這套模式就像你辦公室裡或家裡的溫度自動調節器，當目前溫度和你理想中的溫度有落差時，溫度調節器會發出訊號，啓動冷暖氣機。當房間溫度舒適，調節器就不會偵測到錯誤，系統便保持在靜止狀態。當你衡量目前狀況和理想狀況的落差，發現進度落後時，大腦也會有一樣的反應過程。

有時候，缺乏進展對迴避型目標也有激勵作用。爲了迴避反目標，你必須拉開目前狀況和你不樂見的狀況之間的距離，例如遠離病痛、寂寞或貧窮。如果太靠近你想避免的狀態，就會激勵你採取行動。當你覺得身體不舒服，你就受到激勵去看醫生，讓自己健康一點。當你覺得寂寞，你就有了打電話給朋友的動力。當你覺得自己實在太窮了，你就會想找待遇更好的工作。

有時候，把著眼點放在還沒完成的進度也有助維持動力。還記得在前面提到的研究，相對於還沒讀完的部分，大學生如果把著眼點放在已經讀了多少書，他們就更有準備考試的動力。但有一件事我沒告訴你，那就是我們問的是一個對他們來講不太重要的考試，那次考試只有及格與不及格的差別，所以他們沒有爭取高分的動力。若是舉足輕重的考試（有高低分之差，而且會影響學期總成績），我們則發現了相反的模式，聚焦在「還剩多少要讀」的學生，比著眼於「已經讀了多少」的學生更有動力。缺乏進展的激勵作用更大。

當你面對的是一個舉足輕重的目標時，根據還沒完成的部分來規畫進度，可能比

想著已經完成的部分更有激勵作用。

情緒的作用

我們已經學到有進展通常有助保持動力，但有時缺乏進展甚至更有激勵作用。在下一章，我們會深入去談如何檢視進度，以判定有進展和沒進展在何種情況下較有激勵效果。但在那之前，我們要先看看情緒對檢視進度的作用。

情緒發揮著知覺系統的作用。心情好的時候，我們知道狀況對了，或許是氣候宜人，也或許是心愛的人陪在身邊，又或許是我們對目標的追求有了進展。心情壞的時候，我們知道狀況不對。如果目前的進度讓我們不開心，我們就知道進度落後了。

這並不是說追求目標的感覺會一路糟到達成目標爲止，若是如此，我們恐怕很少有心情好的時候。在整個過程中，快樂、興奮、如釋重負或驕傲都是常見的感受，也都是很重要的情緒。

事實上，達標過程中的正面感受有可能超越抵達目的地的感受。這告訴我們，我們對目標的正負面感受，並不是由我們和目標之間的絕對距離所引起，而是由前進的實際速度和期待速度的落差所引起。朝目標邁進的進度若是讓你很開心，那是因爲你在那個時間點進度超前了。若是讓你不開心，則是因爲你本來期待這時要前進更多才對。

許多目標都需要長期的計畫和不懈的努力，我們可能要花幾個月或幾年才能達成目標，然而，不管在哪個時間點，我們都可以比較一下實際的進展和期望達到的進度。如果你決定要學俄文，並期待在幾個月後能進行簡單的對話，屆時如果你只能從一數到十、只會講幾個顏色的俄文，你可能會很失望。但如果才學了一星期，你就會說俄文的數字和顏色，你可能會對這種進步很自豪。

更有甚者，還記得第一章談過，目標的類型會影響你的確切感受[13]。如果是趨近型目標，進展比預期快會讓你覺得快樂、驕傲、迫不及待和興奮，進展比預期慢則會讓你覺得難過、鬱悶、沮喪和生氣。如果是迴避型目標，進展比預期快會讓你覺得如釋重負、平靜、放鬆和滿足，進展比預期慢則會讓你覺得焦慮、恐懼和羞愧。

情緒透過對我們的進度給予回饋來影響激勵作用。正面情緒鼓勵我們更努力，你可能運動得更勤快，或是煮一頓更講究的大餐，因爲你對自己在健身或廚藝方面的進步很自豪或很滿意。或者，你可能因爲負面情緒而懈怠下來，鬱悶或沮喪的感受會打擊我們的動力，在極端的情況下，我們甚至可能放棄目標。

有時候沒進展才有動力，情緒發揮的作用則是反了過來。進度太慢讓我們心情差，我們就加緊努力。當事情的進展讓人太開心的時候，我們則脫離追求目標的軌道。你可能只減了一公斤就不節食了，或是提了錢就把提款卡忘在提款機裡、加好油就忘了把油槍拔出來。手裡拿著現金，你很容易會略過最後這個取回提款卡的步驟。油箱滿了，你很容易就疏忽把油槍掛回加油機的動作，即使最後這一步不可或缺。滿足感向我們發出「你的表現已經超乎期待」的訊號，我們感覺自己大有進展，因而鬆懈下來（往往鬆懈得太快）。

所以，雖然情緒有助我們評估達標進度，但情緒對動力的暗示作用卻複雜了點。舉例而言，在針對節食大學生的一項研究中，瑪莉雅・羅若（Maria Louro）、瑞克・彼得斯（Rik Pieters）和馬歇爾・吉倫堡（Marcel Zeelenberg）發現，如果節食者在某一天對節食成果的感受很好，第二天他們就沒那麼注意節制飲食了。在沒那麼擔心體重的時候，他們可以把更多的注意力放在課業上。但只有已經大獲進展的節食者才呈現出這種模式，還沒什麼進展的人則反了過來：如果他們在某一天對節食成果的感受很好，第二天他們會更努力落實節食計畫[14]。

當我們告訴受試者他們做得很好，而不是讓他們只靠情緒的回饋來自評時，受試者的表現也有類似的模式。黃思綺和張影請研究參與者背誦幾個酒標上的產地、年分等細節，當某些參與者得知自己的進度比平均快，他們就減少了背誦酒標的時間。然而，無獨有偶，這個模式也只出現在老手（亦即已經大獲進展的人）身上。當生手得知自己背得比別人快，他們反而背得更勤，花更多時間閱讀和記下葡萄酒的資料[15]。如果你認爲有進展（而非缺乏進展）對人有激勵的作用，那麼生手的行爲與你的想法一致。

所以，雖然情緒有助我們確認自己的進展夠不夠快，但情緒的回饋對我們的動力卻可能有反效果。有時候，是有所進展的良好感受提升我們的動力，但也有時候，是缺乏進展的惡劣感受鞭策我們更加努力。

問問自己

檢視進展，能加強你的決心，幫助你保持動力，包括建立你對自身能力的自信、確認你所追求的目標值得追求。所以，檢視進展是很有用的，一旦有了一些進展，通常就比較容易繼續前進。然而，說來有趣，缺乏進展一樣有助保持動力。展望未來還沒做到的部分，常常也有助繼續走在這條軌道上。為了透過檢視進度來激勵自己，不妨問問自己下列問題：

❶ **回顧已經做到的部分**。這種腦內活動是否有助你重拾追求這個目標的決心？能否提醒你當初為何選擇這個目標？

❷ **展望達成目標需完成的事**。這種腦內活動是否讓你更迫不及待要動起來了？對未來的展望提醒你繼續走在這條路上，並協助你檢視朝目標邁進的速度。

❸ **感受自己的情緒**。你對你的目標有什麼感受？是否對堅持目標的感覺很好，但對進度不太滿意？這些感受會指引你的行動，並幫助你保持動力。

CH 6 半滿的杯子和半空的杯子

九年前，外子和我坐在芝加哥聯邦大樓一個開放式的大房間，等著被叫進去做移民歸化測驗。有一個月左右的時間，我們一直在研讀一份多達一百題的美國公民考試題庫，爲這場考試做準備。如果通過考試，我們就會成爲美國公民。爲了到馬里蘭州展開學術生涯，我們在十一年前搬到美國。兩年之後，我在芝加哥大學謀得教職，我們便帶著兩名稚女定居芝加哥。

面試官叫到我的時候，我捏捏外子的手跟他道別，抓起我的申請表，走進一間有一張桌子和兩張椅子的小房間。面試官示意我坐到桌前的椅子上，她坐在桌子的另一邊，面試就這麼開始了。

緊張歸緊張，我還是覺得有信心，因爲多數問題的答案我都知道。考前幾週，外子和我一開始先把注意力放在簡單的問題上：第一任美國總統是誰？因爲我們不是在美國土生土長，爲了激勵自己，我們提醒自己有許多考題很難：蘇珊・布勞內爾・安東尼（Susan B. Anthony）做了什麼？或是說出一個美國印地安部落。

最後，我們的用功沒有白費。面試官只問了一百題中的十題，而且只要答對六題就通過測驗了。外子在說出美國國歌的歌名〈The Star-Spangled Banner〉時結巴了一下（儘管他每一句歌詞都唱得出來），我們兩人都輕鬆過關了。

檢視進度對保持動力來講很關鍵，但要怎麼檢視呢？不同的激勵學派提出不同的方案。我們不妨用那句耳熟能詳的老話來想這些方案：杯子是半滿還是半空的呢？

一般而言，看到杯子半滿表示這個人是樂觀主義者，看到杯子半空則代表悲觀的心態。但在激勵學中，半滿、半空帶有略微不同的意涵。有些人認爲把著眼點放在已經完成的部分（即半滿的杯子）有助保持動力，因爲有進展就有動力。有些人則主張把著眼點放在預計要做的事（即半空的杯子）可提升動力，因爲沒進展才有動力。如同我們在上一章談過的，兩種觀點都沒錯。有時候，有進展的激勵作用較強；有時候，沒進展的激勵作用較大，視個人和情況而定。

在準備公民考試時，外子和我在兩種觀點之間轉換，一開始，我們先專注於簡單的題目，在輕鬆的過程中建立起信心。搞定簡單的問題之後，我們轉而把焦點放在更難的問題上，體認到有許多考題都很難，我們便受到了刺激，在缺乏進展時更加努力。我們知道，如果想過關，就要熟記這些難題的答案。

在這一章，我會解釋如何分辨在什麼情況下看杯子半滿或半空的部分會鞭策你繼續前進。爲此，我要先介紹你認識自我激勵的兩種作用力（亦即自律的作用力）。

兩種作用力

想像你在外面和朋友一起吃晚餐，研究菜單時，你提醒自己要吃得健康一點。於是，你跳過漢堡類和濃郁的義大利麵，點了一碗飯配炙烤白花菜、羽衣甘藍、紅蘿蔔和香料扁豆。這是一個別具風味的健康選擇，你履行了和自己訂下的約定，你覺得心情很好。夜越來越深，大家都用完餐了，同桌的餐友們開始聊起飯後甜點。

現在，你又面臨再一次的抉擇。是要秉持健康的宗旨，選擇水果或一小球雪酪冰淇淋，或完全跳過甜點不吃，還是要縱容自己墮落一下，吃一塊綿密的乳酪蛋糕？你是要再次做出健康的選擇，還是第一次的選擇給了你一點放縱的餘裕呢？

上述兩種可能性，勾勒出人在追求目標時通常會秉持的兩種基本作用力。第一種稱之爲**「前後一致的貫徹力」**，一旦下定決心追求一個目標，我們朝這個目標採取的每一個行動都會更加強我們的決心，也促使我們採取更多類似的行動。還記得前面談過的認知失調論，人不喜歡自相矛盾，所以往往會採取前後一致的行動。在這種作用力的驅使下，點了健康的前菜之後，你比較有可能選擇健康的甜點，或索性略過甜點不吃。相形之下，未能堅守目標一方面表示我們缺乏決心，一方面也有損我們的動力。

另一股作用力，我稱之爲**「放鬆一下的平衡力」**，追求目標的動力來自缺乏進展。當你還沒有什麼進展，你會受到激勵，上緊發條，急起直追。但當你回顧過去，發現自己已有很大的進步，你就覺得可以放鬆一點了，轉而去做做其他疏忽已久的事，或是給自己放個假，藉此平衡達標進度。吃完健康的前菜，你可能會用邪惡的甜點平衡一下。憑藉這股作用力，我們往往能在放鬆之後覺得更有動力。

有些激勵學派認爲人秉持的是前後一致的貫徹力，有些學派則認爲人秉持的是放鬆一下的平衡力。針對如何提升動力，不同的學派會給你不同的建議。社會上不同的社福團體也隨著他們奉行的理論而有不同的做法[1]。匿名戒酒會的宗旨是要徹底戒掉酒癮，換言之，他們奉行的是貫徹力。戒酒會鼓勵成員將不喝酒視爲個人決心的象徵。成員爲滴酒不沾的日子慶祝，每當抵達某個里程碑就能贏得獎勵。每撐過一個滴酒不沾的日子，第二天繼續保持的決心就會更強。從頭到尾，戒酒會都不鼓勵成員放鬆，或是在特殊場合喝個小酒平衡一下。

相形之下，節食減重這件事歷來提倡的都是平衡力。秉持著平衡的原則，專家鼓勵節食者以每日爲單位，攝取一定額度的熱量。換言之，如果早上攝取的熱量比較少，晚上就可以多攝取一點。對戒酒者來說形同打回原形的行爲，對節食者來說只是一時超額，因爲專家鼓勵他們在低熱量和高熱量食物之間取得平衡。

就連宗教派別也依他們加諸於信徒的作用力而有所不同。天主教准你平衡一下，犯罪只是跌了一跤。在天主教眼裡，犯罪被視爲沒進步或退步，可以用多行善來彌補或迎頭趕上。相形之下，喀爾文教派則奉行貫徹力，教徒受到終生行善不渝的期待，任何罪行都不容寬貸。

這兩種作用力告訴我們：「有進展」（完成的行動）和「沒進展」（欠缺的行動）激發動力的方式截然不同。目前已完成的行動是發出「我有決心實現目標」的訊號，從而提升我們的動力。目前還欠缺的行動則是發出「我得有點進展才行」的訊號，從而加強我們的動力。

這兩種激勵路數各異其趣，爲了有具體的概念，不妨想想排隊這件事。無論是在咖啡館、候診間或監理站，你都可以透過這兩種路數提升你繼續等候的動力，終至提升你的耐力（詳見第十一章）。你可以回頭看，檢視既有的進展，也可以向前看，檢視離隊首還剩多少距離。檢視既有的進展，讓你更有決心留在隊伍當中。回頭看，則加強了你的信念，無論你等待的是什麼，你都會認定它是一個有價值的目標，值得等待，因而產生繼續等下去的動力。看看前面還剩幾位，也會提升動力，只不過是透過不同的方式。往前看，還可以計算隊伍移動的速度有多快（前進速度），並拿出耐力幫助自己保持等待的動力。

具峯廷和我調查了美國和南韓各種排隊的人群，發現「有進展或只是回頭看」跟「沒進展或只是向前看」分別以不同的方式激勵排隊者等下去[2]。

在芝加哥，到了午餐時間，愛因斯坦兄弟貝果店的顧客通常都從店內排到店外。大家爲了美味的速食，湧向這家廣受歡迎的貝果店，來買艾斯亞格乳酪、大蒜和蔓越莓等口味的貝果三明治。具峯廷和我知道這家店每天大排長龍，便去調查隊伍中介於第四人到第十四人之間的顧客。我們算了算排在他們後面有多少人（亦即已有多少進展），也算了算排在他們前面有多少人（亦即還缺多少進展），發現如果排在後面的人很多，顧客會覺得他們的貝果三明治比後面人很少時更好吃。看到自己在隊伍中已經前進了這麼多，提高了他們對餐點美味度的期待。我們也發現，如果排在前面的人很多，顧客會要有等更久的心理準備。

我們的結論是：排在隊伍中，往後看（想想已有的進展）和往前看（想想還缺的進展）各自透過不同的方式激勵顧客。在南韓一座主題樂園樂天世界的排隊人群中，我們也觀察到這種模式。樂天世界有個很受歡迎的設施叫「憤怒的法老」，這是印第安納瓊斯風格的探險飛車設施，遊客坐在看起來破舊不堪的老吉普車上，車子接著俯衝到黑暗的地下隧道，牆上不時冒出陰森的動物，蛇、蝙蝠、蜘蛛、鱷魚樣樣來，當然還有很多木乃伊。車子繞來繞去，在黑暗隧道間穿梭，最後從法老王口中衝出去，衝進一個金色房間。來樂天世界玩的遊客，大多都很期待玩這個知名設施。我們調查位於隊伍中段的遊客，客觀來講，大家的排隊進度都差不多。我們請遊客往後看或往前看，往後看的人比往前看的人對這個設施的好玩程度期待更高。雖然我們沒有估算剩餘的等待時間，但我猜，看著前面排了多少人的遊客，會有要等更久的心理準備。

渴望的程度

你有多大的野心？是志氣比天高呢，還是安於現況呢？結果證實，以哪一種作用力來激勵自己追求目標也會影響野心的大小。

渴望的程度是衡量野心的標準。以升職來講，英文用「爬梯子」（climbing the

ladder）來比喻，爬得很快的人被認爲有野心，停在某一階就不再往上爬的人被認爲野心不大。人通常會循序漸進，沿著目標梯子一格一格往上爬，每一個目標都是前進的一小步，通往下一個更有挑戰性的目標。以職業生涯來講，公司裡的基層工作是通往高階職位的一步。

不只是升職，爬梯子的比喻也可套用在別的目標上。你對各種目標的野心各有不同，有些目標對你來講顯然分量比較重。你或許很渴望升職，但不那麼渴望精進網球球技。在以色列數著絕望日曆上的日子服兵役時，我沒什麼野心，只想服滿兩年役期就退伍。我退伍時是士官，在軍隊裡屬於很低的軍階。但打從二〇〇二年到芝加哥大學擔任助理教授起，我就一直在追求升等，如今已獲聘爲終身教授。

有些目標梯子結構嚴謹，例如從一等兵升到下士的軍階，或從空手道紅帶到黑帶的段數。有些則沒那麼嚴謹，例如瑜伽練到哪個層級。除了你有多在乎這個目標和目標梯子有多嚴謹之外，檢視進度的方式和你用來激勵自己追求目標的作用力，都會影響你的渴望程度。

著重於既有的進展，會讓你更珍惜目前所在位置。比起向前看，回頭看可能讓你對現況的滿意度較高、渴望改變的可能性較低。回顧過去，加強了你堅守現況的決心，使得你比較沒有改變的動機。相形之下，著眼於尚未達到的里程碑，則較有可能鼓勵你尋求改變，邁步向前。要麼往上爬，要麼跳出去，反正你亟欲脫離現況。

我聽過許多朋友和學生尋求職涯建議的故事，他們的故事再再證實了此一觀點。有個故事來自我以前的學生，她對自己該不該接受升遷很迷惘。身爲熱愛程式設計的電腦工程師，她有兩種角度來看待升上管理職的可能。軟體研發經理不太需要親手寫程式，而是負責管理整個案子，寫程式的工作則分配給團隊中的工程師。所以，我的學生可以把著眼點放在她身爲工程師已有的成績，或是看看她目前的角色還沒達到的成果。如果她回顧過去，看到已有的成績，她繼續做程式設計的決心就會變得更強，使得她婉拒升遷的機會，一心只想繼續目前熱愛的工作內容。然而，如果她展望目前的職位尚未做過的嘗試，她就比較有可能想換個方向，升上新的職位。最後，我的學生把眼光放在杯子裡半空的部分，決定接受升遷，沿著梯子往上爬。

具峯廷和我請一家廣告公司一半的職員回顧工作上已有的成績，並請另一半職員想想他們還想做出什麼成績，我們發現，**展望未來讓人更有野心**[3]。思考自己還沒做到什麼的人對升遷更有興趣。然而，盤點過去成就的人覺得更樂在目前的工作崗位上，想要留在原位的可能性較高，他們決心保持目前的水準。

如果沒有一個科學家在一旁請你回顧過去或展望未來呢？說起來，許多人都會不自覺向前看或向後看。野心勃勃、渴望步步高升的人，往往自動把焦點放在有待完成的行動上。如果我問你工作上的進展如何，而你拿有待完成的行動來回答我，那麼我想你已經在準備往上爬了。好比你說：「這一季我還有三個專案要完成。」我會假設你的野心很大，因爲你想的是之後要做什麼。但如果你拿已完成的行動來回答我，例如：「我這一季已經做完兩個專案了。」我會假設你只想保持現狀，對升遷沒什麼欲望，因爲你想的是已完成的進度，而不是還要做什麼，由此可以推斷你很安於現況。

行動的象徵意義

著眼於已完成的行動有助加強決心，著眼於還欠缺的行動則有助提升動力，因爲後者會讓你意識到自己缺乏進展。哪一種策略比較好，要視情況而定。但重點不在於哪一種策略比較好，而在於何時該用哪一種策略。

所以，在思考要用哪一種作用力才有效時，請檢視你目前的決心。如果你對自己的目標有十足的決心，回顧過去就不會改變什麼，著眼於既有的進展，搞不好還讓你覺得自己做得夠多了，可以休息了。同樣的，如果你對自己的決心還不確定、還想不透自己做這件事的意義何在，展望未來也不會激勵你前進，著眼於還沒有的進展甚至可能對你發出「我就是缺乏決心」的訊號，導致你半途而廢。

以你的工作爲例，如果你很確定自己從事這份工作的決心（你要麼熱愛這份工作，要麼痛恨這份工作），那麼完成工作任務對你的決心就不會有絲毫影響。其他同事完成越多任務，會覺得越有決心，你卻把已經完成的任務視爲有進展的象徵，所以一旦做夠了，你便鬆懈下來，甚至還有可能早退。反之，如果你不確定自己對這份工作的決心（還在懷疑這份工作是否適合你），那麼工作進度落後就不會刺激你更加努力，也不會激勵你爭取升遷。其他同事進度落後就努力趕上，你卻把緩慢的進度視爲你不適合這份工作的證明，可能還考慮起辭職了。

所以，要用哪一種作用力來激勵自己追求目標，也可能取決於行動的「象徵意義」：在你眼裡，這項行動是象徵自己「有決心」，還是象徵自己「有進展」。

認爲象徵「有決心」的人，憑藉行動來判斷自己的決心，他們自問：「我的行爲是否代表我很重視這個目標？」他們根據既有的成績來評估自己對成功的信心，以及這個目標對他們個人的吸引力。相形之下，認爲象徵「有進步」的人，則憑藉行動來判斷自己的進展，他們自問：「我的行爲是否代表我的進展已經夠了？」

這些象徵意義對動力有直接的影響。成功之後，認爲行動象徵決心的人，往往會選擇繼續採取一致的行動，進一步幫助他們達成目標。失敗之後，他們的動力就沒那麼強了。所以，這些人若是著眼於杯子半滿的部分，他們的動力會比較強。對這一型的員工來講，成功會激發他們工作的動力。

相形之下，認爲行動象徵進展的人，往往會用放鬆來平衡成功。一旦做出成果，他們就覺得自己的進展已經夠了，有充分的理由放慢腳步。萬一行動失敗了，他們會加倍努力，迎頭趕上。所以，著眼於杯子半空的部分較能激勵這些人。對這一型的員工來講，工作上的成功是光明正大慢下來的好理由。

這兩種類型並非涇渭分明。在某種情況下採取「行動象徵決心」的思路，不代表你永遠只會受到既有成績的激勵。事實上，在你的一生當中，有許多人（包括你自己）都會試圖影響你對自身行動的解讀，以說服你堅持某個目標。老闆、老師、政治人物、業務人員……都在試圖影響你看待自身行動的眼光。當某個品牌盛讚你的品牌忠誠度，它就是把你過去的購買行動當成決心的展現。你應該再度光顧那家店，因爲你是這個品牌的忠實顧客，而不是因爲你已經在那裡買過很多東西。如果你最近都沒去光顧，你可能還會收到一封電子郵件說：「我們很想你……」這封電子郵件就是把你沒來光顧當成缺乏進展。他們不會罵你沒良心，而是用銷售話術強調你已經有一陣子沒來了，並利用你迎頭趕上的衝動，激發下一次的購買行動。

是什麼決定了行動的意義？

讓我們暫且回到我的服役時光。當我展望未來，數著離下次放假還剩多少天的時候，我用對策略了嗎？本著我現在對激勵學的認識，我體認到當初的我若是選擇回顧過去可能會比較好。打從入伍以來，我的決心就很弱，藉由回顧過去，我或許有機會肯定自己既有的工作成果，也或許就會對這份工作抱有更大的熱忱了。

在這一生當中，你可能有時是認爲行動象徵決心的人，有時又變成認爲行動象徵進展的人。你是哪一型的人，乃至於你覺得哪一種象徵意義更有激勵作用，就跟很多事情一樣，都取決於你的目標和情況。

當一個人還是某件事的新手，或不確定自己有多喜歡或多重視這件事，他就會把自己的行動視爲決心的證明。當你剛開始嘗試一件新事物，還不確定自己是否擅長，已完成的行動會加強你的決心，還欠缺的行動則會削弱你的決心。結論就是，杯子半滿的部分較能激勵新手。

某件事的專家好手或愛好者不會懷疑自己的決心，這件事對他們來講很重要，他們知道自己很在乎。如果你從事某一件事已經很久了，你不必問自己是否樂在其中，或這件事對你來講重不重要。在這種情況下，著眼於還沒做到的部分（亦即杯子半空的部分），較能維持你的動力。

以健身房會員爲例。如果你是新會員，比起去算你幾天沒上健身房了，想想入會以來做了幾天的運動，對你維持動力會比較有幫助。但如果健身房就像你第二個家，想想你最近已經幾天沒上健身房了，才有助維持動力。

久而久之，你可能會從新會員變成老會員，隨著身分轉變，你用來維持動力的辦法也有所不同。許多目標都是先從衡量自己的決心開始，隨著時間和經驗的累積，再從衡量決心，轉爲檢視進度。

舉例來說，當你新開一個儲蓄帳戶時，你可能會評估自己的決心，懷疑你爲自己訂下的存款目標是否可行。但是經過一段時間，存款日漸累積，你確定存錢是有可能的，就轉而檢視進度。你從評估目標轉爲繼續向前[4]，或從構思行動方案轉爲落實行動計畫[5]。

然而，從自問有沒有決心過渡到自問有多少進度的歷程通常並不完整。你可能始終對自己的決心懷疑個沒完，總是衡量來評估去。就連對自己的決心很有把握的人有時也會自我懷疑。這有一部分的原因在於，我們是老手或新手也要看情況而定。在私人教練面前，你的日常鍛鍊可能感覺像菜鳥，但若是與成天癱在沙發上的朋友相比，一樣的鍛鍊可能讓你覺得自己是個行家。

你的目標有多重要也決定了你比較容易受到「有進度」或「沒進度」的激勵。比起為下次的假期存錢，多數人對於為退休存錢比較有決心。所以，比起想著自己已經存了多少退休金，想著自己還差多少，較能激勵他們每個月多存一點。但若是以下次的假期為存錢目標，想著已經存了多少度假基金較能激勵他們繼續存下去。

要判斷杯子的哪一半比較能夠激勵你，當時的情況和目標的重要性都要納入考量。你覺得自己像新手還是老手？這是你非達成不可的目標，還是有也好、沒有也罷的目標？依不同情況，你可以在檢視完成的行動或欠缺的行動、向後看或向前看之間靈活轉換。

問問自己

有時，你要把杯子想成半滿，有時，你得把杯子想成半空。為了有效檢視進展，你應該策略性地在往前看和往後看之間靈活轉換。現在試著問問自己：

❶ **針對某個特定目標，你是進度落後就會更努力、努力夠了就會放鬆一下取得平衡，還是貫徹始終、透過不懈的努力加強你的決心？**你的努力模式適合這個目標嗎？如果你只想保持現狀，採取平衡模式可能較為恰當；但如果你力求改變，則需採取貫徹模式。

❷ **你對自己追求目標的決心有多少把握？**若不確定自己的決心，著眼於杯子半滿的部分有助你維持動力，不妨回顧自己做到什麼。若很確定自己的決心，著眼於杯子半空的部分有助你繼續前進，可以問問自己還剩什麼要做。

❸ **你有多少實踐這個目標的經驗？**如果你是新手，請看著杯子越來越滿的部分。如果你是老手，請注意杯子開始變空的部分。

CH 7 避開「中途障礙」

每逢新生初抵校園，我們會用長達一週的迎新活動慶祝他們展開大學生涯。新入學的大一生比舊生早幾天來學校報到，這麼做一部分是爲了給他們時間告別過去、適應新生活。在動人的入學儀式上，把孩子送到學校的父母留在大門外，目送孩子步入校門。校園志工拿著一盒盒面紙，給父母擦眼淚用。淚眼汪汪地道別之後，新生就被帶去參加開學典禮、城市探索之旅、學校贊助的派對、聚餐活動，並從校內組織和社團那裡獲得一堆好康。在這一週的過渡期，他們睡得很少。

大約過了四年之後，我們慶祝他們離校，學校再次舉辦各式活動，父母也爲畢業生辦華麗的晚宴，歷經這些前奏，最後來到畢業典禮的重頭戲。即使新冠肺炎疫情迫使我們把一切改到線上，我們還是爲大一新生辦了虛擬迎新典禮，並用虛擬派對送走大四畢業生。

我們唯一不會辦派對的時候就是在中途。起點和終點很特別，中途很平常，沒什麼好慶祝的。這些稀鬆平常的日子就是我們最難保持動力和熱忱的時候。一開始，我們渾身衝勁，想要達到目標，想把事情做好。久而久之，隨著那份勁頭過去，我們的動力越來越弱。在追求全有全無型目標（例如拿到畢業證書）的狀況下，我們的目標有一個明確的終點，要到接近終點時，我們才會重燃動力。

所以，中間這段路途很漫長的話，就會很危險。路上應該立一塊警告牌說：動力易碎，小心輕放。多數人在追求目標的開始和尾聲都是熱血沸騰、兢兢業業，但到了中途，把事情完成和把事情做好的動力都會衰退。所以，在動力自然降低的中途，我們要如何堅持下去呢？

把事情做好

不惜在面試時說謊的人，想得到工作的動機顯然很強。他願意冒很多的風險，包括看著鏡中的自己而不羞愧的風險。他達到預期結果的動機雖然很強，用正當手段達到目的的動機卻很弱。他讓結果將手段合理化。

談到人的動機，我們往往把焦點放在「把事情做完」的動機，比較少注意「把事情做好」的動機。我們或許會說某某人多麼熱切地要完成一項任務，包括他爲了做得快或做得多，願意花多少心思和體力。有時候，做得好和做得快或做得多是一樣的，比方參加一百公尺賽跑，跑得快本質上就是把這件事做好，第一個跑完的跑者就能贏得金牌。

但急於完成一項任務，不代表你想把它做好，有時這兩者甚至彼此衝突。以整修房屋爲例，迅速完工不代表作工細膩。多花一點時間規畫預算、找到對的建材和對的數量，反覆檢查水電、木工等作業，確保完工品質，才意味著更好的表現。把這件事做好，往往要花時間。

我們可以將把事情做好想成有條不紊、認眞仔細地執行任務，反之則是抄捷徑、不專心，或是更常見的，降低標準。人往往會以把事情做好爲優先，無論是工作、健身或煮飯，你通常都希望能做好，而不是有做就好。結果不該將手段合理化。

把事情做好也意味著你行得正、坐得直。你在乎這件事的公平性，而不是只要得到你想要的就好，你想要公平、公正地贏得自己想要的東西。看到我舉例說有人爲了得到工作在面試時說謊，你可能看得瞠目結舌、震驚不已。怎麼可以假裝擁有實際上並沒有的能力或經驗？你實在無法苟同，因爲你無法想像自己從光明正大、公平競爭的人手中奪走機會。如果你跟同事打一場籃球友誼賽，你也會希望你的團隊是因爲球技過人才打贏。如果你懷疑自己隊上有人作弊，那贏球也沒什麼意思了。

就多數目標而言，把事情做好和把事情做完的動機是並存的。在整個過程中，這兩股動力也會起起伏伏。有時，這兩種動機彼此重疊，例如對賽跑選手而言就是如此。有時，這兩種動機可能相互牴觸，你可能會爲了完成工作降低標準，就像工班爲了快點完工跳過重要步驟，沒去確認電線牽得牢不牢靠之類的。話說回來，這兩種動機多半是各自獨立的。

我們之所以想把事情做好，例如憑本事贏得工作或球賽，多半是因爲我們在乎自己的行爲反映出來的形象。我們想讓人留下好印象，所以選擇用正當的手段來做事，不降低標準，也不辱沒人格。我們也在意自我形象，就算沒人看到，我們還是想給自己一個好印象。

還記得前面談過，認識自己就跟認識別人一樣，我們都是透過從行爲推論出的結論來了解一個人（如果約會對象帶你去某個政治活動，事後你會推論出自己支持這個政治理念的結論）。所以，一旦降低標準，我們等於告訴自己「你是一個標準很低的人」。如此一來，按照高標準做事，不只能讓我們獲得他人的尊敬，也能讓我們獲得自己的尊敬。相形之下，降低道德和品質的標準，既有損別人對我們的觀感，也有損我們對自己的觀感。

如果還覺得不夠清楚，不妨想像一下撿到錢的感覺。看到地上有一塊錢，我會樂得把它撿起來收進口袋。但有一次，我在蘇黎世要買票進美術館時，偶然看到地上有張一百瑞郎的鈔票，應該是有人買票時掉的。我在大廳等了很久，希望有人來認領，平白無故拿走別人這麼多錢可不好玩。到頭來，爲了保有自己的尊嚴（我可不是小偷），我就把那筆錢捐給某個動保團體了。

多數人都會有同感，如果超市店員少收你一塊錢，你大概不會糾正他，白賺一塊錢無傷大雅。但如果店員少收了五百元、八百元呢？許多人都會指出錯誤，以求抬頭挺胸、無愧於心地走出店外。

但並非所有的言行舉止都帶有一樣的分量，有些是經過深思熟慮的，例如當我撿起那一百瑞郎時。有些則是不假思索的，你沒那麼在意這件事，要求也沒那麼嚴格。如果你覺得沒人（包括你自己）會在意你的行爲，你可能會放寬標準，不那麼擔心被人（甚至是你自己）看到會有什麼後果。想想我的學生，他們公然承認說，要是不會被抓就會考慮搶銀行，就算如此，他們還是有自己的良知來阻止他們。但如果你曾在良心發現之前速速吃一口美味的甜點，那你一定知道自欺欺人是什麼意思。

所以，在追求目標的過程中，把事情做好的動機爲什麼時強時弱？答案就在於，某些舉動往往較爲隱而不顯。而且，一般而言，藏在中間比較不容易被別人或我們自己發現。在瑪雅．巴爾－希勒爾（Maya Bar-Hillel）做的一項實驗中，我們可以看到名副其實把祕密藏在中間的例子。希勒爾請報名參加實驗的人出一道有四個選項的選擇題，參與者要出什麼題目都可以。如果我參加那場實驗，我可能會這樣出題：「伊利諾州的首府在哪裡？（A）芝加哥；（B）春田市；（C）紹姆堡；（D）底特律。」題目的內容不是重點，研究人員只想知道實驗參與者把正確答案藏在哪裡。如果大家眞的是隨機選擇正確答案的藏匿處，那麼A、B、C、D四個選項應該各有二五％左右的正確答案。但結果不然，大約八〇％的參與者都選擇將正確答案藏在中間，要麼像我一樣藏在B，要麼藏在C的位置。不知實驗目的何在的出題者，選擇把正確答案藏在中間，因爲中間顯得比較隱密[1]。

人對自己隱瞞自己的行爲時也是如此。在追求目標的過程中，人會不知不覺在起點和終點謹守道德標準，而在中途放鬆標準。起點和終點都比中間的部分更難忘。當你試圖回想長達一週的假期做了什麼，第一天和最後一天可能比中間幾天做的事都更快浮現腦海。如果你享用了一頓有多道餐點的奢華大餐，第一道和最後一道送上來的餐點就決定了整頓飯留給你的印象。面對一連串的事物，人向來對開頭幾項和最後幾項印象較深刻，中間幾項相形失色，這叫做「首因效應」和「近因效應」[2]。回想自己的所作所爲時，你同樣也會預期自己記得剛開始追求目標時做了什麼、最後又做了什麼，而不太記得中間都做了什麼。既然知道自己反正會忘記中間做了什麼，我們就會下意識覺得此時作弊無損自尊，而且比較容易瞞過自己。

英文常用「切角落」（cutting corners）來形容人爲了貪快或貪便宜而犧牲品質。但瑪費瑞瑪．圖里－蒂樂莉（Maferima Touré-Tillery）和我發現，人在追求目標的中途眞的會「切角落」[3]。我們給受試者一把剪刀，請他們剪出五個一模一樣的形狀——一個四邊都有箭形的四方形。一開始，參與實驗的人剪出來的形狀乾淨俐落，但剪到第三個的時候，他們就開始切過越來越多的尖角。接著，剪到第五個的時候，他們的成品又重新變得乾淨俐落了。

前述實驗用具象的畫面讓我們看到：當計畫進行到一半，人會有抄捷徑的行爲。另一項實驗則從較爲抽象的層面上，揭露出一樣的現象：人在中途會降低自己的道德標準。我們請實驗參與者校對十個段落，揪出拼寫、文法等錯誤。過程中，他們要逐一決定自己是分到短段落（只有兩個錯誤），還是分到長段落（有十個錯誤），決定的方式是丟銅板，以確保任務的分配純屬隨機。我們感興趣的不是他們的校對功力，而是丟銅板的結果。如果分到短段落的參與者比例大過五〇％，你就可以合理懷疑有些人作弊。雖然我們無從確切知道是誰作弊，但如果七〇%的人分到的都是短段落，那麼，有可能其中五〇%的人是偶然分到的，其餘二〇%的人是在丟銅板這件事上頭作了弊。我們確實在研究中發現有些人作弊，無獨有偶，參與者也是在中途降低他們的道德標準：比起剛開始和結尾的時候，他們在實驗中途分到短段落的可能性較高。

在實驗室外，我們發現即使是宗教傳統，信徒也會在中途放鬆標準。猶太教的光明節要連續八個晚上點燃蠟燭。我們調查了慶祝光明節的人，發現比起中間的幾個晚上，較多人在第一夜和最後一夜堅守點蠟燭儀式。與我們對中途效應的預期相符，信徒在看待其他教友時，比起在中間任何一夜省略這道儀式者，他們對第一夜和最後一夜偷懶的人批評最為嚴厲，認為在這兩夜省略儀式者較不虔誠。

在追求一個目標的最初和最終，人對標準的堅持（把事情做好）較強。你可以藉由把中途縮短，將人的這種特性變成對你有利的優勢，例如以「一星期」為健康飲食的目標，就比「一個月」要好，因為你可以作弊的天數變少了。如果是工作上某個交期很遙遠的大計畫，不妨把它拆解成每週任務，以免中途欲振乏力。你也可以把現在想成開始或結尾，而不要想成中間。例如把午餐吃什麼想成「上午結束時」或「下午剛開始」要做的選擇，而不要想成一天的中間，你就會選擇比較健康的食物了。

完成它

在第五章，我們談過全有全無型目標，追求這種目標，要到最後才會得到獎勵，所以，這條路走得越遠，你會覺得越值回票價。隨著你和目標越來越接近，每一個動作都涵蓋了剩餘距離中更大的比例。念完四年制大學的第一年，你得到學士學位的二五％，念完最後一年則是百分之百得到學位。以這一類的目標而言，有進展就能激勵人心。

我們也談過累進型目標，你一邊前進，一邊得到好處。因爲你沿途持續獲得小小的獎勵，所以一般而言，隨著你做得越多，努力的附加價值就越少。以閱讀天文學相關書籍爲例，第一本教給你的東西就比第五本多。所以，你的動力應該在一開始最高，之後隨著每讀一本書而降低。

然而，正如同人生中的許多事情，目標的類型也不是非此即彼，許多目標都融和了這兩種類型的元素。就算每多一次行動，邊際價值就隨之遞減，你還是會有走到終點的動力。以每日走到特定步數這個目標爲例，在你已經走了九千九百步之後，多走一百步的邊際價值就比較低。但如果你的目標是每天走一萬步，對你來講，最後一百步就比在那之前的一百步更重要。最後那一百步幫助你達到心目中的量化指標，而達標的感覺很好。

一個目標也可能既給你累進型的好處，也給你全有全無型的好處。假設你舉辦一場聚餐，上過前菜和主菜之後，從烤箱裡拿出甜點來，對整件事的影響力（邊際影響）就會降低，儘管如此，把甜點裝盤的動作百分之百完成了這場聚餐，上前菜則只完成你身爲東道主三成的責任。雖然每上完一道菜，後續餐點的邊際價值就會降低（塡飽肚子是一個累進型目標），但主辦一場成功的聚餐是一個全有全無型目標，所以你上甜點的動機還是很強。

也因此，人在接近終點線時有很好的理由跟剛開始時一樣拚。剛開始的時候，你迅速累積得到的好處，到了接近尾聲時，最後幾個動作則讓你迅速來到終點。有問題的地方一樣是在中間。人在中途才有卡關的風險。

走到一半的時候，不管是回顧到目前爲止走過的距離，還是展望抵達終點剩餘的距離，兩者都差不多。你要邁開的下一步，不管是拿來跟過去比，還是跟未來比，這一步的影響似乎都微不足道。這種中途障礙源於我所謂的「小範圍原則」[4]。

根據小範圍原則，爲了保持動力，我們要把下一個行動拿來跟較小的範圍比——無論是已有的進展，還是仍須取得的進展，哪個範圍小就跟哪個比。剛開始追求目標時，我們應該回頭看已完成的行動。越過中間點時，我們則應該往前看還沒做到的部分。舉例而言，如果你想把七冊《哈利波特》全數追畢，你應該先檢視自己已讀完的冊數，直到讀完第四集《火盃的考驗》爲止。之後則改爲檢視你還剩幾本要讀，此時這個部分的範圍就比較小了。理由是在剛開始追求目標時，比起著眼於目前還沒做的部分（大範圍），把注意力放在已經做到的部分（小範圍），下一個行動的分量就會顯得比較重。當追求目標過了一半時，比起回顧已有的進展（大範圍），改成展望剩下的進度（小範圍），下一個行動的分量才會顯得比較重。

背後的道理很簡單，相對於跟許多的行動比，如果你拿某個行動跟少少的行動比，這個行動的貢獻就會顯得比較大，無論是跟已完成的行動（從開頭算起）或是跟未完成的行動（從最後倒數回來）比皆然。

小範圍原則是經過實驗證明有效的激勵術。在一項研究中，具峯廷和我用它來鼓勵用餐者重複光顧同一家餐廳。南韓有一家以紐約風無菜單商業午餐著名的壽司餐廳，我們蒐集了這家餐廳一個常客方案的數據。就像說服我回購蔬果昔的校園餐廳集點卡，這家壽司餐廳的常客方案也給用餐者一張點數卡，吃過十次商業午餐，就可以免費換一餐。半數用餐者拿到的點數卡在視覺上強調目前累積的進度：每次到這家餐廳點購一套商業午餐，卡片上就多蓋一個壽司圖案的章。另外半數用餐者拿到的卡片則在視覺上強調剩餘的進度：卡片上已有一排十個壽司圖案，他們每吃一餐就畫掉一個。我們要問的是：哪一種常客點數卡效果更好？

按照小範圍原則，效果要視顧客贏得免費午餐的速度而定。一開始就進展迅速，很快就買了好幾次午餐的人，如果點數卡將他們的注意力引導到剩餘的少數幾格，他們會更快再次光顧。對他們來講，剩餘的進度是小範圍的部分。但加入後進展很慢的人，如果點數卡將他們的注意力引導到既有的少數購買次數上，他們才會較快再次光顧。對他們來講，既有的進度是小範圍的部分。

所以，剛開始追求一個目標時，著眼於已完成的行動可提升重複率。接近終點線時，著眼於欠缺的行動，才會促使顧客更快光顧這家餐廳。套用到自我激勵上，這項研究教我們來到中間點之前要回頭看，越過中間點之後則切換成向前看。

如果你此刻剛好就在中間點呢？路走到一半，離起點和終點都很遠，沒有哪個部分是小範圍，所以動力就衰退了。也因此，你應該把中間的部分變短，把目標規畫成不必在中途停留太久。每月存款目標優於年度存款目標。儘管你想達成的是長期目標，但**設下把中途變短的分界線，有助你抵達最終目標**。如果你只訂下一週運動目標，我敢說你到了下週、下下週都還會想繼續運動。不像一個月、一年或一輩子的運動目標，一週目標把中間的部分變短了。

對抗中途障礙還有一招是**用時間里程碑慶祝新的開始**，即使只是一種隱喻，不是眞有新的開始。人往往會在某個特定的日子之後重新振作起來，像是在元旦那天或自己的生日過後。戴恒琛、凱瑟琳・密克曼（Katherine Milkman）和傑森・瑞斯（Jason Riis）稱這種現象爲「新起點效應」[5]。一項研究分析了數千個家庭數年間的食物購買習慣，發現大家在一月份吃得最健康，隨著每個月過去，家庭吃的健康食物越來越少，直到一年結束[6]。

新年、生日和星期一，這些都是你可以用來慶祝新起點的時間里程碑。說來有趣，許多人似乎本能就會這麼做。例如「節食」一詞的網路搜尋率，每逢日曆上一個新的循環之始，包括一週之始、月初和年初，搜尋率最高。要利用新起點效應對抗中途障礙很簡單，只要提醒自己今天是餘生的第一天就行。如果能把當下視爲新的開始，你就會有更強的動力爲目標而努力。

問問自己

起點和終點都有著清楚的標記，中途卻可能長路漫漫而定義模糊。你不知道中間這段路何時開始、何時結束。在這個漫長而模糊不清的階段，你要如何保持朝目標努力的拚勁？規畫你要採取的策略時，問問自己下列問題：

❶ **置身於中間點，對你把事情做完的動力有何影響？對你把事情做好的動力又有何影響**？無論是什麼目標，對你來講，做完和做好哪個比較重要？

❷ **有時我們之所以中途懈怠下來，是因為此時的所作所為似乎沒那麼重要**。你能否注意自己在中途的行為表現，讓這些表現成為難忘的回憶，從而賦予它們重要性？

❸ **為了把中間的部分縮短，你能否訂下每月、每週，甚或更短的子目標**？若是以子目標為目標，你就能藉由把中間部分縮到最短，避免自己草率了事。

❹ **你能否任意用一個時間里程碑來代表新的開始**？星期一、一個月的第一天或生日，都可以為追求目標揭開新的一頁。

CH 8 從負面反饋中學習

堪稱世界第一網球好手的小威廉絲（Serena Williams）有句名言：「我最大的成長不是來自勝利，而是來自挫折。」領導學專家約翰．麥斯威爾（John Maxwell）呼籲我們「在失敗中前進」。小說家兼劇作家山繆．貝克特（Samuel Beckett）曾在他的一則著名故事中寫道：「屢試屢敗，越挫越好。」

我們的社會將失敗奉爲學習教訓的時刻。我們一再聽到失敗是寶貴的一課這類說法，然而，有這麼多知名領袖都再再強調從失敗中學習的重要，原因或許就在於**記取教訓並非人類的天性**。我每晚提醒我的八歲兒子要刷牙，因爲我知道少了我的提醒他就不會做到。同理，像小威廉絲和麥斯威爾這樣的頂尖人物總愛提醒我們從失敗中學習，或許正因他們覺得人往往不會記取失敗的教訓。

但你若能記取失敗的教訓，那將會是一股很強大的力量。比起追求好事，人類往往更想防範壞事發生。所以，「壞」是比「好」更棒的老師，只要你肯花工夫學習。人很在意負面事件這一點，近五十年來已受到「展望理論」[1]和「損失規避心理」相關研究的反覆檢驗。如同我們在第二章談過的，在人的心目中，損失的分量大過收穫，比起贏一百美元，你更在意輸一百美元。

日常生活中，損失規避心理的例子俯拾即是。幾年前，全美各大城市開始徵收塑膠袋稅，消費者幾乎是一夜之間就改用環保購物袋。用塑膠袋要付錢的威脅，有效改變了消費者行爲。說來有趣，在此之前，許多店家對自備購物袋的消費者已有獎勵措施，然而，與徵收塑膠袋稅相比，獎勵措施顯得毫無效果可言。新制上路之後，以往欣然放棄十分錢獎勵金的消費者，如今爲了免繳十分錢的稅收也改變了購物習慣。損失規避心理告訴我們，人痛恨賠錢的程度甚至高過沒有賺錢，即使賠錢和沒有賺錢常常相去不遠。但儘管我們這麼在意損失，人卻很難從失敗經驗或更廣泛的負面反饋中汲取正確的教訓。

以學習冷知識爲例：猜猜看 yaad 是希伯來文的「手」還是「腳」？如果你猜了一個答案，而我告訴你猜錯了，你還是會學到正確答案。像這種二元式的問題，學到你的答案是錯的，就跟學到你的答案是對的一樣，因爲 yaad 不是腳（確實不是）就是手（正解）。儘管如此，猜對了還是比較容易記住答案。在一項針對人如何透過二元式猜題學習新知的實驗中，蘿倫・艾斯奇利斯－溫克勒（Lauren Eskreis-Winkler）和我就發現了這種現象[2]。從負面反饋中學到東西的人比較少，但爲什麼呢？

原因之一在於，負面反饋有損學習動力，得到負面反饋之後，你心情差、想放棄、開始分心，結果就學不到寶貴的一課。在我們的研究中，受試者在猜錯時不會去推導出正確答案，反而拒絕思考，開始分心。人很難從失敗中記取教訓的第二個理由在於，客觀來講，從錯誤中學習確實比較困難。如果你第一次就做對，那你就學到要怎麼做了；如果你做錯，那你只學到不要怎麼做。

負面反饋往往會對學習動機和學習能力造成打擊，但對我們的成長來說，從錯誤中學習是一定要的。一如小威廉絲所言，身爲網球選手，她從挫折得到的成長比較多。在檢視自己的進展時，正面和負面的反饋都會告訴我們是不是走在通往目標的軌道上，或我們走的是不是最好的一條路。這兩種反饋我們都需要。本章旨在探討如何克服障礙，以求從錯誤中學習。

為何從失敗中學習如此困難？

政治學家安東尼奧・葛蘭西（Antonio Gramsci）曾寫道：「歷史是很好的老師，只不過它沒有學生。」[3]同樣一句話也可以套用在從負面反饋中學習。那麼，我們要如何以失敗爲師呢？首先，我們必須克服前面提到的兩道障礙，一是傷了自尊就開始分心（動機障礙），二是從錯誤中學習本身就有其客觀存在的困難（認知障礙）。

障礙一：開始分心

在我和艾斯奇利斯－溫克勒合作的一項實驗中，我們邀集一群電話銷售員，請他們透過猜題來學習正確答案，題型像是：「美國的公司行號因爲糟糕的客服每年損失多少錢？（A）約九百億美元；（B）約六十億美元。」在另一項實驗中，我們則請受試者猜某種「古語」（其實是我們捏造出來的語言）當中的陌生符號是什麼意思，例如：「這個符號是什麼？（A）一種動物；（B）一種無生物。」受試者回答之後，再告訴他們猜對了或猜錯了。幾分鐘過後，我們再用一樣的題目考他們，看看他們是否從反饋中學到了正確答案。

每個問題只有兩種可能的答案，受試者很容易就能學到每一題的正確答案，無論他們第一次猜對或猜錯。儘管如此，相較於第一次猜錯、得到負面反饋（「你錯了！」）的人，第一次猜對、得到正面反饋（「答對了！」）的受試者學到的還是比較多[4]。猜錯的人往往注意力就飄走了，再考一次一樣的題目也不會考得比較好，到了第二次，他們還是跟第一次一樣用瞎猜的。得到負面反饋之後，人就開始分心，以至於沒能從錯誤中學習。

在另一項實驗中，得到負面反饋的受試者甚至記不住原先選了哪個答案，更別提哪個才是正確答案了。我們的結論是：當失敗危及自尊，人就會從失敗經驗中抽離出來，岔開自己的注意力。

沒能成功從失敗中學習，既諷刺也有很嚴重的後果。如果你只從打贏的網球比賽中學習，你就少掉一半本來能夠進步的機率。你沒辦法從自己選擇忽視的事情當中學到東西，更有甚者，你可能會對自己的能力產生不實的認知。試想，一位投資人從成功經驗中學到他能預測股票市場，卻沒有從失敗經驗中學到他的預測也可能是錯的，這位投資人就可能形成錯誤的信心[5]。如果投資成功的次數跟失敗的次數一樣多，他只會覺得自己很成功。隨著投資的次數越來越多，他會對自己（客觀來講並不好）的能力越來越有信心，儘管成功和失敗的次數一樣多絕不是什麼優異的表現。但因爲他只看自己的成功，對自身能力產生的正面評價就蓋過了負面評價。

人常常沒能從失敗中學習，因爲失敗的滋味不好受，我們不想在負面情緒裡逗留。只要嗅到一絲負面或象徵失敗的訊息，我們往往會從一開始就選擇迴避。根據冷冰冰的經濟學觀點，只要某個訊息能夠影響決定，它就是有價值的訊息，我們的感受並不重要。然而，根據個人可能會有的感受去尋求或迴避訊息，這是人性，不管這個訊息是否有助做出明智的決定。舉例而言，如果你曾因爲害怕聽到壞消息而不去看醫生，那麼你就是爲了保持好心情，迴避可能帶來負面感受的反饋，即使得知檢查結果有助你的健康。你擔心那顆異樣的痣是罹患癌症的徵兆，所以你拖著不去檢查，寧可繼續無知下去，畢竟無知就是福。

刻意迴避令人不愉快的訊息，即使這個訊息有助我們檢視目標進度，這種現象叫做「鴕鳥效應」，源自鴕鳥會把頭埋進沙子裡逃避危險的傳聞[6]。雖然傳聞是不實的，但人確實會把頭埋進沙子裡（純屬比喻），逃避即將到來的威脅——只不過我們要逃避的是情緒上的威脅[7]。舉例而言，有些糖尿病患者會逃避血糖監測，許多人故意不去注意家裡的用電量，或不去查看銀行存款餘額。更有甚者，一項研究指出投資人在市場下跌後會避免查看自己的帳戶[8]。人之所以這麼做，是因爲只要不知情，就不會壞了心情，於是我們選擇逃避，即使不知情可能有害健康或有損財富。

負面反饋有損學習動力，是因爲它降低了你的自信。但在不涉及自尊的情況下，人比較能從失敗中學習。如果不把負面反饋視爲針對個人，而是單純視爲一個學習新事物的機會，你就比較有機會學到東西。以此類推，比起自己的失敗，你比較能從別人的失敗中學到東西，畢竟，別人滑倒跌跤，你身上不會有瘀青。一般而言，透過別人的經驗學習（即「間接學習」）比從親身經驗學習更困難，因爲你不會那麼密切注意別人在做什麼。這就是爲什麼教育常常強調實作，比起看老師做，自己動手比較學得到東西。但別人的失敗經驗不會威脅到我們的自尊。

所以，單就從負面反饋中學習而言，透過看別人做比較學得到東西。在艾斯奇利斯－溫克勒和我做的其他實驗中，我們用一樣的二元式問題，發現受試者看別人猜錯，比他們自己猜錯學到更多。所以，無論是要學打毛衣，還是剛開始一份新的工作，如果你還是新手，不妨先看別人失敗。比方你可以去上編織課，跟大家一起學習，看其他新手跟你一起掙扎。

另一個在失敗時保護自尊的辦法，是提醒自己一直都在學習和進步。當你認同自己的技能和知識一直在精進，你會集中注意力學到更多。

障礙二：思想翻筋斗

如果你試過訓練小狗，你可能很快就會發現獎勵比懲罰更有效。受懲罰的小狗或許明白你不高興了，但可能不明白怎麼做你才會高興。牠知道在地板上尿尿導致你對牠大吼，但牠不知道改成到草地上尿尿你就不會對牠吼。用消去法刪掉受懲罰的行為，釐清你認可的行為是什麼，這需要很複雜的推理能力，小狗恐怕做不到。

我們稱這種邏輯推理為「思想翻筋斗」。要從成功經驗中學習，你只需要重複第一次的做法就行了；但要從失敗經驗中學習，大腦則必須翻個筋斗。你要學會「不要」怎麼想、怎麼說或怎麼做。你要用消去法，透過刪除可能的選項來從失敗中學習，如果答案不是這個，那一定是另一個。所以，如果某件產品或某個人讓你失望，你就要選擇另一個沒有（還沒）令你失望的產品或人。你可能腦筋一下子轉不過來。當小狗一坐下就得到獎勵，牠很容易明白坐下是對的。如前所述，學習「不要」在地板上尿尿比較難。雖然人的大腦比寵物發達得多，但思想翻筋斗對我們來講也有它的困難。

以下述的動腦實驗為例，假設你要從三個盒子當中挑一個出來，每個盒子裡分別裝有一百元、二十元和負二十元[9]，萬一選中最後一個，你就欠這個遊戲二十元。在你做出選擇之前，我可以提供你一個線索，要麼告訴你哪個盒子小賺（二十元），要麼告訴你哪個盒子小賠（負二十元）。獲知這兩者之一後，你再從三個盒子中選出你想打開的那一個。那麼，你想讓我揭露什麼線索呢？

你可能會想問我哪個盒子裝了二十元的獎金，但正確答案是你應該問我負二十元藏在哪一盒。倘若知道賠錢的是哪一盒，在剩下兩盒中任選一盒，你都有賺。一旦知道如何避開負二十元的盒子，你的期待值就是六十元（賺一百元或賺二十元這兩種可能性的平均值），這比揭曉哪一盒裝二十元划算得多。若是揭曉二十元在哪一盒，直接選那一盒，也只賺二十元。但知道賠錢的是哪一盒，你一來可以避免損失，二來還有機會賺更多。在失敗只占少數的情況下，知道如何避免失敗是致勝的關鍵。

如此說來，該怎麼做似乎顯而易見，但這個推理的過程卻可能令人暈頭轉向。玩過這個遊戲的人，有很大一部分都是請我們透露小賺的是哪一盒，而不是問小賠藏在哪一盒。相對於他們選擇迴避的金額，請我們透露他們選擇得到的金額比較容易。同理，要從失敗中學習，你得用消去法刪除無效的答案，才能學到有效的答案。

在遊戲中，你是應該注意失敗之處（找到賠二十元那一盒），還是成功之處（找到賺二十元那一盒）？而在人生中，失敗或成功，客觀來講哪個帶有更重要的訊息，則要看你置身的情況而定。如果失敗的機會比較小，那麼失敗就帶有更重要的訊息。如果餐廳的菜單上有很多美味的前菜，其中只有一樣你吃了會不舒服，那你就需要知道該避開哪一道菜餚。反之，如果成功的選項比較少，例如只有一項職業符合你的技能，或只有一個戀愛對象能帶給你幸福，那就沒什麼必要去了解那些你該避開的職業或對象了。

正面和負面選項的絕對規模也很重要。如果所有選項都可以接受，只有一個很糟糕（你跟著哪位主管做事都可以，除了某位經理會讓你的人生很悲慘之外），那麼，你就要知道這個糟糕的選項是哪一個，才好避開它。但如果所有選項都可以接受，但有一個選項特別好（每一位經理都很好，但有一位會讓你眞心樂在工作又做得很成功），你就要知道好的選項是哪一個。

人很難從失敗中學習的另一個原因，在於失敗總是出人意料，儘管我們也曾失敗過。失敗不在人的意料之內，因爲人追求目標不是爲了失敗。我們只會尋求如何成功的相關資訊，絕不會主動去找「怎麼做才會失敗」的資訊。所以，失敗的時候，我們很容易忽略那些打從一開始就沒尋求過的訊息。「確認偏誤」一詞指的就是人往往會刻意尋求和注意那些支持個人期待的訊息，而忽略違背個人期待的訊息。如果你期待成功，你尋找的就是會成功的證據。舉例而言，如果我覺得去上烹飪課可以練就一手好廚藝，我就會等著證實這個想法的證據出現，只要做出一道有模有樣的菜餚，我就把它當成我是個好廚子的證據。但我會忽略推翻這個想法的證據，例如那十道被我燒焦的菜餚。同理，如果你自認跟另一半感情很好，你就會注意支持這個想法的證據（例

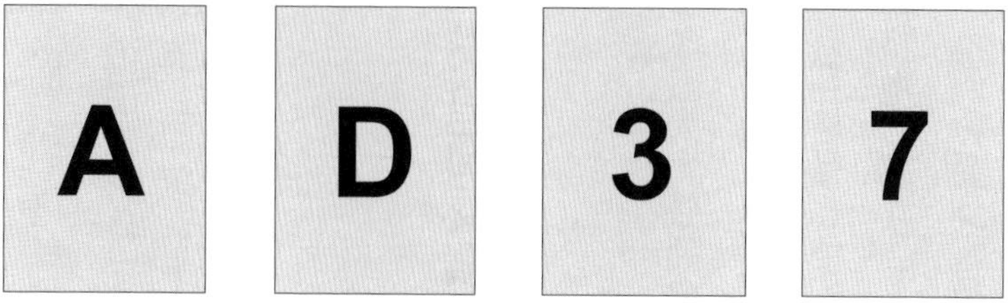

華生選擇任務

你是紙牌工廠的品管員，你要確保這些紙牌產品符合以下規則：如果一張牌有一面是 A，另一面就是 3。

如你們很多時間都膩在一起），而忽略一些警訊（例如對方跟你在一起的時候似乎不快樂）。

「華生選擇任務」就將這一點闡述得淋漓盡致（見上圖），這是一九六六年發明的一道邏輯測驗，在任務中，你會看到桌上一組四張牌的其中一面，每張牌都有一面是英文字母，另一面是阿拉伯數字。四張牌看得見的那一面顯示：字母A、字母D、數字3和數字7。你的任務是要測試以下規則：如果一張牌有一面是A，另一面就是3。那麼，爲了測試這些牌是否符合此規則，你會翻開哪張牌呢？

多數人的直覺反應都是翻開A那一張，檢查它背面是不是3，而不是用反證來驗證：翻開7那一張，確認它背面不是A。

（請注意，其他張牌都不必翻開。你不必檢查 3 那一張，因爲規則中沒有說 3 的背面應該是 A。只有 A 的背面應該是 3。）

這道測驗告訴我們，人往往會尋求肯定個人信念的訊息，而忽視否定個人信念的訊息。以至於當我們期待自己的行動會成功時，就不會去看失敗的可能，萬一失敗了，也很難從失敗中學習。

從負面反饋學到的教訓

一九六〇年代末期，心理學家馬汀・塞利格曼（Martin Seligman）做了一個實驗，現今多數人大概都會覺得他的實驗很殘忍。儘管如此，關於人類（和動物）的天性，他的實驗還是教了我們一些重要事情。

塞利格曼和他的合作夥伴史蒂芬・邁爾（Steven Maier）把小狗分成三組，並套上牽繩將牠們綁好[10]。第一組純粹只是套上牽繩坐在那裡。第二組小狗面前有一塊控制板，牠們會受到電擊，但只要用鼻子去壓控制板，就能關掉電源。第三組（最不幸的一組）也會遭到電擊，但牠們沒有控制板可用，只能乖乖忍受電擊的疼痛。

等這些小狗學到自己有辦法（第二組）或沒辦法（第三組）避開電擊之後，牠們一隻一隻被放進一個箱子裡。箱子中間隔了一道屏障，把空間隔成兩邊，其中一邊的底板通電，小狗就放在這一邊，無論牠們站在哪裡都會被電到，但另一邊沒有通電，小狗只要跳過中間的屏障就不會被電到。

只有第一、二組的小狗嘗試跳過障礙物。在第一階段中只能乖乖被電的第三組小狗，多半連試也不試，只是趴在通電的底板上哀號。

後來，塞利格曼拿人類做了類似的實驗（不過不是用電擊，可見他自己都知道那太殘忍了），人類受試者必須一邊聽令人分心的響亮噪音，一邊解開拼字謎題（例如把 BIATH 拼成 HABIT）。跟小狗一樣，人類被分成三組，第一組不用聽噪音，第二組只要按一個按鈕四下就能關掉噪音，第三組反正就是得聽噪音，避無可避。接下來，大家再換到一個新的環境，在這裡，他們只要想關掉噪音就能關掉。人類的實驗結果就跟小狗一樣，第一、二組的人到了新環境都選擇把噪音關掉，但第三組的人多半都不會去按按鈕關掉噪音，即使他們大可這麼做[11]。

動物和人類這種反覆受罰後就消極接受懲罰的傾向，塞利格曼稱之為「習得性無助」。它捕捉到人從負面反饋中學到最不知變通的教訓：反正壞事就是會發生，而你束手無策。當所有的負面反饋都教我們這個世界很不友善，我們就消極接受負面的結果，認爲自己無計可施。

在這種情況下，人確實從負面反饋學到了教訓，只不過他們學到的教訓是錯的，這個教訓並不能如實反映人對結果的控制力。我們在前面談過，人追求目標的決心源於他們認爲那個目標既有價值又實現得了。但在習得性無助的情況下，人不再覺得心中的目標是可以企及的。我們覺得無力控制發生在自己身上的事，所以我們的決心弱到極點。這也是受暴婦女很難離開施暴者的原因之一。不曾落入受虐關係的人往往不懂她們爲什麼不離開就好了，但塞利格曼讓我們看到，在遭遇似乎無法逃脫的虐待之後，人就認定自己休想逃脫。戒菸和投票這兩件事沒有受到家暴那麼悲情，但習得性無助也可以解釋戒菸失敗過的人爲什麼認定自己永遠戒不掉，以及有些人爲什麼選擇不投票——他們以前投票過，但投票之後並沒看到什麼改變（或許是他們投的人沒當選），他們就覺得選舉的過程只是徒勞。

幸好，我們從負面反饋中學到的不見得只有很弱的決心。受挫時，負面反饋也會向我們發出缺乏進展的訊號，激勵我們採取行動。無論是很弱的決心還是缺乏進展，我們從負面反饋中學到什麼，決定了它對動力的影響。當人將負面反饋解讀爲決心很弱的訊號，他們就會放棄；但若解讀爲缺乏進展的訊號，他們就會受到刺激而更加努力。

以量體重爲例，如果你一直努力減重，卻沒看到體重降下來，解讀這個負面反饋的方式有兩種——如果你認爲這代表你無力或無意保持健康的體重，你就會覺得氣餒而不再努力下去；反之，如果你認爲這代表你還不夠努力，那這個負面反饋就會帶來相反的效果，你會受到激勵，繼續努力減重。

心理學家卡蘿．杜維克（Carol Dweck）指出，人看待自己的聰明才智有兩種心態，有些人抱持「成長心態」，相信勤能補拙；有些人則抱持「定型心態」，認爲聰明才智天注定，沒辦法改變[12]。根據心態的不同，人從負面反饋學到的教訓也不同。相信勤能補拙的人從負面反饋學到「落後代表我要更努力」，而認爲聰明才智天注定、再怎麼勤學苦練也改變不了的人，則從負面反饋學到「我就是笨」，以至於更無心向學。

所以，誰擁有成長心態呢？誰在得到負面反饋後會更加努力呢？事實證明：每個人擁都有成長心態，或至少都有能力培養出成長心態。

決心和專業

想一個對你來講很重要、你有決心非做到不可的目標，或許是很平常的一件事，例如保持乾淨，或許是與你的角色認同有關，例如要當個好爸媽或好老師。無論是哪一種目標，只要你的決心越堅定，你就越不會質問自己「我有這個決心嗎」，負面反饋也就越不會導致你懷疑自己的決心。

舉例而言，如果你保持個人衛生的決心很堅定，有人指出你的襯衫上有污漬或說你身上有怪味時，你不會反覆評估保持乾淨對你來講重不重要，你會直接去換件衣服或衝進浴室。而對你的身分認同來講，如果爲人父母的身分很重要，當你的小孩對你發脾氣時，你不會重新評估自己還想不想當他的父母，相反的，你會把重心放在解決問題的最佳方案，一心只想著怎麼照顧好你的孩子。

決心越堅定，負面反饋就越打擊不了你。但如果你還沒有下定決心，你可能就會把負面反饋視爲代表你沒有決心的訊號。你的決心越薄弱，失敗之後也就越難保持動力。如果你才剛開始擔任汽車業務員，然後發現自己在業績排行榜上排倒數第一（嗚！），你可能會認定自己不是做這行的料。

負面反饋是代表我們缺乏進展呢，還是代表我們該放棄了呢？經驗和專業對於我們如何解讀負面反饋的訊息也有類似的影響。隨著專業的養成，人越來越確定自己的決心，負面反饋的激勵作用也就越大。此時，人從負面反饋學到的是自己要更努力才行。賣車賣了幾十年的汽車業務員，看到自己的業績敬陪末座，非但不會氣餒，還會受到激勵，想要奪回第一名的寶座。

朝同一個目標努力了好幾年（甚或數十年）的人不會懷疑自己的決心，他們從負面反饋推導出的結論只可能有一個，那就是他們要更加努力才行，他們已經養成了成長心態。

在一項研究中，史黛西．芬克斯坦（Stacey Finkelstein）和我比較資源回收新手和老手對反饋的反應，結果就發現了這種模式[13]。受試大學生有些是某個環保組織成員，有些不是，我們針對他們的資源回收習慣給予反饋。一半的人因為做對了得到稱讚，另一半的人則被告知他們的回收方式不對。資源回收本來就很複雜，我們不需要刻意造假說他們做對或做錯，幾乎每個人都有做錯的地方，也幾乎每個人都有做對的時候。以決心要把資源回收做好的環保組織成員來講，得知自己做錯了，會激勵他們採取更積極的行動。參與這項研究的受試者每個人都有機會獲得二十五美元的獎金。研究結束後，在公布獎金得主之前，我們問每個人要從獎金當中捐多少錢來保護環境。以環保組織成員來講，得到負面反饋者比得到正面反饋者願意捐的金額更高。但不是環保組織成員的大學生，負面反饋就沒有一樣的效果了。非成員在得知自己做對了之後，反而更願意捐出自己的獎金。

當我們對一件事很有經驗或很專業，我們對負面反饋的容忍力就比較強。我們已經知道自己想做就做得到，而且迫不及待想把它做好，基於這層原因，負面反饋不只提供有用的資訊，甚至還有可能提高專業人士的動力。再者，如果你很專業，你比較不會得到負面反饋，因爲專家比新手更常做得對、做得好。舉例而言，專業的鋼琴家多數時候都彈得很好，罕見的負面反饋帶有獨特而有用的訊息，這就是爲什麼指出專業鋼琴家的錯誤會比指出他所有彈對的地方更有意義。

尋求反饋和給予反饋

決心和專業不只會改變我們對負面反饋的反應，也會改變我們所尋求的反饋。儘管人在設定目標時，往往不會主動尋求負面反饋，但決心卻多少改變了這一點。有決心的專家會比新手尋求更多的負面反饋。當你對自己的能力和所作所爲很有信心，你就能以更開放的心胸學習改進辦法。

芬克斯坦和我最早是在一項法文課研究中發現這一點，我們問選修初級法文課和高級法文課的美籍大學生喜歡哪一種老師：是喜歡稱讚學生做得很好、針對優點給予反饋的老師，還是喜歡指出學生犯的錯、提出建設性負評的老師？我們發現，高級班的學生比初級班的學生更歡迎負面反饋。當你鑽研一門學問已經很久了，你就不那麼擔心負評會打擊你的決心，反而還認為負評會激勵你更加努力。

人多半會憑直覺判斷誰能接受負面反饋、誰禁不起負評打擊。一般而言，如果對方在我們眼中是專家或老手，我們會提出較多的負面反饋。多數人不必精通激勵學也知道對新手不要太嚴苛。舉例而言，對一個剛開始學打籃球、球一直投不進的孩子，你自然知道不要苛責他。就好像我才剛上瑜伽課幾個月，我的瑜伽老師知道要對我溫柔一點。在一項測試員工如何給予反饋的職場研究中，我們也發現了這種現象[14]。員工如果認為提出報告的人已是老鳥了，他們會給予較嚴厲的批評，資歷越深得到的反饋越嚴厲。

如何在得到負面反饋後保持動力？

既然知道了人對負面反饋的典型反應，我們要如何確保自己從錯誤中學習，甚至在犯錯時得到激勵？

方法一：問自己有沒有進步

爲了保持動力，我們希望自己從負面反饋得到的教訓是關於「進展」的，而不是關於「決心」的。面對失敗或負面反饋，問自己某些特定的問題會有幫助，例如問自己「我有沒有進步」，便能讓我們以激勵自己進步的眼光看待負面經驗。你可能會覺得自己的進展太慢了，因此受到刺激急起直追。但如果是問自己「我到底有沒有決心」，則會導致你重新評估自己的決心，可能得出決心很弱的結論。你要是因此認定自己不是這塊料或這個目標不適合你，你的動力就降低了。

如果你對自己的決心很有信心，問自己有沒有進步就比較容易。要預測一個人能不能練成一項技能，對自身潛力和前景的信心是比實際的能力和展望更好的指標。在幼時的學步期，引導你學走路的是你對自身潛力的信心，而不是你既有的能力。學認字和學寫字時也一樣。學游泳也是，直到人生第一次在游泳池游一圈，你才知道自己可以漂在水面上。事先沒有任何證據證明做得到，一個孩子就決心要練會這些技能。**一開始讓人投入一項新任務的是自信，而不是證據**。一路上，自信也能保護你不受負面反饋的不良影響。

方法二：學習心態

另一個辦法是抱著學習心態，把重點放在有沒有成長。身為一個學習者，你的目標不是「做對、做好」，而是進步。犯錯或遇到挫折，雖然會讓你遠離「做對、做好」的目標，但如果以進步為目標，犯錯卻能讓你朝正確的方向努力。搞砸一道食譜，或許就沒有一頓美味的晚餐可吃，但你學到了一堂寶貴的烹飪課。所以，如果你把目標訂為「學到東西」，而不是「拿出完美的表現」，就算失敗了，你也還是有進展。

抱著成長心態訓練自己是研究證實有效的辦法，它可以提高人面對挫折、困難或失敗等負面經驗的韌性。為了培養出成長心態，你要明白，遭遇困難和堅持不懈是學習的必經之路。歷經過這種訓練的人會發現，聰明才智不是固定不變的，當你在面對和克服挑戰之際，大腦會不斷學習和發育。無論成功或失敗，只要你能從這次經驗中學習，你的聰明才智就有所成長。在大衛．耶格爾（David Yeager）的一項研究中，他發現，不到一小時的成長心態訓練，就能幫助學業成績平均點數（GPA）很低的九年級生在幾個月後考出較佳的主科分數[15]。

方法三：抽離

第三個辦法是拉開自己和失敗經驗的距離。還記得前面說過，人既能學習別人的成功經驗，也能從別人的失敗中學到東西。當你的自尊沒有受到傷害，你就比較不會分心。藉由從自身的失敗中抽離出來，例如想像這件事是發生在一個陌生人身上，你應該就能學到東西，並且保持動力。

方法四：給建議

最後，在失敗後保持動力的第四個辦法，就是嘗試爲面臨類似處境的人提供建議。想一個令你頭痛的難題，或許是你的財務狀況，或許是如何控制你的脾氣。現在，想想看如果是別人在爲一樣的問題苦惱，你會給對方什麼建議？多數人都不敢針對自己沒把握的問題出主意，畢竟，你自己都做不好了，要怎麼幫助別人？但我鼓勵你放膽一試。研究顯示，**給別人建議有助你重拾動力和恢復自信**。

爲了給人建議，你得搜尋自己的記憶。關於實現目標要（或不要）怎麼做，你得從記憶中挖出你已經學到的教訓。這個搜尋記憶的舉動就會提醒你已經懂多少了。更有甚者，在給人建議的過程中，你會形成明確的企圖和具體的行動計畫，而這兩者都能提升動力。如果這還不夠，那麼，給別人建議也能激發自信心。

艾斯奇利斯－溫克勒、安琪拉．達克沃斯（Angela Duckworth）和我測試了給別人建議的力量[16]。在我們的研究中，一部分中學生給學弟妹帶有激勵作用的建議，一部分則從老師那裡接受這類建議。在接下來的一個月，給學弟妹建議的學生花更多時間做功課，這種現象在年輕學子身上很常見。其他的實驗則以想存錢、想控制脾氣、想減重或想找到工作的成年人爲對象，結果發現，比起請他們接受專家建議，請他們給別人建議，更能激勵他們追求各自的目標。舉例而言，比起從求職網站上學習人脈重要性的失業人士，給別人建議的失業人士更有找工作的動力。

不為人知的失敗

我們經常從新聞報導中聽到成功故事，例如辛苦奮鬥的廚師甘冒慘賠的風險開了自己的餐廳，結果成功賺大錢；熬了很久的音樂家終於出人頭地，到世界各地開演奏會。或者，我們也會聽到像比爾．蓋茲和馬克．祖克柏那樣的故事，他們兩人都從哈佛輟學去開科技公司（分別開了微軟和臉書），兩家公司都成爲我們這個時代最有影響力的企業。根據這些激勵人心的成功故事，你可能會以爲大學肄業、開餐廳、一圓音樂夢就經濟面而言是明智的決定，畢竟，這些故事的結局似乎都是成功的。

但在做這些決定時，如果你知道有多少人開餐廳不到一年就倒店，追音樂夢追了一輩子，卻只能在地方上的酒吧表演，或是輟學去開下一家超級科技公司，卻經營不善呢？

我們活在一個資訊不對等的世界裡，比起失敗故事，我們更常聽到成功故事。如果失敗故事也傳進了你的耳朵裡，你可能就會明白就經濟面而言，上述那些決定通常並不明智。一般而言，大學肄業生賺得比畢業生少，多數餐廳和多數音樂家從來不曾大紅大紫。但你不會聽到這些失敗故事，或至少不像成功故事那麼常聽到，所以你得到的資訊是偏頗的。

多數人都會把他們的好消息昭告天下，我們在社群平台上公開說自己升官了或錄取學校了，貼出捕捉到人生風光時刻的照片。從我分享到社群平台上的照片看來，你會以為我的生活猶如一場陽光普照的長假，儘管我住在天氣常常很冷的芝加哥。我們不會大肆宣傳說自己失業了、沒被學校錄取，或正在度過狂風呼嘯的長冬，壞消息往往都被藏在心底。

一般而言，我們也會選擇把好消息告訴更多人。只要有人願意聽，我們就到處說自己訂婚了，甚至把喜訊登在報紙上。相形之下，我們只會把分手的消息告訴一小群密友。

你很容易就可以發現這種不對等。試著用「成功」和「失敗」去 Google 或 YouTube 搜尋看看，你會發現「成功」跑出來的條目比「失敗」多兩倍。

即使失敗的例子比成功多，或一樣多，我們還是比較常聽到成功的例子。這可能導致我們以爲成功的案例比較常見。

大專院校的錄取率就是一個典型例子，全美的頂尖大學將九成的申請者拒於門外，然而，你可能比較常聽到誰誰錄取了，比較少聽到誰誰誰沒錄取。體育競賽也是有輸有贏，基本上每一場比賽都有一方贏、一方輸，成功就跟失敗一樣常見。但我們檢視了一八五一年以來《紐約時報》的體育賽事相關報導，發現關於贏家的新聞遠多於輸家（「贏」這個字出現的次數比「輸」多一．四倍）。即使失敗的例子很常見，我們卻不會聽到失敗的消息。

所以，失敗之所以不爲人知，有可能因爲觀眾是偏頗的。如果大家都喜歡聽好消息，資訊傳播者就爲觀眾打造成功的故事。與一般認爲報紙都靠壞消息搏眼球的想法不同，在我們針對《紐約時報》的分析中，不只是體育版，我們發現關於成功的文章比失敗多了兩倍。查看這些新聞，看到某位名人輕鬆逗趣的花邊新聞的機率，遠比看到公立學校困境的沉重報導的機率高。就連在新冠肺炎疫情期間，《紐約時報》也比較常用「成功」「快樂」等字眼，比較少出現「失敗」「難過」等用語。

大眾接觸得到的資訊之所以不對等，另一方面也因爲人會將自己呈現得很正面，以維護自己的尊嚴。比起那些我獲得提名但沒有贏得的獎項，跟你說一堆我贏得的獎項比較令你欽佩吧？所以，在我的履歷表上，我只會提到成功得手的獎項。同樣的，每一個成功的科學發現背後都有無數次失敗的實驗，這在科學界是公開的祕密。愛迪生很有技巧地將實驗失敗無數次的事實說成：「我沒有失敗，而是成功找到了一萬種不可行的辦法。」面對失敗是科學家的日常，偶爾才有驚人的突破。但我們不會把那些陷入死胡同的想法寫出來，只會藏在心底。

守住失敗的祕密是人性，除此之外，成功與失敗的不對等也源自「失敗經驗不值得參考」這個錯誤觀念。如果你覺得從失敗中學不到什麼東西，你就不會把這段經驗掛在嘴邊。也因爲人很難釐清自己從失敗中學到了什麼，所以多數的失敗經驗就沒有公開分享出來。

有一項實驗就具體呈現了這一點[17]。研究人員請受試者二選一，看他們要跟別人分享哪一則訊息，好幫助別人學到東西：一是他們知道不對的訊息，二是對、錯機會各半的訊息。比方他們可以說「我以爲答案是A，但我錯了」或「我覺得答案是B，不知道對不對」。絕大多數的受試者都寧可告訴別人不知道B對不對，也不願告訴別人A是錯的，自己答錯了。即使告訴別人A是錯的比較能幫助他們得出正確答案。

這個實驗用一個簡單的小任務，測出人不願分享失敗經驗背後的心理。實驗結果說明了人樂於「推薦」的天性，我們往往樂於推薦某一門課、某件商品或某個好對象給朋友，卻不願告訴朋友應該要避開某一門課、拒買某件商品或別和某個人交往。這種心理造就出一個資訊不對等的世界。在這個世界裡，失敗不爲人知，成功卻到處可見。對成功追求目標而言，這種不對稱又有什麼隱含的意義呢？

事實證明，不爲人知的失敗藏有更值得參考的訊息。比起成功經驗，失敗經驗往往爲如何成功提供了更好、更豐富的參考資料。失敗經驗提供的負面教材有兩個特徵使其更具參考價值：一是，它往往是獨一無二的經驗；二是，它雖然較爲罕見，但卻比較精確。

負面教材的獨特性

列夫・托爾斯泰的《安娜・卡列尼娜》開宗明義就說：「幸福的家庭差不多都一個樣，不幸的家庭卻各有各的不幸。」

這句話激勵學家再同意不過。失敗經驗獨一無二，相形之下，成功祕笈就像巧克力餅乾食譜般大同小異。所以，正如同艾力克斯・卡赫（Alex Koch）、漢斯・艾維（Hans Alves）、圖比亞斯・庫格（Tobias Krüger）和克里斯強・翁克巴哈（Christian

Unkelbach）的發現，負面教材往往各不相同，正面教材卻常常類似得很[18]。

根據這幾位研究者，負面教材之所以比正面教材多樣化，是因爲以同一件事來講，成功案例的涵蓋範圍（即統計學的變異數）比失敗案例的涵蓋範圍窄。以人格特質爲例，不管是哪一種特質，被認爲是優點或討人喜歡的範圍相對較窄。某一種特質展現得太多或太少，都會被認爲是缺點或惹人反感。以親和力爲例，親切友善的人在社交互動上的表現都差不多，他們善良有禮、真心關懷別人。展現出來的親和力太多就不討人喜歡了，這個人在團體當中會顯得太熱情或太健談，跟每個人都要說上話，反而會被認爲只是想引人注意。表現出來的親和力太少也不討人喜歡，派對上的壁花會被認爲太害羞了。「想引人注意」和「害羞內向」截然不同，但這兩種標籤都源自一個人展現出來的親和力多寡，親和力表現不當的人彼此之間可能大相逕庭。

同樣的原則也適用於慷慨大方之類的特質。所有慷慨大方的人都很類似，他們都樂於和人分享自己的資源。但這種特質如果表現不當，就有可能對自己的金錢與時間太小氣或太大意。就跟親和力表現不當一樣，慷慨度表現不當的人彼此之間也可能大相逕庭，小氣鬼和粗心鬼之間的差異大過兩個慷慨的人之間的差異。總而言之，如果你和我有某件事都做得不對，那麼你的錯誤可能和我的錯誤截然不同。你的失敗可能有更多的參考價值，因爲你的失敗獨一無二，不同於我的失敗。

這對我們爲了實現目標蒐集參考資料有著隱含的意義。就許多目標而言，相較於我們可能搞砸的地方，成功的辦法或途徑都很類似。運動過度可能傷了自己，動得太少則可能身材變形。對一個注重健康的人來講，這些錯誤各自帶有獨一無二的教訓。錯誤、失敗的樣本或負面教材越多樣化，我們能學到的就越多。當我們失敗時，如果我們的失敗方式獨一無二，那麼，每一位失敗者在分享經驗時都會有獨一無二的貢獻。如果大家的成功方式都很類似，那麼分享經驗能學到的東西就不多。

負面教材的精確性

我們期待萬事如意，所以，當一件事很順利的時候，我們不覺得需要探究原因，畢竟我們本來就期待它順順利利。如果一件事出了錯，錯到令人無法忽視，我們非但沒有因爲傷到自尊而開始分心，還注意起其中的蹊蹺之處，覺得這件事非得有個解釋不可。失敗經驗若是無法忽視，我們也會努力嘗試理解它。

這種對負面結果加以解釋的必要，在日常語彙中顯而易見。好的牛奶就叫「牛奶」，不會特別稱它爲「好奶」，相形之下，有問題的牛奶則被稱爲「毒奶」。正面的狀態在人的預期之內，不需要進一步解釋，負面的狀態才需要解釋一番。如果你準時來開會，你不會特別解釋自己爲什麼準時出現。如果你遲到了，你才會覺得有必要告訴對方公車誤點了，或是來的路上嚴重塞車之類的。

因爲負面經驗需要確切的解釋，在許多語言中，描述負面情緒的辭彙就比正面情緒多[19]。如果你心情不好，你會想讓我知道你是「哀傷」，而不是「憤怒」或「沮喪」。你仰賴關於負面情緒的豐富詞彙來準確表達自己的心情。但如果你心情好，你在描述自己的心情時就不會那麼講究了。如果我錯把你的「快樂」當成「喜悅」或「高興」，那就隨便我吧！反正這些情緒相似度很高。

以產品的評價爲例，顧客往往會把負面經驗寫得很詳細。產品的負評比好評少見，我們不喜歡大肆宣傳一件令人失望的產品。然而，一旦顧客眞的寫起負評來，他們往往會寫得比較詳細。如果你對自己的新鞋很滿意，你可能只會貼出一句簡短的好評，例如：「好穿！」但如果你不滿意，而且決定不要把這份不滿藏在心底，你可能會長篇大論一番，說明是鞋底、鞋帶、設計或寄貨流程哪裡不符期待。

結果就是，雖然針對失敗的劣評與分析比較罕見，但往往能提供更精確的資訊。有一項研究就爲這一點提供了有趣的實例。該研究請受試者只根據好評或只根據負評來猜幾家餐廳的排名。好評大同小異，所有給予好評的顧客都說食物很好吃，讓人分不出五星餐廳和排名不高的餐廳。負評的範圍則很廣，有些人提到價格太高，有些人則說食物太乾。所以，讀負評的人比較容易分出哪一家是最好的餐廳[20]。

負評甚至預言了未來的表現，只讀電影負評的人較能料中哪部電影會贏得奧斯卡金像獎，只讀好評的人就料不中了。

失敗經驗獨一無二，有關失敗的資訊儘管罕見卻很精確——將上述兩者相加，你就會得出成功的祕訣了，祕訣就在於：向失敗學習。

問問自己

本章探討了人為什麼往往不太會向失敗學習。負面反饋可能導致你開始分心，不再思考，以至於學不到東西。在極端的情況下又演變成習得性無助，你學到的是錯誤的教訓。矛盾的是，失敗經驗不為人知，但是當我們願意深入了解並從中學習，我們會得到可貴的參考資料。既然明白了負面結果能為成功祕訣提供獨一無二的線索，我們就應該找出失敗的相關資訊，並從這些資訊中學到東西。從問問自己下列問題開始：

❶ **是什麼讓你下定決心追求你的目標**？是什麼讓你成為這方面的專家或老手？有信心能達到目標會提高你向負面反饋學習的可能性。

❷ **你能否將追求目標想成是增進自己的能力，而非證明自己的能力**？切記在追求目標的道路上，不管成功或失敗，你總能學到東西。

❸ **你能否以自己的失敗為例給別人建議**？試著將你學到的教訓以忠告的形式說給別人聽。

❹ **觀察別人的成功或失敗，你能從中學到什麼呢**？從別人的失敗中學習往往比較容易。

❺ **在釐清達到目標的最佳途徑時，你能否多加注意失敗的相關資訊**？不限於你自身的失敗，聽聽別人的成功故事，也聽聽別人的失敗故事，並從他們的經驗中汲取教訓。

PART 3

—

兼顧多重目標

十九世紀丹麥哲學家齊克果被譽爲史上首位存在主義學家，他主張「心的純潔，在於專心致志爲一事」。激勵學的研究卻認爲這句啓迪人心的名言既不準確也不實際。人想要的東西總是不止一件，你可能想同時逛街、吃飯、工作和玩樂。就連在讀這段文字時，你可能都忍不住想做一些別的事。根據蓋洛普民調，半數美國人一天當中都沒有足夠的時間做自己想做的事[1]。對於我們這些總覺時間不夠的人，目標累積的速度快到我們應接不暇。

依序追求目標（亦即完成一個再開始下一個）是不切實際的。首先，完成目標需要時間，有些目標搞不好要花一輩子。你不能等拿到學位再來談戀愛，正如同你不能等創業有成再來照顧身體健康。再說了，人有很多目標，因爲我們是有許多需求的複雜生物，而這個世界就跟我們一樣複雜。我們別無選擇，只能同時處理多種需求（和渴望）。

齊克果「專心致志爲一事」的主張雖然不切實際，卻藏有一番智慧。我們如果想成功達到目標，一路上需要集中精神，注意可能面臨的障礙。當人一心多用時，問題就來了。我有什麼建議呢？把十九世紀哲學家的話，換成聽起來或許沒那麼厲害、但從心理學的角度看來較爲合理的格言──**選擇你的戰場**。

套用到追求目標上，選擇你的戰場，意味著以某些目標爲優先，把另一些目標延後。衡量一下你手中的諸多目標，決定一下哪個目標何時應該得到你的注意。幸運的話，你甚至有可能找到辦法同時達成多重目標。如果你從私人教練那裡找到眞愛，你就可以一口氣搞定健身和談戀愛這兩個目標，但這種完美組合恐怕可遇不可求。當我們在人生各個領域都有不同的目標時，這些目標往往像多頭馬車一樣，把我們往不同的方向拉。如果追求升遷像朝靶心射飛鏢，那麼其他目標（例如領養一隻狗或做馬拉松的賽前訓練）就是把飛鏢拉下來的地心引力。

激勵學用「目標系統」一詞來描述人如何組織心中的目標。每個目標都和有助達標的各套辦法相連，這一套又一套的辦法可視爲我們的「子目標」。而每個目標又進一步和更大、更高的目標相連，這些大目標可視爲我們人生的「宏圖大業」。如果你的目標是「跑馬拉松」，那麼「買一雙跑鞋」就可能是其中一個子目標，而背後的大目標則可能是追求健康和健美。如果「事業有成」是你最大的志向，那麼升遷就可能是你的一個目標，而升遷的目標則連結到「準時上班」這個子目標。

同時進行的目標，例如發展事業和養家，彼此之間的關聯或許是「互相妨礙」，或許是「相輔相成」。如果你認爲穩定的工作有助養家，那麼你的事業目標和家庭目標之間就是相輔相成的。反之，如果你認爲忙於工作就顧不了家庭，或者照顧家庭就不能專心拚事業，這兩個目標就變成互相妨礙的。有什麼目標因人而異，怎麼看待這些目標彼此之間的關聯也是因人而異，就像每一片雪花各不相同。儘管如此，所有目標系統背後的原則都是共通的，了解這些原則，我們就能訂下更明智的目標，在追求目標時也能選擇更好的行動。

在這個單元中，你會學到如何建立有效的目標系統（第九章）、如何意識到誘惑和缺乏自制力對你追求目標的妨礙（第十章），以及拿出耐心處理多重目標的重要（第十一章）。雖然你永遠不可能只專心致志爲一事，但你會學到如何選擇戰場、贏得勝利。

CH 9 如何一心多用？

我想寫一本書，我想恢復身材，我想跟朋友聚一聚，我想陪我老公，我想念我的孩子們，以上這所有的渴望我今天都想滿足一下，這是我內心的獨白。

我有一堆事想做，這些事如何影響我做到其中任何一件事的可能性呢？爲了回答這個問題，我們要先了解自己的目標系統：核心目標和其他同時存在的目標、達成每個目標的辦法、每個目標背後要達成的最高目標，這三者之間有什麼關係？

不同的目標只要是由同一個行動來實現，那麼，這些目標勢必就會形成相輔相成的關係。自己動手做午餐既便宜又健康，所以，爲了省錢從家裡帶便當，同時也達成了吃得健康的目標。然而，如果不同的目標得由不同的行動來實現，追求其中一個目標就可能有損其他目標，或是和別的目標相互衝突。手作午餐可能既便宜又健康，但它有礙我準時上班的目標，因爲我煮飯動作很慢，而我早上已經夠忙了。當一個目標和其他目標抵觸，這條路就不好走了。如果某個行動有損另一個對你來講很重要的目標，這個行動就很難貫徹到底。

在目標系統中，同時兼顧多重目標的激勵原則是「放大達成率」。根據這條原則，我們要選擇爲較多目標帶來正面效果，並且對較少目標造成負面衝擊的做法。你可能會選擇說實話，因爲這麼做既合乎道德又有助增進感情。但如果說實話傷感情，例如跟老闆說他的企畫很落伍，或跟朋友說你覺得她的新洋裝很醜，你就要多考慮一下了。爲了道德而搞砸升遷機會或壞了好交情，恐怕並不值得。

放大達成率原則局限了我們對行動的選擇。我們要麼採取折衷（例如在說實話和維繫感情之間），要麼排出優先順位，依目標系統的組合及各種達標辦法之間的關係而定。有時我們會在各個目標之間尋求平衡，這也做一點、那也做一點。有時則選擇鎖定單一目標，先把其他目標擺在一邊或拋諸腦後。

放大達成率原則

一旦同時有多重目標（每個人隨時都是如此），我們就要排出輕重緩急。想想動物是怎麼依界、門、綱、目、科、屬、種的順序分類的吧。你的目標也有類似的架構（見下圖）。在這個架構的頂端是抽象的大目標，例如對人脈、財富和健康的渴望。這些大目標底下有子目標或實現大目標的辦法。爲了建立人脈，你可能會以結交新朋友爲子目標。在這些子目標和辦法底下，又再細分出爲它們服務的子目標或辦法。爲了結交對蒔花弄草有共同興趣的新朋友，你可能決定加入園藝社。除了少數幾個最高目標（例如「活出有意義的人生」），我們所追求的每個目標也是達成其他目標的辦法。

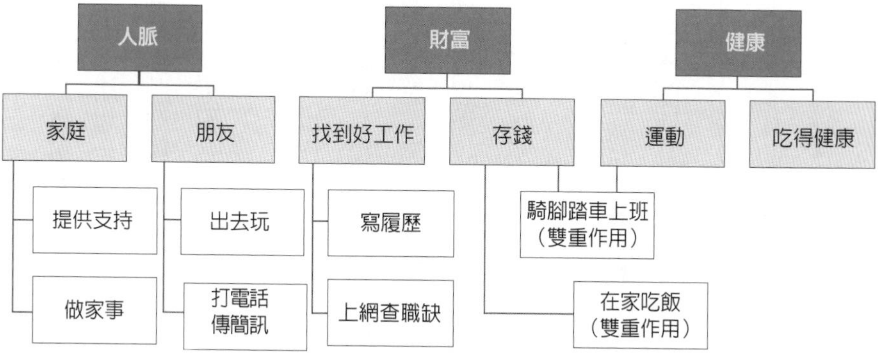

目標系統簡圖

頂層是三個大目標，各自有子目標，每個子目標又各自有達成辦法。具有雙重作用的辦法能同時滿足兩個子目標，騎腳踏車上班結合了運動和省錢，自炊則是既健康又便宜。

在一套目標系統中，有些辦法具有「多重作用」，亦即它們同時服務多個目標，你可以把這種組合視爲「一塊麵包餵兩隻鳥」——比起一石二鳥的比喻，這種說法對動物友善得多。騎腳踏車是最好的例子，騎腳踏車既健康又環保，而且是很實惠的通勤方式。由於可以滿足許多目標，包括多運動、減少碳足跡、省錢，所以騎腳踏車是一項具備多重作用的活動。

根據放大達成率原則，我們要的就是這種具備多重作用的手段，做一件事就能同時達成不止一個目標。但我們的目標越多，也就越難有這種組合。回想逛美食街的經驗，你站在美食街四處張望，不知道要吃什麼。雖然有無數種塡飽肚子的可能性，你卻覺得找不到想吃的東西，因爲你在選擇食物時還想滿足其他目標，你可能希望餐點美味、健康又實惠，而且還是你好一陣子沒吃的東西，外加不需要花太多時間等待，畢竟你很忙，沒有一整天的時間可以慢慢來。

爲了研究「目標越多，意味著午餐選擇越少」的現象，凱特琳娜・柯培茲（Catalina Köpetz）、提姆・法博（Tim Faber）、艾里・庫格蘭斯基和我調查了午餐時間來到美食街的人。我們請一些人在進入美食街前寫下他們下半天的目標，寫完之後，每個人再列出所有可接受的午餐選項。在十多家餐廳、數十樣的餐點中，大家究竟列出多少午餐選項呢？結果並不多。寫出下半天目標的人，可接受的午餐選項甚至更少[1]。先想一想下午要做的事，你可能就會提醒自己用餐時間有限、你要保持清醒、不能昏昏欲睡，午餐最好還能讓你一路飽到晚餐。換言之，你只剩下三明治一個選項。

遺憾的是，一樣的現象也發生在找對象這件事情上。你的核心目標可能是要找到眞愛，但其他目標卻局限了你的選擇，例如還得兼顧經濟條件或交一個父母認同的對象。你嘴巴上說自己要找的是眞愛，但實際上，你要找的是「眞愛＋經濟條件＋父母認同」。背後多出來的這些目標可能大大縮減了你的選擇範圍。

在建構目標系統時，你也可能碰到目的相同的做法，每個做法都是滿足同樣的目標，「條條大路通羅馬」最適合用來形容這種目標組合。舉例而言，騎腳踏車、打高爾夫球和攀岩滿足的都是健身的目標。目的相同的做法可以彼此代換，要採取哪個做法都行。

目的相同的做法往往會形成競爭局面，只要有一種做法存在，其他做法就顯得很多餘。你本來可能是爲了運動才騎腳踏車，但若報名了新的健身課，你就不再騎腳踏車了。因爲這兩種活動都能幫你達成健身的目標，你覺得兩種選一種就好。但別忘了，騎腳踏車也有別的目標，例如省油資或更環保。在這種情況下，健身課只奪走了騎腳踏車的其中一個目標，所以在加入健身房之後，你還是有可能繼續騎腳踏車。

目的相同的做法雖然會彼此競爭，但光是有這些做法存在，就能提升你追求目標的決心。我們在第五章談過，可行性是下定決心的一個要素，你需要知道自己的目標是可以實現的。有各種目的相同的做法存在，意味著要抵達目的地有很多條路可走，光是知道這點就很振奮人心。對於不確定目標可不可行的新手而言，加強決心是最重要的。得知健身房有各種運動選項（從舞蹈課、跑步機、踏步機到游泳池不等），新加入健身房的會員就會受到激勵[2]。哪怕你永遠也不會去上拳擊課或呼拉圈課，但知道這些選項的存在能讓你安心，因爲總有什麼運動合你胃口。這層認知有助激勵你穿上運動服前往健身房。

不過，雖然各式各樣的做法能讓你更有決心著手實現目標，但如果你已經下定決心採取某一套辦法，琳琅滿目的選擇可能就不會帶來什麼幫助。一旦你鎖定 Zumba 健身舞蹈課，就算聽說有水中有氧課，你也不會因此運動得更積極。

什麼辦法才是對的辦法？

熊貓愛吃竹子，比我對這輩子吃過或未來會吃的任何東西都愛。雖然我無從得知熊貓對食物的主觀感受，但我還是知道熊貓愛吃竹子更甚於我對任何食物的喜愛，因爲從來沒有單一一種食物可以完全滿足我的味蕾，但熊貓的飲食幾乎全是竹葉、竹枝和竹筍。對熊貓而言，塡飽肚子（牠們的目標）只跟一項活動有關：吃竹子。基本上，竹子是熊貓吃過最美味的食物。其他食物都比不上。

相形之下，人類用多樣化的食物來塡飽肚子。在塡飽肚子之外，每一種食物又滿足了其他的考量，例如符合預算和達成健康的目標。各種食物既有相同的目的，又具有多重作用。有鑒於各種食物和各種目標之間的關聯，沒有單一一種食物是我們樂於餘生只吃這一味的。

這就是有太多辦法存在，導致我們覺得找不到一個「對的辦法」的例子。根據放大達成率原則，我們要找到一個能滿足多重目標的做法，例如能當成通勤手段的運動方式。然而，一項能滿足多重目標的活動所伴隨的問題，在於它每滿足一個額外的目標，在我們心目中，它作爲「對的辦法」的分量就減輕了。

無論這個辦法是一項活動、一件物品、一個人或一顆竹筍，在我們心目中，這個辦法如果能達成多個目標，這個辦法和它的目標之間的關聯就越薄弱。如果一個辦法能滿足多個目標，或一個目標有各種辦法可以滿足，某個辦法和某個目標之間的關聯就會被稀釋掉。當達成目標的途徑和目標本身在我們心目中的關聯變弱，在我們踏上這條途徑時，該目標就比較不會浮現腦海。在我們爲該目標尋找達標的途徑時，這條途徑也比較不會浮現腦海。

如果在我們心目中這兩者之間的關聯很強，某項活動、某件物品或某個人對於達到某個目標，就可能顯得用處很大。假設你想不出比騎腳踏車更好的運動方式，「騎腳踏車」和「運動」之間在你心目中的關聯就很強。但如果你覺得要運動還有其他你喜歡的選項（騎腳踏車只是其中一個辦法），又或者還有別的目標是你能透過騎腳踏車達到的（騎腳踏車是一個具有多重作用的辦法），那麼，騎腳踏車對你的運動目標來講，用處就沒那麼大了。你可以想出其他許多保持身材的辦法，也可以想出其他許多騎腳踏車的理由，你爲了運動而騎腳踏車的決心就可能動搖。

基於這種稀釋原則，我們往往會捨棄放大達成率原則，改採只有單一作用的辦法，亦即僅有助於實現單一目標，因而和該目標密切相關的行動、物品或人物。

關於稀釋原則，前面也有類似的探討。在第三章，我說明了多功能的產品往往以失敗收場，因爲就每一項功能來講，它都顯得用處不大。雷射筆雖然具有雙重功能，卻讓人感覺它的雷射功能和原子筆功能都很弱。其他多功能產品也有類似的宿命，折起來就變成一面立鏡的燙衣板、可以當成咖啡提盒的雨傘，這些都是眞實存在、也很有創意的發明，但是卻賣不起來，因爲對於每一項功能來講，它們的作用似乎都扣了分。

具有多重作用的辦法能達到的目標增加了，但是對核心目標的作用卻減弱了。當多出來的部分無法彌補核心作用的欠缺時，我們就會拒絕採取具有多重作用的辦法。之所以發生這種現象，可能是因爲我們不在乎那些多出來的目標，附加的好處對我們個人來講沒用或用處不大。以猶太潔食爲例。如果你不是潔食一族，就算附近的超市有潔食專區，我打賭你也不會去碰那些食物。你會假設這些食物有雙重作用：一方面滿足味蕾，一方面符合宗教規範，這種雙重的關聯讓你懷疑這些食物恐怕並不好吃。伊塔瑪爾・賽門森（Itamar Simonson）、史蒂芬・諾利斯（Stephen Nowlis）和葉兒・賽門森（Yael Simonson）就發現，標榜猶太潔食的冰淇淋廣告降低了非教徒的購買意願[3]。冰淇淋廣告標榜的附帶好處與非教徒顧客無關，他們大可無視這個多餘的好處照吃不誤，但他們卻認爲有這個好處代表這款冰淇淋沒那麼好吃。

人對具有多重作用的辦法存在偏見，這種現象還有一個更令人驚奇的例子——人偏好在滿足某個目標的同時破壞另一個目標（多重作用的相反）的產品或活動。正如同「不痛無效」這種（常有誤導之嫌的）說法所反映出來的心理，人誤以爲疼痛就代表效果。最初是在一九八〇年代的有氧體操影片中，珍・芳達（Jane Fonda）把這句話當成座右銘，使得這句話蔚爲流行。但從那之後，這句話的意義就越來越誇大。舉例而言，一項研究發現，相較於口感溫和的漱口水，許多人認爲嗆辣的漱口水殺菌效果更好[4]。得知某件產品有損某個目標（漱口不會刺痛），使用者就覺得它對另一個目標（殺菌）來講更有效。

一樣的心理也可以用來解釋青少年魯莽的自毀行徑。青少年往往明知故犯，硬要學抽菸或嘗試有可能上癮的違禁品，像是酒精和毒品。他們之所以這麼做，不是爲了初嘗禁果的享受，人生第一根菸或第一口啤酒很難有什麼享受可言。相反的，他們做這些決定是爲了融入一個自己渴望參與的團體。但傷害自己爲什麼會是加入某個團體的門票呢？原因之一就在於，傷害自己的行爲有損其他基本目標，例如健康和安全。抽菸清楚傳達了你想加入抽菸小團體的訊息，因爲學抽菸沒有其他立即可見的好處，隨之而來的代價還很高。學抽菸是青少年願意付出的代價，因爲他們對團體歸屬感有強烈的需求。

類似的分析也適用於有害全體社會的行爲，例如加入極端分子的團體。人往往把走極端當成換取地位和尊重的手段。對他們來說，加入極端團體似乎能達成受人尊重的目標，正因爲這麼做有損安穩度日或善待他人之類的其他目標。

綜上所述，具有多重作用的辦法可放大達成率，同時滿足多重目標，而目的相同的辦法則可加強你追求目標的決心，但要採取這些辦法並不容易。對於達成核心目標而言，有些活動或產品感覺作用不大，因爲它們所服務的目標不止一個，或者因爲它們是可以被取代的。當一個核心目標在我們心目中遠比其他目標更重要時，我們往往寧可選擇只有單一作用、只爲這個目標服務的活動或產品。也因爲採取只有單一作用的辦法感覺很好，就像達成了目標本身似的，所以人更樂於採取這些辦法。當你投入這種只有單一作用、感覺用處很大的做法時，你的內在動機很強，你會覺得「這就對了」，因爲你想不出其他更好的辦法。這就是爲什麼狂熱的跑步愛好者無法想像沒有跑步的人生，這也是熊貓非吃竹子不可的原因所在。

目標的取捨

如果你既想吃有機食物又想省錢，這兩個目標會把你往兩個不同的方向拉，因爲有機食物往往很貴。一邊是買有機食物，一邊是不要超支，你要如何解決這兩個目標之間的衝突呢？你如何做出取捨呢？你會折衷一下，輪流吃有機和非有機食物，還是以其中一個目標爲優先，完全放棄另一個目標呢？

解決不同目標之間的衝突有兩種相反的辦法。若是採取折衷的辦法，你就要在兩個以上背道而馳的目標之間取得平衡，所以，每一個目標都只能得到部分的滿足。沒有一個目標能獲得完全的滿足，但也沒有一個目標被完全捨棄，因爲你選擇在各方面都有一點進展。另一個辦法則是擇一優先，你犧牲其他的目標，專爲單一目標全力以赴。選擇平衡事業與家庭，我們採取的是折衷之道。爲了拚事業把成家計畫擺一邊，或者爲了陪伴家人而放棄事業，則是採取優先之道。在健康和墮落的食物之間取得平衡是折衷之道。嚴格堅守飲食健康，或者完全放棄健康飲食，這兩種做法都是擇一優先。

如果覺得某個目標已有足夠的進展，我們往往會採取折衷之道。回顧既有的進展，我們覺得可以放鬆一下了，便轉而去照顧背道而馳的其他目標（如第六章所示）。有時候，這種折衷可能會變成捨棄某個重要目標的藉口。如果你自認是個大好人，你有可能不顧言行失當，例如對家人無禮或不給服務生小費，你的表現就是激勵學所謂的「特許行爲」。彷彿這個目標給了你很好的藉口，要不是你追求這個目標，你還沒有藉口言行失當。這個目標就是一張「特許證」，爲你未來不一致的行爲開脫。

舉例而言，人可能想在正確的做法和走捷徑之間取其折衷，在這種情況下，採取了正確的做法，就讓人覺得有權走捷徑了。貝努瓦．莫林（Benoît Monin）和戴爾．米勒（Dale Miller）爲這種特許行爲留下了文獻資料[5]，他們請普林斯頓大學的男學生評論一些充滿性別偏見的說法。一如我們所希望的，這些學生駁斥了這些說法。然而，在接下來的實驗中，當他們要評估應徵者適不適合某個職位時，他們卻讓性別歧視蒙蔽了自己的判斷。這些男學生斷然駁斥「多數女性最好在家帶小孩」「多數女性頭腦都不太靈光」等說法之後，卻說男性比女性適合營建業工作。在這個研究案例中，男性剛表達完貌似支持女權的觀點之後，就覺得自己有權表達帶有性別歧視的意見了。

其他一些研究則發現，二〇〇八年總統大選之前表示支持歐巴馬的美籍白種人，事後就覺得自己有權發表隱含種族歧視的言論（同樣也是說白人比黑人更適合某些工作）[6]。儘管投票給歐巴馬不代表他就是種族平權的擁護者，但投票給一個黑人，確實讓某些人覺得自己有權表達種族歧視的言論了。支持黑人候選人這種展現出平等精神的舉動，就像一張通融歧視行為的特許證。

但在看到某個目標有進展時，我們不一定會採取折衷，若覺得我們的行動代表了對某件事的決心，我們就會以這個目標為優先。這些行動不但沒有讓我們對既有的進展自滿，反而還賦予我們更強的決心，讓我們想做得更多。對某個目標的決心加強了，其他背道而馳的目標的吸引力就減弱了。所以，在上述的例子裡，如果最初的行動加強了我們追求種族平權和性別平權的決心，我們後續出現歧視行為的可能性就會降低。

我們在尋求多樣性時也會採取折衷。人想要各式各樣的產品或體驗，不想只守著唯一的最愛。舉例而言，如果你每週一早上都先將一星期的點心零食打包好，那麼，你很有可能會選擇各種不同的點心，增加那一星期餐點的多樣性。如果有時間事先安排，多數人都認爲自己會想吃到多樣化的點心。相形之下，如果你每天上班前才隨手抓一包零食，那你就比較可能每次都選一樣的東西——優先選擇你最愛的那一樣。如果只有幾秒鐘可以做決定，你會一次又一次做出一樣的選擇，因爲多數人其實沒有自己想的那麼講求食物的多樣性。

「分散效應」是折衷的另一個例子，只不過，這種折衷是在達標辦法之間折衷，而不是在背道而馳的目標之間折衷。把資金分配給各種投資管道就是一種分散的做法，你可能會把錢拿去做各種不同的投資，因爲你不知道哪一種會賺錢，所以在多個投資辦法之間採取折衷，以求投資成功。以初次約會來講，你也可能把心力分散在不同的對象上，因爲你不知道誰才是對的那個人。上述兩種情形都是爲了一個目標投資多種辦法。

相對於折衷，擇一優先的做法講求一致性，亦即重複同一套行爲。當你採取擇一優先的做法時，你就只專心和一個對象交往。

不意外，最終極的折衷之道就是「折衷效應」：偏好居中的選擇，排斥極端的選擇。中庸或中等的選項部分滿足了多個目標，但沒有一個目標得到完全的滿足。當你點中杯咖啡或買中價位的手機，便是在省錢和得到更好的產品之間求取折衷。當你去走中等長度的登山步道，便是在飽覽美景和休閒放鬆之間求取折衷。

有鑒於折衷效應之普遍，商人就利用你對中等選項的偏好來提升商品的吸引力。他們要做的只是在一系列的選項中多加一個極端的選項，使得你本來以為很極端的選項成為新的中等選項。舉例而言，餐廳可能在菜單上多加一款昂貴的葡萄酒，為之前屬於高價位、現在卻變成中價位的酒促銷，誘導客戶把這款酒視為他們的中等選項。

中等選項固然有其吸引力，但我們也常常拒絕妥協，選擇以某個目標為優先。舉例而言，在請客的時候，我們不會為了在「款待客人」和「預算限制」之間取得平衡，就把便宜的酒和昂貴的酒混在一起，也不會只請一半的客人喝酒。在諸如此類的情況下，我們要麼以預算為優先考量，要麼以款待客人為首要目標。

折衷 vs 優先

在追求多重目標時，有幾項因素決定了我們會選擇折衷，還是擇一優先。首先是，你認不認為自己的所作所為反映出你是什麼樣的人？你的行為是否向自己或外界說明了你的身分認同或價值觀？

如果你的答案是肯定的，你就會偏向擇一優先的做法。在這種情況下，選擇折衷，就像發出關於你這個人的混亂訊息，你會避免這麼做。買一輛電動車，家裡的燈卻開著不關，那你到底在不在乎環保呢？這等於向鄰居發出關於你的混亂訊息。所以，在買了電動車之後，你比較有可能勵行隨手關燈的習慣。

以富蘭克林．薛迪、伊塔瑪爾．賽門森和我做的一項研究為例，我們用挑零食來測試路人對折衷或優先的選擇[7]。實驗人員在路邊發送零食，展示桌上有相對健康的蔬菜脆片和較為墮落的洋芋片，路人可以免費挑兩包。在這種前提之下，約半數的路人都是兩種各挑一包。大家尋求的是多樣性，採取折衷的做法。但是當展示桌上多放一塊牌子，問路人他們是「有健康意識的零食愛好者」還是「縱情享受的零食愛好者」，就只有少數幾個路人會各挑一包了。這塊牌子暗示對零食的選擇反映出挑選者的身分認同。在這種前提之下，多數人都選了兩包一樣的零食，以表達自己只追求一個目標。他們採取的是擇一優先的做法。

這項實驗顯示出外界的暗示如何讓某個舉動反映出一個人的身分認同，從而影響我們對目標的取捨。

為了具體說明人以某個目標為優先的理由，我想請你誠實回答以下兩個問題：

一、你會爲了五十萬美元賣掉你的器官嗎？

二、你會爲錢出賣自己的肉體嗎？

如果這些問題令你皺眉，那你並不孤單。許多人聽了都覺得不舒服，甚至覺得不得體。這些是菲利普．泰特洛克（Philip Tetlock）所謂的「禁忌交易」[8]，亦即有違倫理道德的交易，因爲這是拿神聖的價值（人體）換取世俗的價值（金錢）。一旦涉及道德議題，人就會偏向完全滿足神聖考量，並忽視世俗考量，支持擇一優先的做法。在這個例子中，健康比財富優先。

這不是說禁忌交易客觀來講是錯的，只是在許多人眼中不道德罷了。諸如此類的交易，對不對是一個哲學命題，而哲學家比較喜歡讓他們的命題保持無解。所以，如果你用結果來衡量行動，換言之，你是哲學家口中的「結果論者」，那麼，就算選擇折衷的感覺很不舒服，你還是會擁抱折衷之道。但如果你用道德準則來衡量行動，換言之，你是哲學家口中的「義務論者」，那麼，你就會認爲禁忌交易在道德上是錯的。身爲義務論者，你支持擇一優先。

以買車爲例，在選擇要買什麼車時，買主多半在安全目標和經濟目標之間取捨，越貴的車往往安全等級越高。將買車視爲道德兩難、抱持義務論觀點的買主，會選擇自己負擔得起的最高安全等級的車款。認爲買車與道德無關或關係不大的結果論者，則會選擇折衷，買一輛安全等級夠高又不會太貴的車，在安全和價格之間取其折衷。

你會選擇折衷，還是擇一優先，也要看達成目標的行動彼此之間的關係而定。舉例而言，如果讀這本書取代了看電視，那麼一讀完這本書，你可能就會去看電視。如果你認爲讀這本書是在補充別本書的知識，那麼讀完這本之後，你可能會再去讀下一本，繼續補充相關知識。原則上，如果某個行動取代了另一個行動，人就會把目標折衷，因爲透過某個辦法實現某個目標之後，你就有餘裕去追求別的目標了。用讀書取代看電視時，書讀完了，就有時間看電視了。相形之下，如果不同的行動彼此互補，人就會以一個目標爲優先，因爲做某件事，讓其他類似的事情更有吸引力了。爲了獲取某個主題（例如行爲科學）的相關知識而讀書時，讀完一本，會讓你想再讀一本。

數字資訊是促使你選擇折衷的另一個因素，像是引擎的馬力或公寓的坪數。想想人在帶有數字的選項之間是如何抉擇的，無論是熱量、價格，還是對於品質的主觀評分，看到數字時，我們往往會選擇折衷。舉例而言，如果有綠花椰濃湯和希臘沙拉讓你選，你大概不會兩者各點半份。但如果上面有成分標籤，濃湯和沙拉的熱量分別是八百大卡和兩百大卡，各點半份就變得像是正確的選擇了。

另一個讓折衷選項更吸引人的因素在於目標的性質。回想一下第五章談過的，累進型目標（例如一週運動幾次）的邊際價值是遞減的，亦即你每多行動一次，附加價值會逐漸減少。度假的時候，我偏好短程健行，因爲走個幾英里之後，我知道接下來的路途再也沒有相同的好處了。繼續健行的附加價值越來越少，你得換點別的消遣，例如待在旅館泡湯。面對邊際價值遞減的目標，我們會選擇折衷，例如把健行的距離折衷一下。

陪伴孩子是另一個例子。就扮演好父母的角色而言，許多父母都認爲花時間陪小孩很重要，但把全部的時間都用來陪小孩就太多了，因爲多出來的時間的附加價值會逐漸減少。於是爲人父母者就會在養兒育女和人生的其他方面求取平衡或折衷，例如和事業、休閒折衷一下。

相形之下，當我們追求的是邊際效用遞增的目標（亦即全有全無型目標），以這個目標爲優先的做法就更具吸引力。因爲你只有達成這個目標才會得到好處，所以你就有可能以它爲優先，直到達成爲止。舉例而言，學開車的時候，我們進步越多，越不會學一半就不學了，改去學別的東西。學開車貫徹到底很重要，因爲只學一半還不如不要學，唯有完成駕駛訓練，你才能拿到駕駛執照。

最後，兼顧不同目標的順序也會影響我們的取捨。比起從首要目標轉爲追求次要目標，從次要目標轉爲追求首要目標的折衷做法就顯得較爲討喜。正如同有個笑話說的：牧師不會准你在禱告時抽菸，卻會准你在抽菸時禱告。如果你不是抽菸一族或禱告一族，不妨想想這個例子：把水果加到冰淇淋上是明智的做法，這份甜點因此兼顧了健康與美味；然而，把冰淇淋加到水果上就似乎太墮落了。如果是以這種順序來呈現，多數人就會選擇健康優先，享受次之。

問問自己

本章是關於兼顧多重目標。讀到這裡，你應該要能明白你的主要目標和達標辦法之間的關係，這些辦法包括活動、物品和幫助你的人。你也應該要能判斷自己需要做些什麼取捨，以利實現最重要的目標。以下是你在考慮多重目標時可以問問自己的問題：

❶ **你能不能勾勒出你的目標系統**？首先列出最大的目標，例如事業、感情、健康、休閒娛樂，你可能還有其他個人專屬的目標，例如服務人群或環保。在這每一項底下列出子目標或達成大目標的辦法，例如在健康目標底下，你可以寫下多運動、多走路、睡眠充足、飲食均衡。不用擔心你列得不完整，不要漏掉重點就好。釐清子目標或達標辦法之間的關係，在相輔相成的子目標之間畫一條實線，在互相妨礙的子目標之間畫一條虛線。所以，如果多運動有助改善睡眠品質，那就在這兩個辦法之間畫一條實線。如果為了運動必須起個大早、犧牲睡眠時間，那就在這兩者之間畫一條虛線。這樣就畫出你的

目標系統了。

❷ **你知道自己用了哪些具有多重作用的辦法嗎**？秉持放大達成率原則，透過這些辦法，你在追求一個目標的同時也能達成其他目標或子目標。舉例而言，買一部新電腦既有助於你的接案事業，也能讓你看更多網飛好劇。

❸ **你知道自己用了哪些目的相同的辦法嗎**？由於這些辦法可以互相取代，所以你應該精挑細選一下。

❹ **你知道哪些目標只有一個辦法可以達成嗎**？你應該把所有資源都集中在這個辦法上，因為你沒有別的辦法可想。

❺ **舉例而言，在事業與家庭、課業與交友、健康和享樂等目標之間，你應該如何取捨呢**？有哪些相互衝突的目標需要折衷一下？又有哪個目標應該優先於其他目標？在選擇適當的解決方案時，考慮看看某個目標對你的身分認同來講是不是很重要，或者你是不是基於倫理道德的考量追求這個目標，如果牽涉到倫理道德，你就應該以這個目標為優先。又或者，如果每多行動一次，繼續追求這個目標的附加價值就隨之遞減，你則應該採取折衷之道，而不是以這個目標為優先。

CH 10 自制力

聖經《創世紀》中說了羅得一家的故事。這家人住在所多瑪，一天夜裡，羅得坐在城門口，兩位天使過來對他說：「我將滅此一方，因其罪惡甚大，聲聞於耶和華，故遣我滅之。」天將破曉，天使請羅得帶著家人逃到山上，切勿回頭看所多瑪城的毀滅。羅得便帶著他的妻子和兩個女兒逃跑，當火和硫磺如雨般降下時，羅得的妻子忍不住回頭看了一眼。她一轉頭，就化爲一根鹽柱。

羅得可憐的妻子常被當成例子，用來說明自制力的重要。顧名思義，自制力就是克制自己所需要的力量。它是你在受到誘惑時仍堅守重要目標（例如天使對於不要回頭的指示）的能力。自制力與誘惑的交戰是目標衝突的極致，你得在自己該做和想做的事情之間做出抉擇。你可能該去上班了，卻想再賴床一小時。發揮自制力很難，因爲一時的渴望（例如想多睡一下）吸引力之大，足以跟首要目標抗衡，你可能就被這股力量拉去相反的方向，臣服於大吃大喝、睡大覺、抽菸、滑手機、亂花錢或做愛等等的欲望之下。根據威漢．霍夫曼（Wilhelm Hoffman）和他的研究夥伴，人只要醒著，半數的時間心中多少都有欲望存在，而這些欲望有一半都和你其他的目標相互衝突（不要暴飲暴食、保持清醒等等）[1]。

並非所有難解的目標衝突都需要自制力。要在幾個職涯發展方向中選一個，或是決定要不要跟你的戀愛對象結婚，可能都很難抉擇，但並不需要發揮自制力。涉及自制力的決定是你可以清楚看到一邊是對的選擇，另一邊是誘惑。你不見得馬上就能認清，因爲人都擅長自欺。一旦你意識到這件事可能需要拿出自制力，應該就能釐清自己該做和想做的事了。如果其中的選擇無關誘惑，那麼問題就不在於自制力。若兩種選擇都存在誘惑，那純粹就是一個困難的抉擇而已。選擇職業發展方向跟自制力關係不大，因爲任何一種工作都有它的好處。

當你的目標衝突牽涉到自制力，你追求的是哪一種目標就很重要。若你追求的是要你採取行動的趨近型目標，自制力有助你堅持下去，即使遇到阻力也還是不屈不撓。例如在你很想辭職時仍繼續工作。若你追求的是迴避型目標，發揮自制力則有助你克服誘惑。你可能少喝一杯酒、少做一次愛，或是忍住不要對人大小聲，因爲對你來說，這些誘惑和更重要的目標相違背。

作爲社會的一分子，幾乎是打從會思考以來，人就一直在思考自制力的課題。古時候的神話故事頻頻出現這些兩難的課題，聖經眷侶亞當和夏娃縱有全天堂的美食，卻忍不住要去嘗一口禁果（可能就只因爲那是禁果，還記得第一章談過的諷刺的心理控制）。亞當和夏娃沒能發揮自制力。希臘神話中的奧德修斯和賽蓮女妖也是一個缺乏自制力的故事。足智多謀的奧德修斯想聽賽蓮女妖動人的歌聲，但不想隨著歌聲邁向死亡，於是他吩咐船員們用蜂蠟塞住耳朵，並將他牢牢綁在船桅上，避免自己追隨女妖而去。他先在一開始用了一點點的自制力，以免之後沒有自制力可用。這種克制自己的策略，我們稱之爲「預先自我約束」。

到了現代，自制力則關係到課業成績、就業表現、存錢和穩定的感情。丹妮絲·德·萊德（Denise de Ridder）和她的研究團隊分析了一百多份資料，發現表示自己自制力很強的人也表示他們比較幸福、人生中擁有更多愛。相形之下，缺乏自制力則和感情不忠、暴飲暴食、酗酒、超速、犯罪脫不了關係[2]。

這些研究可能顯得有些人天生就有鋼鐵般的自制力，但其實，我們與生俱來的自制力都很薄弱。人是在成長過程中養成自制力的，只是有些人養成得比較快罷了。

培養自制力的速度很重要。在一項費時多年的追蹤研究中，馬帝亞斯·艾曼德

（Mathias Allemand）、薇若妮卡・約伯（Veronika Job）和丹尼爾・莫拉札克（Daniel Mroczek）檢驗了十二歲到十六歲的自制力發展，和三十五歲的人生之間的關係[3]。作爲研究的一部分，受試的德國青少年每年回報一次自己的自制力。他們要評估自己符不符合「開始嘗試一件新事物之後，我常常虎頭蛇尾」「我覺得我對事情只有三分鐘熱度」「我常常一碰到困難就放棄」等敘述，如果不符合，就表示你有很強的自制力。如果十六歲時的自制力比十二歲時的自制力強得多，就表示你養成自制力的速度很快。過了二十三年之後，根據當事人的自陳，以較快速度養成自制力的人感情生活更幸福，工作也更穩定。

自制力養成的速度雖然因人而異，但成長發育相關研究卻發現，多數人的自制力從童年、青春期到成年都有進步。隨著年紀增長，自制變得越來越容易[4]。走/不走任務就充分說明了此一事實。爲了研究人類的衝動，一群認知心理學家發明了一套遊戲，可能是有史以來最無聊的電腦遊戲了。遊戲中，只要看到「走」的標誌，玩家就要按鍵盤上的一個按鍵；如果看到「不走」的標誌，就不要按按鍵。遊戲規則聽起來簡單得不得了，但結果證明，這款遊戲說起來容易玩起來難。因爲「走」的標誌頻頻出現，「不走」的標誌相對罕見，玩家習慣了一看到標誌就按按鍵，所以在冒出「不走」的標誌時就很難停手了。要制止某個動作需要自制力。有趣的是，走/不走研究顯示，年紀越大，越能適時停手。腦部負責自制的幾個區域，以及這些區域之間的連結，要花許多年才會完全成熟。這或許解釋了爲什麼青少年往往比較衝動。

即使是成年人也常常難以發揮自制力。一般而言，爲了克制自己，你要完成兩個步驟：步驟一是察覺誘惑，步驟二是戰勝誘惑。

當你發覺自己想做但不該做某件事，抑或是你該做但不想做某件事，你就察覺到誘惑了。察覺誘惑可不是小事，因爲多數誘惑都不明顯（例如走/不走任務中的誘惑），而且適度享受的話，影響並不大。你不會喝一杯啤酒就變成酒鬼。把辦公室的文具帶回家一天，你不會因此就成了小偷。把濕毛巾丟在浴室地板上一次，也不至於害你分手。只要適度，這些行爲無傷大雅，問題在於累積的次數。和朋友喝一杯，換來的是一個愉快的夜晚。一杯接一杯豪飲無度，則可能毀了一個美好的夜晚。有鑑於此，你應該在哪個時間點意識到「再來一杯」是一種誘惑呢？

第二步驟的挑戰則是戰勝誘惑。有鑒於誘惑對多數人的目標而言都是一道很大的障礙，行爲科學就研究出許多用來激發自制力的策略。這些自制力策略靠的是提升你堅守目標的動力，或降低你屈服於誘惑之下的動力。舉例而言，你可能會把酒鎖在櫥櫃裡，櫥櫃的鑰匙則收到另一層樓，同時把白開水放在家中隨手可及的地方。幸好，我們還有很多策略可以用來對抗誘惑，而且不必把櫥櫃鎖上。

察覺誘惑

二〇一三年，環法自行車賽七冠王藍斯．阿姆斯壯（Lance Armstrong）坦承使用加強運動表現的禁藥。在他的自白中，藍斯表示他不認爲這種行爲是錯的，因爲他以爲所有頂尖騎手都在用類固醇。他說：「我特地查了一下，作弊的定義是占對手或敵人沒有的優勢。在我看來，我並沒占什麼優勢，這一切就是公平競爭。」對藍斯而言，使用禁藥不存在自制力的問題。假設他眞的不覺得有什麼問題好了，在不覺得有問題的前提下，他就沒有抗拒誘惑的理由。

有些自制力衝突在第一時間就顯而易見。如果你對花生過敏，看到同事帶來辦公室的那盤熱呼呼、香噴噴、美味可口的花生夾心餅，你馬上就知道你吃了會不舒服，你不會不知道自己應該跟花生餅乾保持距離。但如果你最近剛開始節食，決定要少吃一點甜食，一盤出現在辦公室裡的餅乾可能就不會引起你的警覺，你不會覺得那是你應該要避免的誘惑，只會把這盤餅乾視爲偶一爲之的享受。對你的糖分攝取量來講，一片餅乾的影響微不足道。而且，如果大家都在同樂，你不如就加入眾樂樂的行列吧。

多數日常誘惑都不是花生過敏患者那種狀況，而比較像節食者這種狀況。面對這些誘惑，偶爾放縱一下無損最重要的那個目標。無論是吃甜食、抽菸、花錢超支或開車超速，一次的例外可能不會影響長遠的發展，以至於人很難意識到這是一個應該敬而遠之的誘惑。

違反道德規範的誘惑也可能不易察覺，藍斯．阿姆斯壯選擇使用禁藥即為一例。唯有透過道德眼光去看待，我們才會意識到許多稀鬆平常的行為其實都是不道德的誘惑。如果你曾在面試時漏掉履歷中的重要細節（例如避談確切的日期，你就不用為失業多做解釋）、下載盜版軟體，或是在跟人談判時吹牛，你當下可能不覺得這些是誘惑，相反的，你搞不好還認為這種行為很正常，因為「大家都這麼做」。

當我問學生會不會有上述行為時，通常有一半的學生說會。更有趣的是，說自己會做這些事的學生，多半也認為班上其他同學都這麼做。這些人不覺得我提出的問題存在道德矛盾，因為他們認為別人也這麼做，這無損於他們的名譽。對他們來說，在個人名譽和獲得錄取、使用免費軟體或談到更好的條件等立即的好處之間，並不存在自制力衝突。

要意識到自制力衝突，至少必須符合兩個條件之一：這個行為要麼嚴重損害到一個更重要的目標，要麼有損你對自己的觀感。

條件一：損害目標

在我任教的芝加哥大學商學院，辦公用品供應室有一盒又一盒的原子筆，雖然我從沒想過帶一整盒回家，但我也不介意偶爾拿一枝來用。一開始，我在我的研究室裡用，但這些原子筆老是偷偷溜進我的包包裡，就黏在我正在做的某份研究報告上，最後跟著我回家。任教十八年來，我可能已經帶一整盒原子筆回家了。

不時拿枝筆回家，不代表我就是竊取辦公用品的小偷，但每次又想再拿一枝筆時，只要想想我已經拿了多少筆回家，我可能就會提醒自己把筆留在研究室，不要放進包包裡。如果你從累積的量去想，要察覺誘惑就比較容易。多數人很容易看出買一桶三加侖的冰淇淋是不智之舉，吃一大桶冰淇淋顯然會破壞飲食均衡。但要看出一品脫的冰淇淋也有一樣的破壞力就比較困難了，即使一品脫很快就會累積成一加侖，如果你每星期都買一份的話。

單一事件的選擇，淡化了這麼做對目標的影響，這就是爲什麼許多癮君子一次只買一包香菸，而不是乾脆買一盒十包香菸。這麼做達到了自欺的效果，讓他們可以放心抽菸。因爲一次例外的代價微乎其微，人很容易略過不計，無視屈服於誘惑造成的傷害。要察覺誘惑，你可能要在每一次行動之前心算一下，把一次乘以數倍。在裝滿一杯酒之前，想想一年下來每晚喝多了對健康造成的影響。或者，因爲你的另一半沒洗碗而對他大吼之前，想想你每發一次脾氣對兩人感情的影響。

針對這一點，奧立佛・薛爾頓（Oliver Sheldon）和我在一項研究中訪問了一群員工[5]。我們問他們在工作上會不會有一些不太光明磊落的行爲，像是沒生病卻請病假或把辦公用品據爲己有。舉例而言，我們請他們想像一早醒來想到上班就很煩，有些人只要考慮那一天就好，只裝病一天，請一天病假休息一下；有些人則被告知這是工作格外忙碌的一年，他們要面臨七次這種抉擇。不出我們所料，以單一事件來思考，只裝病一天的人，決定請病假的可能性較高。一樣的模式也適用於其他的行爲，例如帶走辦公用品，或是做事故意拖拖拉拉，以免老闆多派給你其他工作。當你只把它當成單一事件，昧著良心做事就變得比較容易。

當你要做一個影響範圍很廣的決定時，你比較有可能察覺到自制力困境，這就是我們所謂的「大範圍決策框架」。比起每天中午臨時做決定，如果你事先決定好這個月每天午餐要吃什麼，你可能就會選擇比較健康的食物。決定三十頓午餐，比只決定一餐的後果更嚴重，因爲這是一次的選擇乘以三十倍。你甚至可能訂下規矩，例如每天晚餐限喝一杯酒，只能少不能多。守規矩，指的就是遵守一個大範圍決策。這是將一次又一次屈服於誘惑之下日積月累的後果都考量進去。

即使這種思考很正面，但你還是要小心某些陷阱。大範圍決策框架要發揮作用，前提是你不會用明天再守規矩，當成今天不守規矩的藉口。每一次向自己保證下個月就會開始存錢、星期一就會開始用功、明天就會開始節食，你就是落入陷阱了。在諸如此類的情況下，把範圍擴大，非但不會讓你成功抗拒誘惑，反而讓你屈服於一時的誘惑。其中的風險來自於試圖以「今天先享受一下，明天再追求目標」來平衡目標與誘惑。明天永遠都存在於未來，明天永遠不會變成今天。回想一下第九章關於折衷或優先的討論，如果有受到誘惑的疑慮，最好以你要追求的目標爲優先，不要在目標與誘惑之間求取折衷。

以張影和我的一項研究爲例，我們在教室外放了免費的點心，慰勞芝加哥大學勤學的學生們[6]。點心有兩種，一包紅蘿蔔或一條巧克力棒。在某些時段，兩種點心分開放在兩個碗裡；在某些時段，兩種點心混放在同一個碗裡。把碗擺出去之後，我們只是旁觀，不多說什麼，而我們觀察到的現象很有趣。兩種點心分開放的時候，三分之二的學生都選紅蘿蔔。兩種點心混在一起的時候，只有一半學生選了紅蘿蔔。我們的假設是，分開的碗表示分開的目標，把點心混在同一個碗裡，則暗示它們是一體的。即使多數學生都只挑一樣（拜不成文的社會規範所賜，他們自動認爲只能拿一樣），但我們透過把點心混在一起，給人一種紅蘿蔔和巧克力兩相平衡的印象，這就足以模糊巧克力是誘惑的想法，並說服學生做出較不健康的選擇。

捨棄其他甜點，選擇紅蘿蔔蛋糕或優格糖霜蝴蝶餅時，你可能也落入了一樣的邏輯陷阱。紅蘿蔔蛋糕和優格糖霜蝴蝶餅之類的甜食，彷彿暗示著均衡的飲食就是把糖、脂肪和蔬果或富含益生菌的優格混在一起，以至於人很難察覺當中存在自制力衝突。

所以，當誘惑和目標沒有混在一起時，要察覺自制力衝突就比較容易。紅蘿蔔和巧克力棒分開時，暗示著其中一個選擇比另一個好，於是有比較多人選擇紅蘿蔔。我們也發現，比較注重健康的人做了比較健康的選擇，這很合理，注重健康的人想必會去吃健康的食物。然而，有趣的是，當健康和不健康的食物混在一起時，就連注重健康的人也不見得會選健康的食物。當水果和糖果一起放在點心盤上，或者在炸雞、麵包和乳酪底下鋪了生菜，許多注重健康的人就察覺不到自制力衝突，而吃起了那些比較不健康的食物。只要把健康和不健康的食物分開，例如在菜單上規畫一欄「健康專區」，這麼簡單的做法就能幫助你意識到自制力衝突。

另一個幫助你意識到自制力岌岌可危的辦法是「預想未來」。十年後、二十年後的你會怎麼樣？未來的你對現在的所作所爲會有什麼觀感？想像你未來的生活模式和夢想。你的職業或嗜好會是什麼？會結婚嗎？會再婚嗎？你會有孩子或孫子嗎？此外，同樣也很重要的問題是：你注重身心健康嗎？你會希望當初做了不一樣的選擇嗎？

想想未來的自己，你就會置身於一個超大範圍的決策框架中。無論你今天做了什麼決定，你都要想像在未來許多年一遍又一遍做相同的決定。所以，不要問自己今天拖延一下、偷情一次、抽根菸或喝杯酒有沒有關係，而要問自己下半輩子都這麼做有沒有關係。**把一個小小的誘惑乘以你這輩子都會這麼做的次數，勢必會讓這個誘惑大到無法忽視**。如果你覺得今日的決定預告了未來所有的決定，那你今天最好做正確的選擇。

預想未來也會在心理上拉近現在和未來的距離，讓你和未來的自己合而為一。如此一來，你會更關心自己即將成為的那個人。人和未來的自己在心理上的距離因人而異，如果兩者關係緊密，現在的你和未來的你就會有共同的回憶、意圖、信念和渴望。如果兩者關係疏遠，未來的自己在你眼中幾乎跟陌生人一樣。

哲學家德里克．帕菲特（Derek Parfit）主張：如果你覺得現在的自己和未來的自己是同一個人，你就應該在乎他的幸福快樂[7]。你今天就會採取對未來的自己有好處的行動。如果你覺得跟未來的自己很疏遠，你就會做出只對現在的自己有好處的決定。何必為一個陌生人犧牲現在的幸福快樂呢？舉例而言，如果你覺得退休後的自己離你很遙遠，你為什麼要存退休金呢？對覺得未來很遙遠的人來講，為了將來犧牲當下的享樂顯得很不明智。想像你在戶頭裡存了一百美元，期待五年後換來一百五十美元。如果你覺得五年後的自己和你是同一個人，現在存一百元就顯得像是一筆好交易，你應該爲那個人的財產做出投資。然而，如果那個人對你來講就是個陌生人，你爲什麼要爲他存一筆錢呢？你爲什麼要在乎他有沒有錢去度假或繳貸款呢？

哲學家關心的是「規範性質的答案」，亦即我們該做什麼、不該做什麼。心理學家關心的則是「說明性質的答案」，以此處爲例，我們想說明的是「與未來的自己同爲一體的感覺，如何幫助你察覺到當下的誘惑」。與未來的自己密切相關，我們會比較在乎當下的行爲造成的長遠影響，也因此有助我們察覺到自制力的必要。

大學生是一個很好的例子，許多學生將現在的大學生涯和畢業後的未來生涯劃分開來，將畢業視爲重要的里程碑，「畢業」是現在結束、未來開始的分界點。但針對畢業會如何改變他們，大學生的想法因人而異。在一項研究中，丹尼爾．巴托斯（Daniel Bartels）和歐列格．爾明斯基請大四生讀一段有關畢業的敘述[8]，敘述內容有兩個版本，其一是說近在眼前的畢業會改變他們的身分認同，其二則說畢業不是什麼了不起的大事，對一個人的影響也不大。有些學生讀到的是「到了畢業之際，你的人格特質可能會有根本上的改變」，有些學生讀到的則是「人格特質早已養成，而且在青春期結束前就定型了」。接下來，兩位研究者告訴受試者說他們要抽獎，獎品是大賣場或旅遊網站的優惠券，他們可以選擇要立刻得到一百二十元的優惠券，還是要在一年後得到金額更高（上限兩百四十元）的優惠券。一件會改變身分認同的事，容易讓人覺得跟未來的自己較爲疏遠，有鑑於此，兩位研究者預估「認爲畢業會改變他們」的學生會選擇立刻得到金額較小的優惠券。果不其然，這就是他們發現的結果。讀到的敘述中說畢業會改變他們的大四生，覺得跟一年後的自己關係沒那麼密切，因此會以目前的自己爲優先考量。

婚姻是這種心理現象另一個很好的例子，認爲婚姻會永遠改變他們的人，比較有可能屈服於誘惑，例如在結婚前夕背著未婚夫偷吃。無論單身的你是什麼樣的人，反正都跟婚後的你沒有關係——這種想法可能就被當成趁著單身時偷吃的藉口。**要察覺誘惑，最好的辦法就是提醒自己，今天的你、婚後的你、畢業後的你、十年後或二十年後的你，全部都是同一個人。**

條件二：損害自我

常言道：早餐是一天最重要的一餐。我同意，但不見得是基於一般認爲的理由。的確，早餐吃（或沒吃）的東西會影響你接下來一天的活力，但更重要的是，一大早做的第一件事對你的身分認同有很大的影響。比起宵夜亂吃，早餐亂吃，更強烈顯示出你是一個不注重健康的人，儘管事實並非如此。

塑造身分認同的行爲對你來講很重要，你認爲這些行爲說明了你是什麼樣的人，並影響到你對自己的觀感和別人看待你的眼光。這些行爲可能是公開在眾目睽睽之下，或是受到你和別人的注意。比起私下跟鄰居說你最近讀了一本書，每個月參加一次讀書會（頻繁、公開的行爲）更能說明你身爲嗜讀者的身分認同。相較於中午的輕食，吃一頓健康的早餐（早上的第一件事），對你身爲健康人士的身分認同影響更大。攸關身分認同的行爲，要察覺到自制力衝突就相對容易。當某個選擇影響到你對自己的定義，你就會提高警覺遠離誘惑。相形之下，與身分認同無關的行爲就顯得不起眼，而且只是一時的，你就比較難拿出自制力來了。

舉例而言，在簽署文件的時候，你爲你的行爲賦予了身分認同（名副其實用你的大名來爲你的行爲背書），有鑒於眞實的你不是一個隨便亂來的騙子，簽下自己的大名，就會激勵你表現出準確和誠實，這就是文件之所以要簽名的初衷。簽名不只是對準確和誠實的一種證明，也是對準確和誠實的一種激勵。

約拿·博格（Jonah Berger）和琳賽·蘭德（Lindsay Rand）在一項研究中發現，你也可以用自己「沒有」的身分認同來激勵出你想要的行爲。他們發傳單給史丹佛大學的大一生，A版傳單上寫著「史丹佛大學有很多研究生都愛喝酒」，B版傳單上寫著「飲酒請三思，健康很重要」。大一生表示他們不想顯得像是研究生，所以，根據學生的回報，拿到A版傳單的大一生，之後酒就喝得比拿到B版者少。一旦飲酒這件事和一個你「沒有」的身分認同綁在一起，即使「研究生」是正面的身分，你也會三思而後飲[9]。要讓人意識到自制力的問題，往往只需要一個這麼簡單的策略。

另一個簡單的策略源自第七章談過的「中途障礙」，人容易在追求目標的中途鬆懈下來，之所以如此，是因爲我們往往認爲最初和最終的表現，比起中途的表現，更能代表自己的身分認同。也因爲最初和最終的表現影響著我們對自己的觀感，所以在這些時候就比較容易察覺到自制力衝突。舉例而言，瑪費瑞瑪．圖里－蒂樂莉和我就發現，想存錢的大學生在一學年的中間較有可能鬆懈下來。相較於把春天視爲第一學期的「結束」或第二學期的「開始」，若是把春天視爲整個學年的「中間」，他們比較可能計畫起各式各樣不必要的花費，從新皮夾到名牌牛仔褲不等[10]。

但如果追求目標才違背你的身分認同，向誘惑屈服反而符合你的身分認同呢？以「過健康的生活」這個大目標爲例，美國人一般都將健康的生活模式視爲集體身分認同的一部分，但並非每一個社會和每一種健康的行爲皆是如此。身爲猶太人，我不會把我的種族背景和健身主義聯想在一起。所以，雖然我個人喜歡運動，但想起我的猶太背景並不會讓我更想多運動。同理，蜜雪兒．歐巴馬（Michelle Obama）提倡的《二○一○年兒童健康不挨餓法案》，要求美國中小學供應更健康的午餐，立意雖美，卻引發反彈，因爲人們覺得，比起優格和蔬菜，墨西哥玉米片和披薩更能代表他們的身分認同。許多人不相信節制飲食、多運動或不菸不酒那一套，他們不認爲這些行爲是他們所屬社會團體的特徵，他們不會把自己的血統、種族背景或社會階級跟美國人心目中的健康食物聯想在一起。

一般而言，當誘惑和你的身分認同不一致，你比較容易察覺到眼前的誘惑。但如果跟你的身分認同相違背的是目標，要察覺到自制力衝突就變得格外困難。畢竟，我們的身分認同會助長我們的動力[11]。

如何戰勝誘惑？

意識到自制力衝突只是第一步，接下來，你還要發揮自制力。自制力策略旨在反制誘惑，抵消誘惑對目標的影響力。自制力策略要發揮作用，靠的是提升你堅守目標的動力，或降低你屈服於誘惑之下的動力，也有些策略兩種作用兼備。成功發揮自制力的結果，是將兩股背道而馳、力道相近的動力（目標力和誘惑力）落差拉大，讓堅守目標的動力遠大於向誘惑屈服的動力。舉例而言，不要在想發脾氣的同時又想保持冷靜，要讓「想保持冷靜」的目標力強過「想發脾氣」的誘惑力，你才不會發脾氣。

不意外，越強的誘惑會激發出越強的自制力。想像一下你準備搬桌子，比起搬一張很重的桌子，如果你認爲這張桌子很輕，你就不會使出那麼大的力氣。同理，比起無法抗拒的誘惑，如果你認爲誘惑不大，那你只會拿出一點點自制力。吃早午餐的時候，你可能不用擔心自己受到誘惑喝太多柳橙香檳雞尾酒，但如果是在一場晚宴上，喝太多雞尾酒的誘惑就很令人擔心了。所以，你在晚宴上可能就會比吃早午餐時發揮更大的自制力。

有鑑於此，**正確評估誘惑力的強度很重要**。只要你料得很準，你就會做好萬全準備以擊退誘惑。如果失算了，你就等著被打敗吧。低估了誘惑，你會在沒有心理準備的情況下拿出太少自制力。你可能低估了賴床的誘惑力，於是把鬧鐘關掉，最後導致睡過頭。高估了誘惑則可能使你拿出太多自制力，這不見得是件好事。若是高估了賴床的誘惑力，你說不定會起床好幾次，確認自己有沒有睡過頭，結果害自己睡不好覺。

我們不只會錯估誘惑力的強度，還常常碰到出其不意的誘惑。既然是出其不意，我們自然毫無防備。事先沒有預警，也讓人較難發揮自制力。以我愛吃餅乾的弱點爲例，身爲教授，我要出席許多的教職員會議，剛開始出席這些會議時，常常意外發現會議點心盒底部放著剛出爐的餅乾。在沒有心理準備的情況下，我總是把餅乾吃光光，如今，我已從多年的經驗（和悔恨）中學到，要抗拒這些餅乾的誘惑很容易，我給自己訂下規矩，絕不吃教職員會議提供的餅乾，並借助大範圍決策框架，提醒自己吃這些餅乾不是只放縱一次的單一事件。但即使到了現在，如果你出其不意請我吃片餅乾，我還是會欣然吃下肚。除非我有拿出自制力的心理準備，否則我通常會屈服於餅乾的誘惑之下。

爲了探究預期心理的作用，張影和我邀集受試者玩拼字遊戲，玩法是將幾個單字的字母重新排列組合，拼成新的單字，舉例而言，times 可以重新拼成 items，mites 可以拼成 emits，seat 可以拼成 east，teas 則可以變化成 eats。當任務變難，受試者就面臨放棄的誘惑。有鑑於此，我們事先告訴某些人題目很難。比起以爲這個遊戲很容易的受試者，預計題目很難的受試者打算更賣力解題，這些人也確實堅持得比較久[12]。我們告訴受試者遊戲很難，就是在建立他們的預期心理，讓他們爲抵抗放棄的誘惑做好準備，進而堅持下去。

在這個研究中，受試者告訴自己和研究人員他們要更賣力解題，這就是他們所用的自制力策略（一種自我約定，類似於第二章談過的自訂期限）。大家普遍會用的自制力策略還有很多，但多半都不脫兩種基本類型：一是透過改變情況，二是透過改變我們對情況的想法。

策略一：改變情況

在你的人生中，可能也遇過剛分手就想打電話給前任的朋友，或許幾杯酒下肚她就忍不住了。料到自己寂寞時可能會想打這通電話，她就趁喝酒之前的清醒時分先刪掉對方的電話號碼。理論上，她有三種選擇：一、她可以打給前男友；二、她可以刪掉他的聯絡資料，不要打給他；三、她可以留著他的聯絡資料，但不要打給他。

她之所以選擇刪掉前任的電話號碼，是因爲她不相信自己做得到選項三。如果按個按鍵就可以聯絡上前任，她知道自己抗拒不了寂寞時打給他的誘惑，刪掉他的電話號碼是自保的明智之舉。

在行爲科學中，這位朋友的做法叫做**「預先自我約束」**，也就是在受到誘惑之前就消除誘惑。家裡不要有某些食物，手機裡不要有某個人的聯絡資料，因爲你知道自己太愛它們了，也知道它們是不健康的。賭客可能把錢包留在旅館房間，只帶一點現金去賭場，等到手上的現金花完時，繼續賭下去的誘惑也已經事先消除了。同理，你可以把錢存在退休帳戶，防範自己把退休金花掉。在工作上，你可以設下超前的期限，激勵自己動手處理一項棘手的專案（回想一下第二章富有挑戰性的量化指標）。無論是上述哪一種情況，預先自我約束都能讓你堅守重要的目標。

把自己綁住也是一種預先自我約束的策略，「綁住」是比喻，不是眞的要你像奧德修斯一樣把自己綁在船桅上。以公布訂婚或分手的消息爲例，無論是訂婚或分手，公開宣布感情狀況都會讓人更難反悔。亞科夫・托普（Yaacov Trope）和我做過一個實驗，我們付錢請人去做健康檢查，並告訴其中一些人做這個檢查會很不舒服，結果這些人延後領錢的可能性就比較高，他們一直等到做完健檢才來領錢。藉由規定自己完成健檢才能領錢，這些受試者要冒領不到錢的風險，但這麼做也讓他們更有可能去做檢查[13]。當你堅持完成任務之後才能領錢，你就提高了完成任務的可能性。

預先自我約束的作用在於消除誘惑（例如你朋友刪除前任的電話號碼），以及鞏固目標（例如我們的實驗受試者做完健檢才來領錢），無論何者，這種策略都說明了你不能有太多選擇。這違反了經濟學的一個基本原則，從經濟學的角度而言，選擇變多或許不會改善你的情況，但也沒有壞處，你總是能捨棄自己不喜歡的選項，例如就算有前任的聯絡方式，你還是可以不要打電話給他。但是從自制力的角度而言，預先自我約束的做法很有道理。當誘惑遙不可及，你自然就比較容易放棄它。

另一個有效的策略不會消除誘惑，但是會把誘惑變成燙手山芋，辦法是**給自己懲罰和獎勵**。向誘惑屈服就要受罰，堅守目標則會得到獎勵。哈維爾・吉內（Xavier Giné）、迪恩・卡蘭（Dean Karlan）和強納森・澤曼（Jonathan Zinman）的一項研究提供了很好的例子[14]。這三位研究者讓想戒菸的人存一筆錢到銀行戶頭，六個月之後，戒菸成功（尿液篩檢驗出沒有尼古丁）就可以把錢領回，否則就沒收這筆錢，捐給慈善機構。有鑒於這項計畫的成功，迪恩．卡蘭和另外兩位經濟學家合創了stickK這個線上自我約束平台，邀請使用者簽下「自我約束合約」，萬一你沒有堅守目標，就要付一筆錢給你不支持的慈善機構。舉例而言，最近有一位左派使用者就簽下連續十六週準時起床的合約，這位使用者只要在鬧鐘響起後按下貪睡鍵，多睡一小時，就要捐八十美元給全國步槍協會。因爲不想助長美國槍枝氾濫，這位使用者就有了準時起床的動力。

人也會因爲堅守目標而獎勵自己。慶祝達到每月存款目標，或念完大學一年級等里程碑，就是藉由提升目標的吸引力來提高你堅持下去的可能性。

人甚至可能具體地靠近目標一點、離誘惑遠一點。當你想要節制飲酒時，你可能會把水杯拿得近一點，把酒杯推得遠一點。學習動機很強的學生可能刻意挑選離圖書館近一點、離社辦遠一點的宿舍。就人際關係而言，人會遠離幫倒忙的人，接近對追求長期目標有幫助的人。

策略二：改變想法

回到你朋友和她前任的故事。有一種情況是你朋友不刪除前任的號碼，但對著你抱怨了一整晚，說他對她有多壞。一杯酒接著一杯酒，她滔滔不絕地告訴你，一點點小事他就找她吵架，老是說謊騙她，不老實交代他在做什麼或人在哪裡，發起脾氣來還會對她飆髒話。一整晚的借酒澆愁和吐苦水，可能像是很典型的分手儀式，但這麼做其實有助於提高她的自制力。提醒自己前任是多差勁的一個人，才能忍住不要打電話給他，因爲誰要跟一個爛人交往啊？

你朋友在做的是改變她對這個情況的想法。抱怨前任對她來講風險不大，相形之下，用改變情況來戰勝誘惑則可能是一個代價高昂的辦法，因爲這麼做降低了你隨機應變的彈性。舉例而言，前面提到捐錢給自己不支持的慈善機構，可能會讓你很不舒服。那位貪睡的自由派只要睡過頭一次，就要捐錢給全國步槍協會。如此一來，他可能會後悔自己當初做的決定。雖然要不要睡過頭取決於他，但有時外在情況也會阻礙我們貫徹目標。如此一來，對自己施以懲罰的做法，只會害我們在失敗後還得付出別的代價。失業的儲戶可能就會後悔把錢存在儲蓄帳戶，害自己現在爲了繳房租還得付出高額的提款費（美國的銀行可向儲戶收取五美元至十五美元的提款費）。預先自我約束的做法一旦失敗，你會覺得早知道就不要這樣約束自己了。

也有時候，我們自己心目中的優先順位確實會改變。結婚是對此生忠於一個人的自我約束，但許多人面對這種自我約束就很猶豫，覺得自己說不定有一天會愛上別人。

如果你的情況或愛好有可能改變，對於要不要採取預先自我約束的做法，你確實應該多猶豫一下。

這就是較爲柔性的自制力策略派上用場的時候了，例如前面提到的抱怨前任。這種策略不是去改變情況，而是改變人看待相同情況的眼光。如果你擔心自己禁不起誘惑，有一個辦法是提醒自己目標的吸引力何在，誘惑的吸引力又是哪裡不如目標。換言之，**你從自己的想法下手，抬高目標，貶低誘惑**。舉例而言，你可以告訴自己上健身房會讓你精神很好，偷懶不運動則讓你精神很差。或告訴自己同事帶來辦公室的杯子蛋糕顏色太鮮豔了，一定都是色素。

說來有趣，由於人採取這種策略是爲了做好抗拒誘惑的準備，所以比起遙不可及的誘惑，人往往會將伸手可及的誘惑貶得更低。舉例而言，我們可能會告訴自己隔壁的單身鄰居不是我們的菜，因爲我們想保護自己和另一半的感情。但如果那位鄰居有穩定交往的對象，我們就會放心承認他其實很有魅力。在自制力的作用下，伸手可及的誘惑顯得比較不誘人。

以克里斯提安．莫爾西（Kristian Myrseth）、亞科夫．托普和我在校園健身房做的一項研究爲例[15]，當運動完的學生要離開時，我們請他們在穀物棒和巧克力棒之間做選擇，幾乎每個人都選了穀物棒，因爲上健身房的學生都是注重健康的人，他們不想發出關於自己的錯誤訊息。但相較於巧克力棒，穀物棒有多吸引人呢？答案似乎要看你問這個問題的時機而定。在一些受訪者做出決定之前，我們先問他們認爲哪一種比較好吃，這些人說穀物棒比巧克力棒好吃多了。然而，在選好之後才被問到這個問題的人，則說穀物棒和巧克力棒一樣好吃。在做出決定之前，他們主動抗拒巧克力的誘惑，告訴自己（和實驗人員）巧克力棒沒那麼好吃。一旦已經決定好了，巧克力棒不再是個選項，這些人就可以承認巧克力棒看起來很好吃。雖然人在做了決定之後往往會貶低自己沒選的選項，以證明自己所做的選擇沒錯（心理學稱之爲「酸葡萄效應」或「認知失調」），但若是涉及有關自制力的選擇，在選好之後，被放棄的誘惑就會變得較有吸引力，因爲我們不再需要保護自己不受誘惑了。

另一個自制力策略是**用比較跳脫的眼光看待自己的自制力難題**。和朋友聚餐時，如果你很想點一道邪惡美食來吃，你可以問問自己：一個注重健康的人會怎麼選？如果你想買一組很貴的耳機，你可以問問自己：到了下星期你還會想買嗎？你可以想像這件事發生在別人身上、發生在未來或發生在遠方，藉此拉開自己和這件事的距離。可以想想看，換作是別人面臨類似的難題，你會給他們什麼建議？或者，如果是明年要做這個決定，你會怎麼做？這些做法都能幫助你選目標而不選誘惑。

這種策略骨子裡是自我對話，人常常跟自己對話，畢竟就算沒人想聽，我們總能說給自己聽。自我對話的方式因人而異，你可以用「沉浸式的自我對話」，採取第一人稱「我」的觀點，例如問問自己：「我想要什麼？」你也可以用「抽離式的自我對話」，採取第三人稱的觀點，例如問問自己：「×××（你的名字）想要什麼呢？」

根據伊森．克洛斯（Ethan Kross）的記載，抽離式的自我對話比沉浸式的自我對話更能有效控制情緒[16]。有一項研究是針對大學生，就像所有學生一樣，大學生也對自己的工作展望很緊張。研究人員安排了一組專家擔任面試官，學生要向面試官說明他們為什麼有資格錄取自己夢想中的工作。對任何人來講，這都是很令人焦慮的情境。學到抽離式的自我對話的學生較能控制自己的焦慮，這些學生問自己：「×××（當事人的名字）對這次面試有什麼感覺？」比起問自己：「我對這次面試有什麼感覺？」抽離式的問法更能有效控制情緒。用第三人稱問自己為什麼對這件事有這種感覺、打算怎麼處理這件事，有助於克制你對這件事的負面情緒反應，因為這種問法讓人覺得這件事彷彿是發生在別人身上。

另一種抽離法則是用冰冷的詞彙看待你受到的誘惑。所謂冰冷的詞彙，意指在認知上和情感上屬於中立性質的形容詞。在早期的一項自制力研究中，心理學家沃爾特．米歇爾（Walter Mischel）探討三歲到五歲的孩子如何抗拒棉花糖的誘惑，這個有名的實驗後來被稱之為「棉花糖實驗」（詳見第十一章）[17]。在研究人員的引導下，一組孩子用抽離式的思考，把棉花糖想成冰冷、不會引起食欲的物體，例如「白蓬蓬的雲朵」或「圓圓的、白白的月亮」，另一組孩子則依棉花糖的本質，把棉花糖想成「甜甜的、軟軟的、QQ的可口食物」，結果前者比後者更能抗拒棉花糖的誘惑。

設定堅守目標、不受誘惑的意向，也是一種靠改變想法來自制的策略。請大學生在列出他們當天打算花幾小時做功課之前，先列出他們打算花幾小時從事休閒活動，他們列出的做功課時數就會比較長。相形之下，請大學生在列出休閒時數之前先列出做功課需要的時數，他們列出的休閒時數就會比較短。在這兩種情況中，我們都請學生思考了誘惑與目標，先想誘惑的人打算把更多時間花在目標上，先想目標的人則打算避開誘惑[18]。這項研究說明了反制誘惑的過程：面臨誘惑時，你激勵自己追求目標；重要目標岌岌可危時，你激勵自己避開誘惑。

發揮自制力很累、但無意識

抗拒誘惑是很累人的事，如果你本來就已經很累，要抗拒誘惑就更加困難了。羅伊・鮑梅斯特（Roy Baumeister）和凱薩琳・佛斯（Kathleen Vohs）把這個累人的過程稱爲「自我耗損」[19]。舉例而言，工作一天下來，醫護人員越到後面就越容易跳過洗手的步驟[20]。醫生的值班時間越長，就越有可能開不必要的抗生素給病人[21]。疲憊的醫生很難抗拒開抗生素的誘惑，因爲病患往往會要求，況且除了叫你等檢查結果或等症狀消失，醫生也想有點具體的作爲。

從疲憊的醫護人員身上，我們學到的一課是：**因為發揮自制力是很累人的，所以在一天當中，不妨盡早做需要自制力的決定**。無論是決定三餐要吃什麼，還是考慮要不要衝動購物，最好都等到你精神振奮的時候再來做正確的決定。

坊間的流行雜誌（和某些科學研究）將自我控制刻畫成一件苦差事，這固然正確，但若以爲這個辛苦的過程是有意識的，那就不對了。你或許會想像左肩坐著惡魔、右肩坐著天使，雙方各自對著你的耳朵講悄悄話，讓你左右爲難。實際上，發揮自制力的過程比想像中簡捷明快得多。當你略過一道不健康的甜點，或無視一件你不該買的東西的廣告，抑或是在吵得正激烈時叫自己冷靜，往往都是下意識地控制自己。

在多數時候和多數情況下，人不會注意到自己正在控制自己。這種下意識抵抗誘惑的行爲幫助很大，要是每一個決定都要有意識地衡量利弊得失，你就沒有時間做別的事情了。

下意識的策略跟我們已經談過的自制力策略非常類似，只不過，它有個好處是不需要我們的注意，也就不那麼消耗我們的心力。你不必察覺到自己正在發揮美化目標、醜化誘惑的自制力。當你希望自己的戀情成功，你就會誇大伴侶的優點，淡化其他潛在對象的魅力（例如那位迷人的單身鄰居）。爲了守護自己和伴侶之間的感情，你不假思索、不知不覺地把目標變得比誘惑更有吸引力。人在發揮自制力時，會自動用較爲正面的眼光看待目標，用較爲負面的眼光看待誘惑，你可能會把「吃健康的食物」和成功、驕傲的感覺聯想在一起，並將「吃不健康的食物」和可恥的感覺聯想在一起。

類似的低度自我控制也有助你在面臨誘惑時堅守目標。把漢堡擺到注重健康的人面前，他們會立刻想到自己的健康，而較有可能去吃別的東西。同理，面臨打折的誘惑時，努力存錢的人也可能想起自己的銀行帳戶。爲了以實例說明這個過程，有一項研究請受試者先列出他們面臨的目標與誘惑的衝突。舉例而言，一位受試者寫的是「做功課 vs 打籃球」，所以我們可以假設他必須做功課，卻想去打籃球。另一個人寫的是「專情 vs 性愛」，他的難題是什麼就可想而知了。研究人員用電腦測試，發現當誘惑詞短暫從電腦螢幕上閃過之後，受試者會以更快的速度去讀出現在同一個位置的目標詞[22]。誘惑令人想起凌駕於誘惑之上的目標，使得這些人在心裡做好把目標詞看進眼裡的準備。

保羅・史蒂爾曼（Paul Stillman）、達尼拉・麥德維戴夫（Danila Medvedev）和

梅莉莎・弗古森（Melissa Ferguson）發現，下意識的自我控制也有助你趨向目標，偏離誘惑。他們用了另一種電腦化的測試法，受試者會在螢幕的兩邊看到兩種食物，例如一顆蘋果和一根冰棒，任務是要從螢幕底部中間開始，朝有助他們達成健康和健美目標的食物畫一條線，看這條線畫得有多直——是直接朝健康的食物畫過去，還是稍微往不健康的食物偏過去？結果自制力較強的人畫出來的線比較直，他們下意識抗拒著螢幕另一邊的誘惑，直奔健康的食物[23]。

諸如此類發揮低度自制力的反應，說明了下意識的層面發生什麼事情。舉例而言，這說明了有些人想避免飲酒過量時，爲什麼會自動把酒杯推遠一點；或者，在下一筆薪水入帳之前，看到廣告中出現一部你想買的筆電，你爲什麼有辦法自動移開目光。

這些發揮低度自制力的反應很常見，而且熟能生巧，習慣成自然。你不需要特別激勵自己就會自動去刷牙，因爲你已習慣將「早上起床」和「刷牙」這兩件事連在一起。同理，你可能也習慣將某些食物和「敬而遠之」連在一起，像我看到甜甜圈就是這種反應。一如溫蒂・伍德（Wendy Wood）所發現的，一旦養成習慣，你所面臨的情境就會觸發你的行爲[24]，無論你有沒有訂下明確的目標，或有沒有刻意發揮自制力。養成習慣之後，解決自制力衝突就變得比較容易，你甚至不需要提醒自己目標是什麼，甚至完全不必動用自制力。

在養成習慣之前，你可以嘗試爲自己預設「執行意念」，並開始練習執行。彼得・葛威澤（Peter Gollwitzer）指出，只要一個簡單的執行計畫，就能帶來長遠的效果[25]。一旦你有了一個目標，就用「只要怎麼樣（發生某種情況），我就怎麼做（實現目標的行動）」的方式造句，想好你要執行的動作。舉例而言，你可以對自己說：「我一起床就練瑜伽。」或者「只要喝完第一杯酒，我就把酒杯放到洗碗槽。」執行意念預設好之後，只要提示一出現（起床或喝下最後一口酒），我們就會自動執行預設好的動作，靠的一樣是下意識的作用。

總括來說，自我控制很難，而且往往很累人，但我們可以提醒自己，熟能生巧，並且借助預設執行意念，把自我控制變成一件自動化的事情。最後你會習慣成自然，甚至完全不必動用自制力。你不必傷腦筋自己該做什麼、不該做什麼，而是不假思索就採取對自己好的做法。

問問自己

現在，你應該能分辨你面臨的挑戰是要察覺誘惑，還是要戰勝誘惑。你也應該知道哪一種自制力策略可用於哪一種挑戰。熟悉這些策略應該能提升你戰勝誘惑的信心，並有助你制定一些提高成功機會的辦法。為了提升自制力，你可以問問自己以下幾個主要問題：

❶ **知己知彼：你最大的誘惑是什麼**？在什麼情況下，你最有可能屈服於誘惑之下？

❷ **怎麼樣才比較容易察覺到自制力困境**？或許是以成倍的量來思考你所做的決定，假設你今天不管做什麼決定，以後每次碰到相同的情境，你都會做一樣的決定。想想未來的自己。你是未來的自己最好的朋友，今天你能為他做什麼？想想你的決定是否反映了你的身分認同？是否有某種身分阻礙了你對目標的追求？

❸ **你如何戰勝誘惑**？想一個預先自我約束的方式，幫助自己達成目標，也想一

個獎勵自己的辦法，有進步就犒賞自己一下。想想你要如何看待誘惑。什麼能讓堅守目標顯得比屈服於誘惑更好？你能否用比較抽離的方式跟自己對話，問×××（你的名字）該怎麼做，以很高的自我期許挑戰自己？

❹ **擬定力抗誘惑的作戰計畫時，你如何保護自己不被有限的資源或疲憊擊潰？**

做足額外的目標保護計畫，或者養成好習慣，以防累了一天下來把持不住。

CH 11 耐心

常言道：等久了就是你的。但等待可不好玩，無論是等待烤乳酪三明治，還是等待投資成熟，等待都很難熬。英文的 patient 既用來形容有能力等待的人（有耐心的），也用來指需要醫治的人（病患），這雙重的意思並非偶然，兩者都源自「受苦的人」這層意思。等待是很痛苦的。

等待之所以困難，原因在於，等待往往要你爲了日後更大的滿足，放棄眼前較小的滿足。即使當下無法得到你想要的，也得保持冷靜，無動於衷。這些考驗可能會讓你想起上一章談過的自制力，因爲耐心往往有賴自制力，激勵學家有時甚至將「有耐心」和「有自制力」畫上等號。第十章也提到俗稱「棉花糖實驗」的自制力經典實驗，評估的就是耐心。

著名的棉花糖實驗要追溯到一九六〇年代，心理學家沃爾特．米歇爾針對兒童如何延遲滿足做了研究。典型的測試方式是讓孩子在兩種食物獎勵辦法中做選擇。在原版的實驗中，孩子們被帶到一個房間，坐在一張放了一顆棉花糖的桌子前面。研究人員告訴孩子，如果他們可以等一下再吃，他們就可以吃兩顆棉花糖。等待時間通常是十到二十分鐘，但孩子們並不知道要等多久。接下來，研究人員離開房間，留孩子獨處，看他們會拿眼前的甜食怎麼辦。孩子隨時可以改變心意，把那一顆棉花糖拿起來吃掉。在等到受不了、終於決定去吃棉花糖之前的時間，就是他們的「耐心分數」。

想像一個對你來講很誘人的東西，例如一杯酒、一塊剛出爐的巧克力蛋糕，或是推特上的貼文，你坐在這個誘惑前面，除了等待就沒別的事可做。你不知道要等多久，但你相信熬過這段等待的時間，你就能得到更好的東西，像是一杯更貴的酒，或更多看推特的時間。

一開始，研究人員用棉花糖實驗找出孩子們用來幫助自己等下去的策略，像是轉移注意力（有些人靠唱歌，有些人想出用自己的手跟腳玩遊戲，有些人甚至努力要睡著），或是把棉花糖想成不好吃的東西（例如第十章提到的白雲），這些辦法都讓孩子能夠等比較久。過了十年左右，情況又更有趣了。如今這些孩子已是青少年，米歇爾和他的研究夥伴查看他們的近況，發現在認知能力和社交能力等方面，小時候面對誘人的棉花糖能夠耐心等待的孩子，後來的發展都比較好，除了課業成績分數較高，他們也有較多朋友[1]。

從那之後，這些棉花糖實驗的資料幾經分析，儘管在單一事件中耐心等待的能力，絕不足以斷定一個孩子的未來，但小時候懂得延遲滿足，多多少少都預言了人生一些重要的結果[2]。

像棉花糖實驗之類的研究告訴我們，小時候的耐心預言了未來人生的正面結果，但這些研究並沒有告訴我們爲什麼。耐心和成功之間有什麼關係呢？是因爲有耐心的人意志力較強嗎？還是因爲他們比較聰明？有耐心的孩子相信好事會發生在善於等待的人身上，所以他們比較會在出去玩之前先做完功課嗎？激勵學認爲成功是這些因素加在一起的結果，而且還有許多別的因素。但要說明這些因素，得先從等待到底爲什麼是一件苦差事說起。

等待為什麼這麼難熬？

等待爲必要之惡。人生中，我們渴望較大的獎勵，多半都要花好多年的等待。你要存幾十年的退休金，努力才會得到回報。如果你想獲得升遷，可能要花幾年攻讀線上學位或完成職業訓練。等待甚至是健康的祕訣，有耐心的病患願意等待，不會貿然向醫生開口要抗生素或動不必要的手術。然而，要拿出耐心等待並不容易。

等待很困難，是因為我們錯把未來打了折扣。在我們心目中，未來才會發生的事分量沒那麼重，只因爲它不是現在就發生。舉例而言，比起一年後才能拿到一百元，當然是現在就能拿到更開心。同理，下個月才有機會見到女友，當然不比今天就能見到好。

等待違背人類天性，你得爲了遠在天邊、吸引力較弱的選擇，放棄近在眼前、吸引力較強的選擇。舉例而言，存錢就是把你很重視的當前收入，化爲你不那麼重視的未來收入。當我的八歲兒子拿到零用錢的時候，他可以花掉或存起來。但現在就花掉，這筆錢在他心目中才顯得有分量，也難怪他不選擇存起來了。

我們可以用「折現率」來說明未來的結果喪失吸引力的速度。如果你有耐心，那你的折現率就很低，在你心目中，未來的結果幾乎就跟現在有一樣的分量。晚點見女友也沒關係，因爲在你心目中，未來的甜蜜就跟現在的甜蜜一樣。如果你沒耐心，那你的折現率就很高，在你心目中，未來的結果遠不如現在的分量，你等不及了，你現在就要愛，你不在乎天長地久，只在乎現在擁有。

無論你個人的折現率多低，一般人都寧可現在擁有。如果現在就可以得到我們在等待的東西，我們會願意得到少一點、付出多一點。這就是爲什麼機票越接近出發時間，價格就越貴。相對於兩個月後的機票，你願意爲明天的機票付更多錢。百老匯的表演也一樣，今晚的票比幾星期後的票更貴。還有上網購物的時候，你不只願意爲當天到貨付更高的運費，還認爲理應如此。

體認到我們是沒耐心的生物就已經成功一半，因爲這層體認，讓我們做好戰勝沒耐心的準備。但我們也要知道這份不耐是取決於哪些因素。

導致不耐的原因

明察秋毫的觀察家會注意到，像蘋果之類成功的科技公司儼然是利用不耐心理的高手。每當有新款 iPhone 要推出時，蘋果公司早在上市之前很久就先發布消息。但除了新產品正在研發中，你不會聽到更多的細節了，不管是它長什麼樣子，還是它有哪些功能。二〇〇〇年，阿諾德．金醫生（Dr. Arnold Kim）開了一個叫做 MacRumors 的部落格，就靠這種行銷策略製造的不耐心理賺錢。這個部落格專門發布有關蘋果新產品的小道消息，每一則有關新款 iPhone 或 iPad 的傳聞，都在科技迷引頸期盼時，滿足了他們的不耐心理。最後，金醫生的部落格成功到他決定揮別醫療本業，專營這個散播蘋果祕密的發財事業。

蘋果公司和這個部落格的成功告訴我們：等待的時間越久，消費者賦予一件產品的價值就越高。但這件事也告訴我們：等待讓人受不了。

一般而言，如果願意等，你不但有機會得到更多，還會覺得你得到的東西更特別。畢竟，如果你等了好幾個月才買到，你的新手機感覺更珍貴。等待讓人受不了，卻會讓你把自己一直在等待的東西當成寶。那到底是什麼因素讓人沒耐心呢？

原因一：意志薄弱

一旦屈服於誘惑之下，我們往往會怪自己意志薄弱。意志力是你克制自己的能力，無怪乎缺乏意志力的人就容易沒耐心。李惠安、津山伊萊（Eli Tsukayama）和泰莉·科比（Teri Kirby）分析了棉花糖實驗的資料，發現孩子的意志力和他們等待獎勵的時間有關。師長口中較有意志力的孩子，似乎也顯得更有耐心。但這些研究也發現，孩子的認知能力預言了他們耐得住等待的時間長短[3]。所以，意志力不是唯一的因素，聰明才智也預言了孩子會不會選擇等待。因爲孩子若明瞭等待的好處，他們會更有耐心。

懂得追求延遲滿足帶來的好處，對大人來講也是明智之舉。

在沃爾特・米歇爾過世後，有一份他和研究夥伴一起做的分析公諸於世[4]。類似於李惠安等人的分析結果，根據米歇爾等人的研究，一個人十七歲至三十七歲之間的意志力，預言了這個人到四十六歲有多少財富。在這份研究之中，雖然單靠兒時棉花糖實驗的分數無法預知中年的經濟條件，但父母對孩子意志力的評價，以及日後受試者本人對自身意志力的評價，確實反映了他們中年的財富狀況。

原因二：信念不堅

在放棄之前該等多久呢？這是人在等待時會暗自懷疑的問題。設身處地想像你就是那個孩子，你坐在一顆棉花糖前面，等大人回來說你可以吃了。在斷定實驗人員永遠不會回來之前，你該等多久呢？或者，想像深夜時分等公車，在斷定公車已經收班，認命走路回家之前，你該等多久呢？請注意我問的是你「該」等多久，而不是你「會」等多久。

你想必不會永遠等下去，等了一段時間之後，你大概就不再相信實驗人員或公車還有出現的可能。你會認為稍後更好的選擇並不存在，於是決定接受眼前的選擇——無論是少吃一顆棉花糖，還是走路回家。你失去耐心，因為你看不出繼續等下去還有什麼意義。

人失去耐心的一大原因，在於不相信等待是值得的。你不相信別人會實現諾言，或是預估還要等很久。通常等得越久，信念就越薄弱。你本來預計公車頂多五分鐘就會來，結果等了三十分鐘還沒來，於是你開始懷疑今晚可能沒車了。耐心就這樣隨著時間過去被磨掉。

棉花糖實驗爲信念效應提供了一些證據。實驗發現，家庭背景安穩的孩子願意等比較久。如果你在一個可預測的環境中長大，你自然相信大人會實現承諾。你可能會決定先念研究所，晚幾年再賺取穩定的收入，因爲你相信這麼做是值得的[5]。相形之下，成長環境不穩定的孩子對大人說的話就會比較懷疑，在他們的人生中，大人有時實現諾言，有時違背諾言。社經背景較差的孩子如果成爲沒耐心的大人，往往是因爲他們學到不能相信這個世界。如果你在小時候學會懷疑大人，長大後你可能不會念研究所，也可能不會存錢，因爲「等久了就是你的」這種論調不符合你的親身經驗。

原因三：不在乎

對棉花糖的愛如何影響孩子先別吃一顆、等到有兩顆再吃的意願？對咖啡的愛又如何影響咖啡控的等待意願，使得他寧可走到較遠的精品咖啡店，也不願在最近的咖啡店消費？你可能已經猜到了，你越在乎一件人、事、物，你就願意爲得到更多或更好而等久一點。畢竟，愛是恆久忍耐。

無論你是愛吃棉花糖、愛喝咖啡，還是愛看到戶頭裡有一堆錢，只要你愛它，這東西的好壞多寡對你來講就有很大的差別。對科技迷來講，明年秋天才上市的手機和目前可以買到的手機就是不一樣，基於對這份巨大差異的期待心理，你會願意等到明年。相形之下，如果你跟我一樣，覺得手機不就是手機嗎？咖啡不就是咖啡嗎？現在就可以買到的東西，爲什麼要等一個只是稍微好一點的新產品？有鑒於我對冷冰冰的機器沒有那份愛，以購買三C產品而言，我就是一個沒耐心的顧客。

針對人爲了那份愛（或甚至只是喜歡）會付出多大的耐心，安娜貝爾．羅柏茲（Annabelle Roberts）、富蘭克林．薛迪和我做了一項實驗[6]，我們請受試者在「十週後得到一件合身T恤」和「這週得到一件大一號T恤」之間做選擇。照理說，一件稍微大了點的T恤還是可以在家穿，而且還很舒服，但想要體體面面出門去的話，可能就不會選這件T恤了。根據受試者對十二款T恤的評價，我們發現，要多等九週不是問題，但前提是他們要愛這款T恤。如果是不那麼喜歡的款式，他們就比較沒耐心等待。其他研究則發現，包括咖啡、啤酒、巧克力、乳酪到早餐玉米片等商品在內，如果顧客喜歡這項商品，他們寧可等到下個月得到更多的分量，也不願現在就得到較少的分量。

但要注意的是，雖然愛讓你願意等待（你寧可選擇晚一點就多一點，而不要早一點則少一點），等待的過程卻更難熬。如果你很愛這件東西，你在等待時就更難保持冷靜，等越久就越煩躁。戴先熾和我研究了顧客對商品的渴望如何隨著時間改變，我們發現，顧客等得越久就越渴望，但前提是他們要很愛這件商品。如果用別的東西來取代也不錯，就會變成等越久，渴望越淡[7]。

你如果在國外待過，大概有這種經驗，許多出國念書的學生，在國外待了幾個月就會開始想念家鄉菜。在我們的研究中，到香港旅行的學生，待得越久就越期待吃到家鄉菜。

我在以色列長大，在逾越節期間也有類似的感受。基於宗教傳統的關係，逾越節期間市面上都不能販售含有麵粉的食物，搞得我很想吃麵包。基於從自身經驗得來的靈感，在另一項研究中，戴先熾和我就調查了在逾越節期間禁吃某些食物的人。的確，忍得越久，他們就越渴望這些食物。但只有找不到其他令人滿意的替代品時，這種不耐才會越來越強烈。當虔誠守戒的受試者考慮吃無酵餅（取代麵包）、無麵粉蛋糕（取代一般蛋糕）或馬鈴薯料理（取代義大利麵）時，他們對麵粉類食物的渴望就不會越演越烈。禁用社群媒體也有一樣的現象，在一項研究中，臉書使用者必須暫停使用臉書三天。在這三天當中，沒有推特或 Instagram 等其他替代品，他們的心情就會隨著時間過去越來越不耐。

有替代品，代表你對這件東西或這個人的愛沒有那麼強烈，一方面，這讓等待不那麼難熬；另方面，你大可不等了，直接用替代品塡補。

原因四：想擺脫這個念頭

最近，我還了二十美元給借我十五美元的同事。她提醒我欠她的錢還沒還時，我抓起皮夾，發現裡面只有二十美元鈔票，就拿出一張還她。她搖搖頭，堅持不收多的錢，我也堅持就是要給她。我寧可現在就還二十美元，也不要晚點再還十五美元。爲什麼我要急著立刻還錢，不惜多還五美元呢？

說到等不及的心情，我們想到的往往是渴望盡快拿到錢或其他物品的心情，但人面對還債也是會等不及的[8]。爲了結清債務，我們寧可現在多還一點，也不要等到有剛剛好的數目再還。更有甚者，多數債主寧可現在少拿一點，也不要借錢的人欠著不還。

無論是欠債方或債主，爲了早日結清債務，人寧願損失金錢。這些決定再再顯示出人的不耐，因爲我們不喜歡懸而未解的目標，人都想抵達目標，做個了結。

以「現在多做一點」相較於「晚點少做一點」的選擇爲例。研究發現，人寧可今天多抄一點數字與字母混合密碼（例如 3atAmynZ5P），也不要一週後少抄一點。爲什麼呢？因爲今天搞定，就可以把這件待辦事項從清單上畫掉。基於類似的心理，有些人一收到信用卡帳單就會立刻付清，不會等到截止日期前夕。在另一項研究中，多數受訪者都說如果要接種疫苗，他們寧可今天就忍痛挨一針，也不要等一週後再用無痛的方式吃口服藥。

越接近目標，我們就越迫不及待，也就越不耐。還記得第五章的「目標漸近效應」嗎？回想在度假前夕，要專心工作、做家事或做任何事情是多麼困難？你多想立刻搭上帶你去度假的飛機、火車或汽車？在監理站排隊的時候，無論已經等了多久，越到最後我們也會越焦躁。感覺等待時間就快結束了，反而令人更急著結束。

綜上所述，人之所以不耐等待有幾個原因，你可能意志薄弱或信念不堅，你可能沒那麼在乎或急著要結束。在我說明如何解決這些問題之前，請記得，有時沒耐心不是問題，相反的，不耐的感覺有可能是因應情況必要的反應。並不是什麼情況都該一直等下去，舉例而言，如果你餓了或累了，立刻得到一點小小的滿足，可以讓你走更遠的路。無論是吃個點心或睡個午覺，小小的滿足有益身心。捨棄更大的滿足、以立即的滿足爲優先，可能是正確的決定。何況，你如果總是在等更好的出現，可能永遠都別想活在當下、及時行樂了，在等待中度過一生可不快活。

解方：如何更有耐心？

人的一生，耐心是很重要的特質。有耐心的人更有可能念到大學畢業，因爲你要爲了日後更有發展性的職業生涯，放棄現在就有收入、但可能沒那麼有趣的工作。有耐心的人往往也能存到更多錢，因爲他們願意爲了未來，忍住現在花錢的衝動。塞車時、在咖啡館排隊時，他們比較能保持平靜。他們也比較不會吃太多零食，壞了吃晚餐的胃口。但如同我在前面說過的，耐心是一種變化不定的東西。人多少都有耐心，也都有失去耐心的時候。所以，爲了自己好，在需要拿出耐心的時候，你要如何讓自己有耐心呢？

方法一：分散注意力

在數學家約翰・艾德蒙・克里奇（John Edmund Kerrich）最著名的實驗中，他投擲一枚硬幣一萬次，一開始，丟出正面和反面的比率差距甚異，但後來漸漸拉近到五十比五十。他的硬幣實驗爲「大數法則」提供了實際的例子。雖然這是一項很重要的發現，但克里奇當初之所以做這件事，其實是爲了分散注意力。一九四〇年代，他被德國納粹囚禁，在苦等二次大戰結束的日子裡，他就靠丟銅板打發時間。不知要過多久才能重獲自由，他靠做些別的事來保持耐心，即使是很枯燥的事也好。在原版的棉花糖實驗中，孩子們也用了一樣的辦法，他們靠唱歌或編故事讓自己有事可做，這就是用分散注意力的方式，讓自己不去想眼前的棉花糖。

克里奇和棉花糖的受試者讓我們看到，揮開等待的念頭，是加強耐心的有效辦法。找點別的事來做，或設法忘記自己正在等待中，如果你根本沒察覺到自己在等待，那等待就變得很容易了。

方法二：提前決定

六個月後可以拿到一百二十元和現在可以拿到一百元，你會選哪個？

一年半後可以拿到一百二十元和一年後可以拿到一百元，你又會選哪個？

在第一種情況中，許多人都會選一百元。而在第二種情況中，許多人都會選一百二十元。無論何者，問題都在於，你願不願意爲多拿二十元等六個月？以第二種情況來說，兩者都要等至少一年才能拿到錢，人爲什麼願意繼續等下去？答案是，人的耐心會隨著距離增加。距離很近的話，我們往往會選擇早一點則少一點的獎勵。但如果不管離哪一個選項都還有一段距離，我們便會選擇晚一點就多一點的獎勵。

這個例子說明了加強耐心的一項策略：提前決定。如果你提前在「早一點則少一點」和「晚一點就多一點」之間做選擇，你會更有耐心等待。兩者都是發生在遙遠的未來，例如發生在明年，而不是現在，爲了更好的產品或更好的價格多等一個月，就變得比較容易。人對時間的感受不是一直線的，在我們心目中，「現在」和「下個月」之間的差距，比「一年後」和「一年又一個月後」的差距更大。

在前述一百元和一百二十元的情況中，人之所以改變答案，另一個原因在於激勵學所謂的「雙曲折線」[9]。對於未來的結果，人一開始打折的速度會很快，但之後打折的速度會趨緩。所以，如果是六個月後拿到一筆錢，在你心目中，這筆錢的價值會低許多。但如果是一年半後拿到和一年後拿到相比，這筆錢的價值差距就不會那麼大。

提前決定是有好處的，人類如此，鴿子亦然。如果提前決定，鴿子會選擇晚一點就多一點的獎勵。在一項研究中，霍華德・拉克林（Howard Rachlin）和李奧納多・葛林（Leonard Green）讓鴿子在立即的少量獎勵（啄一個按鍵，立刻就能吃兩秒鐘的穀物）和延遲的大量獎勵（啄一個按鍵，等四秒之後才能吃四秒鐘的穀物）之間做選擇，結果鴿子沒有耐心等，牠們寧可立即得到少量獎勵。然而，當研究人員固定延遲十秒才給予獎勵，立即的獎勵要過十秒才能吃到，延遲的大量獎勵則要過十四秒才能吃到，鴿子就改變選擇，變成去啄給予延遲獎勵的按鍵。所以，根據鴿子是提前決定，還是當下決定，研究人員改變了牠們對「願不願意爲了更多的穀物多等四秒鐘」這個問題的答案[10]。

這種原理可以用來加強等待的耐心，我們要做的就是在早一點則少一點的選項到手之前，插入一段時間。舉例而言，如果你知道你的預算只夠暑期旅行一次，那你最好提前規畫。如果你現在就得在「這週末去旅行」和「下個月長達一週的旅行」之間選一個，你可能很難忍到下個月。但如果是在「三個月後的週末旅行」和「四個月後長達一週的旅行」之間做抉擇呢？無論你多想出去玩，你可能都會願意爲了玩更多天而多等一個月，反正一樣要等。如果多付快遞費，只能把送貨時間從十天縮短到五天，而不能從五天縮短到明天，你也會寧可省下這筆錢。

方法三：等一等再決定

湯瑪斯．傑佛遜（Thomas Jefferson）曾說：「生氣時數到十再開口。如果很氣，那就數到一百。」他這句話等於是爲加強耐心的另一個策略背書，這個策略就是「等一等再決定」。先按兵不動，等聽過所有的選項，給自己時間想一想，再決定要做何反應（選擇立即的滿足，還是遲來的好處）。

等一等再決定，給你一段深思熟慮的時間，你用這段時間評估不同的選項，認清再多等一會兒的好處，你會變得更有耐心。舉例而言，在戴先熾和我進行的一項抽獎實驗中，我們請受試者選擇要抽品質尚可、十五天內就能拿到的數位音響，還是要抽品質較佳、四十天後才能拿到的數位音響。有些人立刻做出決定，有些人則是經過一段時間再決定。結果，比起立刻做出決定的人，經過十三天再決定的人較有可能為了品質好的產品等四十天[11]。「等一等再決定」讓人更看重品質的好壞，也因此比較願意等待品質更好的產品。

方法四：針對導致不耐的原因下手

直接針對前述各種導致不耐的原因下手，舉例而言，如果是因為意志薄弱，我們可以藉由提醒自己「未來終將成為現在」，提升「現在的自己」和「未來的自己」的密切感來發揮自制力。對培養耐心來講，營造心理上的密切感是經過證實的有效辦法。以大學生為例，利用虛擬技術產生他們七十歲時的影像，就激發了他們存退休金的動力[12]，如同寫信給未來的自己，達到了鼓舞他們多運動的效果[13]。

如果你是因為不確定未來的結果才沒耐心，提升你的信心，會讓等待變得值得。舉例而言，你可以現在就設定自動支付信用卡帳單，降低你忘記按時繳款的可能性。或者，你可以要求將一筆款項交由第三方保管，直到你有資格動用它為止。這是房地產買賣常用的手法，買方將款項交由第三方（例如產權公司）保管，賣方就等得比較放心。

如果不耐的原因是你沒有很愛那個晚一點就多一點的獎勵，不妨提醒自己這個獎勵的特別之處，以及你一開始爲什麼想得到它。若是採取等一等再決定的策略，你可能不用特別提醒自己，自然而然就會在乎起那個獎勵了，因爲在等待過程中，你可能會越來越看重它。排隊現象背後的心理作用也是一樣的，一件商品如果要排隊才買得到，你越排會越愛這件商品。當你爲一件東西付出了代價，你自然就會比較珍惜它。

但如果代價很低，你可能只想趕快了結這件事，好把它拋諸腦後，不必再想。在這種情況下，有一些小技巧可以幫你的忙，例如，你可以先在日曆上記下這件事，過一段時間再來處理它，或是設定好在未來的某個時間寄出 email。你如果擔心自己會忘記使用折價券，那你並不孤單，有很高比例的禮券和折價券下場都是成爲廢紙。但你如果擔心自己會因爲等不及，就用禮券或折價券去買一件你根本不需要的東西，那麼，用日曆提醒自己晚點把優惠用掉，就不失爲一個聰明的辦法。

方法五：為別人拿出耐心

最後，如果有別人跟你一起等，你也可能變得更有耐心。如果我們倆都決定要等下去，等待就會變得比較容易。如果你能不能得到好處，要看我有沒有耐心，我甚至還會更有耐心。比起沒有共同目標或沒有他人支持的個人，夫妻訂下共同的儲蓄目標，更有可能達成目標。以棉花糖實驗的一個改版實驗為例，這回不是用棉花糖，而是用餅乾。實驗中，雷貝卡．庫門（Rebecca Koomen）、賽巴斯辛．古奈森（Sebastian Grueneisen）和艾瑟．赫爾曼（Esther Herrmann）把孩子們分成兩兩一組，唯有同組的兩個人都決定要等下去，同組的孩子才能得到晚一點就多一點的獎勵。當孩子了解到太早吃掉餅乾不只自己有損失，同組的夥伴也會因此少吃一片餅乾，他們就更有耐心等下去[14]。

下一次在等三明治、等一筆投資或等任何人、事、物時，試試以上介紹的策略，你會更有耐心。

問問自己

很少人會用「有耐心」來形容自己，包括我在內，多數人都覺得自己要是有耐心等久一點就好了。為了在人生中得到晚一點就多一點的好處，在你努力拿出更多耐心時，以下是一些你可以問問自己的問題：

❶ **你是否在某些情境下比較有耐心，在某些狀況下則不然**？在財務、醫療、課業或其他方面，你是否做出了短視近利的決定？

❷ **在等得不耐煩的時候，你主要是怕做出短視近利的決定，還是必須等待的煩躁感，甚至暴躁感**？這個決定本身和等待的感受對你來講很困擾嗎？

❸ **你為什麼沒耐心呢**？有幾個可能的理由：意志薄弱、信念不堅（不相信等久了就是你的）、沒那麼在乎等久一點能得到的獎勵，又或者你要操心的事情已經夠多了。

❹ **怎麼樣能讓你更有耐心呢**？考慮採取分散注意力、提前決定和等一等再決定等辦法。你也可以提升現在的你和未來的你之間的密切感，或是加強你對未

來終將成為現在的真實感。又或者，提醒自己為什麼喜歡那個正在等待的人、事、物。再不然，也可以利用一些科技方法，暫且把這件事拋諸腦後，緩和等待的感受。最後，你也可以和別人約好一起拿出耐心，或是為了別人拿出耐心。和別人合作就是激勵自己的最後一項要素（參見第四部）。

PART 4

善用人際支持

新冠肺炎疫情當頭，我卻在這裡寫人際支持這個主題，我人在家裡，跟家人一起與世隔絕幾個月了。這場遊戲名叫社交距離，我幾個月沒見到同事或朋友了，而且不知下次要何時才能見到我的雙親。我教書的大學關閉前一週，一位同事向我伸出手又趕緊縮了回去，幾個月前，我們就不再跟人握手了。今早我的三歲鄰居對我揮手，我隔著一段距離揮了回去，打完招呼，她母親就趕緊拉著她走開。我們再也不擁抱可愛的小鄰居們了。

對許多人來講，這個人際接觸銳減的年代，每天提醒著我們互助的重要——別人對幫助我們保持動力來講何其重要。身邊有同事、朋友和家人的支持，你會比較走得下去。雖然專家都建議我們要利用隔離的時間運動、讀書、學習新才藝、吃得更健康、練習居家辦公，但沒有人際支持還是很難實現這些目標。有史以來，大概就屬這一年最適合思考「人際支持」對激勵我們達成目標的重要性了。

此時也正適合探討人類是如何生來就要和別人合作，團結一心邁向目標。雖然每個人都是獨立的個體，但一種新的團體意識正在成形。面對共同的敵人，我們有了共同的目標，成功與否有賴每個人做好份內之事。我們和別人合作追求共同目標的能力，在全球各地受到考驗。如果贏了這次的挑戰，我們就有可能達成其他全球共有的目標。我們在這次危機當中發展出來的技能，可望用來減輕環境污染或對抗氣候變遷。

在本單元中，要來聊聊別人如何幫助我們達成目標。激勵學探究了幾種可能性，有些是只要我們人生中有別人存在就有激勵作用，尤其如果我們將他們視爲榜樣，別人的期望和行動就能激勵我們達成自己的目標。他們也可能伸出援手，鼓勵我們前進或幫助我們堅守重要目標。身而爲人，我們歷經演化，成爲互相幫助的個體。小寶寶一哭，我們就覺得於心不忍，因爲我們聽到他在求助，即使不是自己親生的孩子，我們也會萌生哄哄他、抱抱他的衝動。我們隨時準備接受幫助，也隨時準備幫助別人。

更有甚者，其他人也和我們合作達成共同目標。我們都聽過「兩人同心，齊力斷金」的格言。我們都知道，一家公司或一項科學發現的成功，絕不只是一個人的功勞。阿姆斯壯不是單靠自己登上月球的，這件事有無數人的協助。誠然，成就越大，有別人參與其中的可能性就越大。我在封城期間切身體驗到一個道理：只要兩個人合力就能生出一個寶寶，但要把這孩子養大，真的需要全村的力量。

人的激勵系統有幾個特點，有效促使人們不只支持彼此的目標，也一起追求共同的目標。首先，我們很注意周遭旁人，我們大部分的心思都繞著旁人打轉。除非你全神貫注在一件事情上（這種時候不多吧？），否則，人的思緒往往會飄來飄去，而且往往會飄到別人身上，你開始想像別人在做些什麼，或者揣測別人是怎麼看你的。

要知道我們有多注意別人，不妨想想體育迷玩波浪舞玩得多輕鬆。在無數的體育賽事場館，隨時都有粉絲一同完成這項需要彼此協調的複雜任務。以同時一起拍手這件事來講，就連小孩子都能和別人搭配無間。隨著年紀增長，孩子越來越注意他人的反應，這項能力只會更進步。

我們也會尋求他人的陪伴。身而爲人，我們是社交的動物，我們在人群中成長茁壯，孤單一人就會生病，無論你自認內向還外向，你都需要有人陪伴。對人類來講，社交孤立是一種扭曲、不自然的狀態，甚至被當成一種殘忍而不道德的懲罰。單獨幽禁已被證實爲精神疾病的一大肇因，而且足以致死[1]。

更有甚者，我們通常都懷著跟別人合作的心理準備，無論是兩個人聯手，還是整個團隊一起合作。初認識一個人時，我們就會評估要如何和對方合作，一般而言，我們會先觀察對方的社會地位，亦即他們在社會階級中的位置。一旦知道對方的權力比我們大或小，或是與我們平起平坐，我們就知道要如何和對方合作。我們先探一探別人的底，這樣才知道在追求共同目標時該如何和對方互動。

人都很注意別人，會尋求他人的陪伴，而且隨時準備與人合作，再加上重大的目標需要旁人的支持才能成事，明白了這幾點，你應該就能約略了解爲什麼人際支持對實現目標來講這麼重要了。無論你是想恢復好身材，還是想戰勝疫情，最好都跟別人聯手。但問題依然存在：我們要如何與人合作才最有利於成功？

第四部旨在針對人際支持的各個面向解答這個問題，並說明如何建立一套幫助自己實現目標的支持系統。

第十二章談的是在別人面前追求自己的目標，你可以向你的榜樣看齊，抑或是加入 Zumba 健身舞蹈班，幫助自己達成健身的目標。

第十三章是關於和別人一起追求目標，這類的目標需要大家同心協力，例如贏得足球比賽或突破性的科學發現。

第十四章探討人際支持對成功的人際關係來講有什麼含意，說明你為什麼會受到支持你的人吸引，又為什麼會自動遠離妨礙你追求目標的人。

CH 12 旁人的加持

包括我在內，許多人都會不假思索就用「我們」來描述別人的所作所爲和成就。想想看，你有多少次聽到人們說「我們贏了比賽」或「我們登上了月球」？雖然多數人既非職業選手也非太空人，但用「我們」來描述這些成就感覺很自然。「我們」這個代名詞讓人很難分清這說的是你和我上星期做的事，還是阿姆斯壯在一九六九年做的事。這種用詞的模糊，有很大一部分是因爲在心理上沒有必要分清楚，別人和我們之間絕非壁壘分明。

心理學家用「人我重疊」或「心理交集」的概念來解釋人與人之間身分認同疊合的現象。想像在一張文氏圖中，一個圈圈代表你的身分認同，另一個圈圈代表你身邊某個人的身分認同，這兩個圈圈之間可能有很多的交集。這張圖就勾勒出我們看待周遭旁人的心理：他們跟我們是分開的，但又不盡然。你和某個人或某群人越親近，在你心目中，你和他們之間身分認同的交集也就越多。你們雙方緊密交織，你是一個綜合體當中的一分子。

這種與他人緊密交織的感覺造就了許多有趣的現象，舉例而言，你可能要花一點時間，才能分辨自己身上獨一無二的特質，卻很快就能找出你和別人共有的特質，無論這個別人是和你很親近的人還是團體。如果你和伴侶都愛古典樂，你會立刻說出自己是莫札特的樂迷。但如果你愛古典樂，你的伴侶愛的卻是爵士樂，那你就要花多一點時間才說得出自己的個人愛好，因爲這不是你們作爲一對伴侶共有的音樂品味。在你的人格特質中，要想起你和伴侶一樣的地方比較容易，因爲那是你們共同的特徵。

人我之間這種心理上的重疊，說明了爲什麼只要有別人在場，尤其是親近的人，就會對我們的激勵系統產生各種影響。當你和別人同步追求一個目標，例如和朋友、伴侶、姊妹或同事一起運動、購物、工作或進行日常活動，你可能會爲了趕上別人的腳步而更加努力。別人的存在激發了你的動力，甚至可以當你的榜樣。相對而言，你也可能用鬆懈來回應別人的行爲表現，如果你沒能充分將別人的行爲表現和你自己的行爲表現分開，一旦注意到事情有所進展，你可能就會感到心滿意足，即使完成這件事的是別人。

從衆

還是個小女孩的時候，我會編棉繩壁飾，對於不知棉繩壁飾爲何物的幸運兒，基本上，那是一種手工藝，傳統上是用白色的棉繩打出成串的繩結，做成壁飾之用。做這個不需要太多創意，你得小心仔細遵照指示來做，而且我從不覺得成品有多美。我從不想把成品掛在我房間的牆壁上，但因爲其他同齡的女孩都在編棉繩壁飾，我就覺得做這個很酷。

在選擇嗜好或職業、在決定要買什麼或吃什麼，或更廣泛而言，在設定我們的目標時，人往往都有從眾的傾向。我們想擁有別人也有的東西，我們想說出別人說過的話。

在一項現今被視爲經典的社會心理學實驗中，心理學家索羅門．艾許（Solomon Asch）設法在實驗室裡營造從眾的氣氛[1]。參與實驗的學生以爲自己要做的是視力測驗，他們和其他人在一個房間裡，一起看一系列的紙板。每張紙板上有四條線，其中一條是對照線，另外三條線長短不一，學生要從那三條線中找出跟對照線一樣長的線。受試者渾然不知研究人員要測試的是從眾心理，房間裡的其他人只是裝成受試者，他們是研究人員安排的「臥底」，也就是說，他們其實是研究團隊的一分子，視力測驗只是做給房間裡唯一不知情的受試者看的。紙板亮出來的時候，臥底人員全都指向同一條錯誤的線，跟對照線比起來，要麼太長，要麼太短，有時差距頗為明顯。受試者都是最後一個提出答案的人，而他們往往會附和其他人的錯誤說法，學別人指向同一條錯誤的線。當所有人都達成共識的時候，就你一個人表達反對意見，那種感覺很不自在，即使只是針對一條線的長度而已。受試者於是跟風說出錯誤答案，不公然和大家作對。

另一組受試者則是私下在一張紙上寫下答案，此時就很少人會選擇從眾。艾許的實驗讓我們看到迫於無奈的從眾行為，受試者在公開場合附和了許多受試者私下會否認的答案（除非他們眞的擔心自己的視力）。我們在公開場合總是附和別人，即使私底下無法苟同。如果同桌的每個人都說酒很好喝，你可能就會說這酒是多麼香醇順口，即使你覺得其實還好。

在高壓之下，跟風也可能變成順從。即使你認為高跟鞋只是用來折磨女人的，但身為女人的你還是會穿高跟鞋去上班，因為辦公室裡的女同事都這麼穿。你覺得如果要被人當一回事，就要像同事那樣穿高跟鞋，你也不想因為穿著不當而丟了升遷的機會。在史丹利·米爾格倫（Stanley Milgram）著名的實驗中也看到一樣的社會壓力。為了測試人會不會為了從眾而把痛苦加諸在別人身上，研究人員告訴受試者，只要臥底人員答錯問題，受試者就要予以強力電擊。雖然這些受試者不贊成對學習速度慢的人施以痛苦的懲罰，但他們還是照研究人員說的做。幸好電擊是假的，受試者沒造成什麼傷害。

相對於不得已的順從，日常生活中的從眾行爲大多有某種程度的眞心，我們多多少少都接受了別人表達的評論或想法。選擇從眾時，我們通常內化了別人的喜好和行爲，眞心認爲別人說的、做的有道理。

各種類型的從眾行爲也反映出人一開始選擇從眾的不同理由。其一在於，當一個合群的人有社交上的好處，別的不說，首先你的人緣就會比較好。人往往是爲了受到喜愛和接納而以附和別人作爲權宜之計。如果你是異議分子，你恐怕就嘗不到這種好處了。這是所謂的「規範性從眾」，你可能表面上同意，但心裡不同意。就像在艾許的線條實驗中，表現出規範性從眾行爲的受試者，經過一番權衡，判斷即使反對也說同意是利大於弊。在你心裡，你可能不認同聽古典樂就代表一個人很有品味，但你還是會配合大家，對你們一起聽的那場古典音樂會讚不絕口，因爲你認爲這樣才能融入這群人當中。

人之所以從眾，還有一個原因是假定別人已經知道怎麼說或怎麼做才好。這種「資訊性從眾」源自別人的行爲透露出關於最佳做法、正確答案，乃至於什麼目標值得追求的資訊。若看到一家咖啡館前大排長龍，你就會假定這家的咖啡很厲害，其他消費者的選擇爲你證明了這家的義式濃縮咖啡不容錯過。這就是小時候我爲什麼會去編棉繩壁飾，朋友們都在編，我就覺得編這個一定很好玩。當身邊的朋友或網路上的社團推薦了一道食譜或某種髮型，你就假定他們知道什麼是最好的。

別人分享的資訊往往也確實有參考價值。而且，你問的人越多，得到正確資訊的可能性就越大。群眾的智慧往往勝過群體當中某一個人的智慧。這就是爲什麼你會聽從成千上萬個觀影者的集體評價，而不會盲目聽從某位同事對某部電影的推薦。這也是爲什麼我們讓市場透過交易來決定股價，而不會只憑區區幾位經濟學家的評估來決定，因爲「市場」基本上是由群眾組成的。

當然，就連超大規模的群眾也不一定很有智慧，否則如何解釋爲什麼美國至今不曾選出一位女性總統來呢？但即使你不認爲周遭的人多有智慧，你還是有另一個從眾的理由：因爲你本身也是群眾的一分子。群眾是由「我們這些人」組成的。

誠然，人之所以從眾的一個主要原因，在於人和自己所遵從的人之間界線不明，我們會說「我們」，而不說「他們」；我們會以「我們」來思考，而不以「他們」來思考。說「我父母要我當醫生」和說「我們家要我當醫生」之間的差別就在於此，在後面這句話當中，要你習醫的那群人也包括你自己。你把他人的觀點和目標內化了，因爲他們是你的一部分。

爲了說明這種人我界線的模糊，不妨想想你有多容易對劇中或書中角色感同身受。看到電影裡有一幕是蜘蛛爬到某個人的脖子上，你可能也會跟著發抖，彷彿蜘蛛是爬到你脖子上似的[2]。你對那份不舒服感同身受，產生了立刻把那隻蟲子弄掉的目標。你內化了這個虛構人物的遭遇和目標，在心理上與他合而爲一，你產生了從眾心理。

當然，比起陌生人或虛構人物，我們和親朋好友的交集又更多，所以我們對自己的小圈圈會更加順從。我們形成一種「共有的現實」，親近的人彼此之間以類似的方式感受這個世界，採納類似的觀點。我們關注他們關注的社會議題，追隨他們追隨的潮流。如果朋友有目標，我們就跟他們有一樣的目標，畢竟，我們是一個整體的一部分。

成為彼此的互補

跟我們最親近的人對我們的影響最大，但這不代表我們永遠都會仿照他們的行爲和思想。有時候，追隨別人的腳步、跟別人一樣，反而是不受歡迎的。舉例而言，我們教小朋友要學會分享，因爲如果大家同時去搶一件玩具就不好了。他們應該輪流玩，各有各的喜好，而不是學別人玩一樣的東西，爭奪同一件玩具。長大後，我們也學到在派對上不要跟朋友撞衫，無論我們有多想穿那件禮服。還有，輪流說、輪流聽才是有禮貌的，不要同時搶話講。以這幾個例子而言，共通的原則就在於我們學會尋求彼此互補的行爲，而不是和別人重疊或重複別人的行爲。

是什麼決定了人要從眾，還是要彼此互補呢？爲什麼你有時一股腦投入跟朋友一樣的目標，有時卻又因爲那是你朋友的目標而刻意迴避呢？

這兩種模式都能用心理交集來解釋。你用回應自己的方式去回應別人的行爲、愛好和目標。你自問：有鑒於「我們」剛剛的言行舉止，我是應該重複一樣的說法和舉動呢，還是應該做出別的選擇呢？

人往往會順著別人說的話去做。如同我們在第五章討論過的，一旦你說了什麼，你的決心就會加強，所以，如果我說了某件事對我來講很重要，我就更有可能重申一樣的觀點，並且貫徹到底，付諸行動。根據心理交集的原則，如果我的另一半說某件事對他來講很重要，我就會斷定這件事對我們夫妻來講很重要，我的決心加強了，所以，我也更有可能表達跟我老公一樣的觀點，並且付諸行動。舉例而言，如果我老公說他決定要節約能源，下次在商店裡我就比較有可能買省電燈泡。

但人比較不會跟親近的人有一樣的做法，尤其是當這些行爲顯示「我們」已經做得夠多的時候。舉例而言，如果我老公誇口說他騎腳踏車上班不知道省了多少能源，我可能就會覺得我們夫妻已經夠節約能源了，我不用再省了。

順應別人既有的想法，補足別人沒有的行動，一樣的原則也適用於團體。如果我認爲我們這群人已經很守規矩了，我個人可能就不會那麼守規矩，因爲「我們」已經證明我們是守規矩的人了。所以，瑪麗安・古卡基（Maryam Kouchaki）的一項研究就發現，大學生若是根據一份調查得知同校同學比別校同學更道德，在接下來的徵才情境中，他們就比較會表現出歧視行爲。以招聘員警來講，一旦聽說工作環境對黑人不友善，他們寧可錄用一個資格不符的白人，也不錄用一個資格符合的黑人[3]。當然，他們以爲自己是爲這個黑人好，才不讓黑人警察到不友善的職場環境中工作。但這種帶有歧視的決定並不會改變這個職場的文化，他們是因爲對自己的道德地位覺得很放心，才做出這種帶有歧視的選擇。

同理，視自己爲受害族群的一分子，也可能導致你對其他潛在的受害者較不關心。如果我得知我這個族群在社會上是受到歧視的，我可能就不會那麼關心其他族群受到的歧視，因爲在我眼裡，「我們」才是受害者，不是加害者。所以，以我來說，身爲猶太人，想起世界各地的反猶太主義，可能會導致我在面對少數族群的求職者時，不小心表現出歧視的態度。

在另一項研究中，涂豔蘋和我直接比較了「順應他人表明的目標」和「順應他人既有的行動」的從眾行爲[4]。我們發現，由於受試者意識到自己與他人的心理交集，他們會採取跟別人不一樣的行動，但對於別人口頭表示很重要的目標，他們則會有附和的行爲。在一項實驗中，實驗人員去找校園裡兩兩成對坐著的朋友，讓他們從「冬薄荷」和「甜薄荷」兩種口味的口香糖中挑一種。在每對朋友當中，率先挑選的人如果選了冬薄荷，並在實驗人員的要求下晚點再嚼，另一個人多半也會選冬薄荷，選擇相同口味者略多過半數。但率先挑選的人一旦嚼起口香糖，另一個人幾乎都選不同的口味，換言之，他們補足第一個人沒有的行動，而不仿照第一個人的選擇。

這項研究也發現，網購顧客較聽從客戶評價中的資訊。從客戶評價中，他們可以知道別人有多滿意一件商品。相形之下，他們比較不會以銷售資料爲參考依據，銷售資料只是告訴他們別人買了什麼而已。你想得到的是人人讚不絕口的商品，而不是大家都買了的商品，儘管這兩者有很大的交集。同理，線上影片的觀眾會根據按讚數而不是點閱數來選擇要看的影片。你想看其他人都推薦的影片，但不見得想看別人都看過的影片。如果大家都做過這件事，無形中你就覺得自己好像也做過了。這就是爲什麼從沒讀過《哈利波特》的人也覺得自己好像讀過了一樣。

正反榜樣

如今，我的大女兒是成功、有自信的天體物理學家。但幾年前，她剛上大學時還很沒自信。她在物理系的老師和同學幾乎都是男生，她覺得自己不屬於那裡。幸好，學校從寥寥可數的女性物理老師中派了一位來當她的大一指導老師。這位指導老師認眞看待她的工作，用心協助剛起步的物理學家，尤其是年輕女性在物理學領域的發展。身爲耶魯大學物理系聘用的第一位女性，我女兒的指導老師在爲全體學生辦的會議和聚餐上，公開談論理工領域的性別歧視。十八歲時有這位老師當榜樣，我女兒建立起她也能在男性主導的物理學領域闖出一片天的信心。

榜樣是你人生中的重要人物。你的榜樣是你自認跟他很相像的人，你也想在自己身上看到他展現出來的特質。即使這個人私底下跟你並不認識，例如你把名人或公眾人物當成榜樣。你認同這個人，覺得自己跟他有某種交集，你有可能會成爲像他那樣的人，所以他激勵了你。

就跟你在人生中遇到的其他人一樣，你的榜樣爲自己和別人設下的目標，甚至比他們的所作所爲更具有激勵作用。所以，你要選一個不止做得好，也期許自己和別人都做得好的人當榜樣。最好的榜樣不只是以身作則，還設下他希望你也能看齊的標竿。

比起只在乎個人螢幕形象的運動員，想看到你也練出好身材的運動員才是對你比較好的健身榜樣。比起一個自己很成功，但懶得指點別人的主管，一個期許你也成功的主管才是比較好的榜樣。

你也應該考慮給自己一個「反榜樣」，也就是你不想跟他一樣的人。你的選擇跟這個反榜樣背道而馳。舉例而言，你可以把粗心大意的主管或貪污腐敗的政客當成反榜樣，藉此激勵自己繼續深造，日後成爲一個細心又廉潔的領導者。

反榜樣提醒我們，人之所以選擇和別人不一樣的做法，背後有兩種截然不同的原因。有時候，你選擇跟別人互補的做法，是因爲你希望你們相處融洽。根據別人的做法來調整自己的做法，有助你達到跟人相處融洽的目標。也有時候，你想走自己的路，跟別人區隔開來，是因爲你不喜歡對方，也或許是因爲你想展現自己的獨特。青少年是後者的好例子。青少年不見得（像我們以爲的那樣）討厭成年人，他們之所以拒絕接受大人的觀點，只是因爲他們想獨立。即使是大人，一群朋友在餐廳裡，往往也會點不同的餐點和飲品，正如丹．艾瑞利和強納森．列瓦夫（Jonathan Levav）的研究所顯示，點一樣的東西無法展現個人的獨特[5]。保有個人的獨特，就足以成爲我們選擇跟別人不一樣的理由。

說到表達異議和採取相異的行動，藏在反對背後的動機也會影響你的言行舉止。

如果你的動機是想表現得與眾不同，那你可能只要逮到機會就跟大家唱反調。相形之下，如果你的動機是要補足別人的不足，那你就比較可能適當地提出不同意見，舉例而言，你可能會指出別人沒想到的地方。一個愛唱反調的人可能只是爲反對而反對，但出發點在於與他人互補的人則會提出有建設性的不同觀點，讓大家可以多一個思考的角度，爲解決問題提供可能的方案。

無論你是選擇一個「正榜樣」，向這個人的目標看齊，還是選擇一個「反榜樣」，反這個人的目標而行，也無論你的所作所爲是完成或抵消了這個榜樣的作爲，他都會影響你的一舉一動，也因此在你的人生中扮演重要的角色。

社會助長效應

在本章開頭我提到，有別人在場，可以提升我們追求目標的動力。但截至目前爲止，我只談到別人透過表達他們的觀點、展現他們的行動來影響我們。就我談過的幾種影響方式而言，別人甚至不必眞的在場。所以，實際上有別人在場（只是人在現場而已，他們可能沒什麼行動，也沒說出心裡的目標），到底會如何影響我們的動力呢？

說來有趣，史上首開先河的社會心理學實驗在一八九八年就探討了這個問題。做實驗的是諾曼．崔普列（Norman Triplett），他是美國的心理學家，也是熱愛自行車運動的騎手。崔普列注意到，相較於只跟碼表比賽，跟別人比賽的騎手騎得更快。崔普列對自己觀察到的現象百思不解，於是決定試驗一下人是不是只要有別人在場就會更有動力。在崔普列設計的實驗中，他請孩子們以最快的速度把釣魚線收回來。有些孩子是一個人站在那裡收釣魚線，有些孩子則有下一個排隊的孩子在看。就跟自行車騎手一樣，多數孩子都是有別人在場時收線收得更快[6]。

幾年後，這種現象被命名為「社會助長效應」，指的就是有別人在看時，我們會更加努力的心理作用。舉例而言，運動員在觀眾面前會表現得更好。有別人在看時，智力方面的表現也會突飛猛進。在一群觀眾面前，你會學得比較快，也會想出更多有利於自己的論點。如果這聽起來還不像一條基本的心理定律，別忘了動物在同類面前也會拿出更好的表現。就拿老鼠來說吧，如果窗戶後面有別隻老鼠在看，迷宮中的老鼠就會跑得比較快。

有別人在看，爲表演者帶來身心雙方面的刺激。你假想觀眾在對你品頭論足，或假想旁人在跟你競爭，你因此既焦急又亢奮，進而激發了你的表現，對你來講輕而易舉或駕輕就熟的事情，你會做得更多、更快、更好。

但別忘了，如果是較爲複雜和你不熟練的事情，旁人在場的刺激也可能有礙你的表現。過多的刺激甚至可能徹底毀了一切。舉例而言，如果你剛學會投籃，在觀眾面前打籃球就可能害你投不進。在工作上，如果你負責一項重要的簡報，你可能會事先練習到非常流暢爲止，如此一來，你就可以頂住有人在看的緊張和刺激，輕鬆完成這件事先反覆演練過的任務。

說來有趣，有別人的替代品在場，例如桌上放著親人的照片，甚至只是一雙眼睛看著你的圖片，也能觸發社會助長效應。這些替代品讓你產生有人在看的錯覺，即使實際上並沒有。這種錯覺激勵你做得更好、更多，並進一步提升你的合作精神、誠實態度和慷慨情操。

有人在看的時候，你不只會更賣力，也會覺得你的表現留下更深的痕跡。有另一雙眼睛在看，我們就覺得自己的所作所爲彷彿被放大了，這種感覺加強了我們謹言慎行的動力。在賈妮娜・史坦梅茲（Janina Steinmetz）主導的一項研究中，我們發現，人覺得自己在公開場合吃的食物分量比私下吃的還多，即使分量是一樣的[7]。這種錯覺使得人在公開場合吃得比較少。在另一項實驗中，觀眾席的人數越多，羽球選手就覺得自己對團隊成敗的影響越大。這種效應使得選手在觀眾較多時打得更賣力。有人在看，你會受到旁人眼光的激勵，拿出自己最好的表現。

問問自己

別人的存在影響我們的動力，即使他們不是真的人在現場。陷入熱戀之際，你表現得彷彿你的一言一行、所思所感都被對方看在眼裡、聽在耳裡，即使對方不在身邊時亦然。你愛的人激發出你最好的一面。你也要靠親朋好友一干人等的加持勇往直前，因為他們正看著你的表現，即使這些人的眼光只存在於你的想像之中。

下列問題有助營造一個激勵你堅守目標的人際支持環境：

❶ **想想在你生命中出現的人，包括他們表達出來的目標和表現出來的行動，你應該順應他們的價值觀嗎**？**還是你應該補足他們言行舉止的不足**？你可能應該兩者兼備，也不妨想想你的目標與行動如何融入別人的目標與行動。

❷ **你該拿誰當榜樣**？想想那些不止自己很成功，也期待別人能成功的人，這種人才是有效的榜樣。舉例而言，看體育節目不會讓你練出好身材。期許你做得好的人，才是你的好榜樣。

❸ **如何善用別人在看的力量改進自己的表現**？無論是在觀衆面前表演，或是在公開場合做事，你可以用社會助長效應助自己一臂之力。但在學習新事物時，不妨還是一個人私下練習。

CH 13

追求共同目標

崔普列注意到自行車騎手在別人面前騎得比較快，到了一九一三年，在世界上的另一個角落，法國農業工程師馬克西米連·林格曼（Maximilien Ringelmann）想知道，如果旁人不只是看，還跳下來幫忙，人又會工作得多賣力呢？爲了解開他的疑惑，林格曼邀集了一群男丁，給他們一條繩子，繩子連接到測力器上，測力器會記錄這些人使出的力氣。林格曼發現，如果自己一個人拉繩子，每個人都會拉得很用力。但是當幾個大男人一起拉繩子，每個人就拉得比較小力了[1]。

這種動力減退的現象，稱之爲「社會惰化」。每個人應該都有過這種經驗，只要想想划船這件事就知道了，兩個人一起划一艘船的時候，雙方都不可能使出全力，因爲你知道別人也在出力，所以你就放鬆下來。聚餐分帳的時候也一樣，如果你一個人在餐廳吃飯，你可能會注意自己點了多少錢的餐點，不只因爲你不想吃太撐，也因爲你要小心自己的荷包。但隨著同桌用餐的人數增加，最後要付的金額也會提高。越多人一起分帳，用餐者就會放寬自己花錢的限制。在做學校或公司的團體報告時，個別組員也會鬆懈下來，我們不會像獨立作業時花那麼多的心思，有別人的參與，讓我們忍不住想放空。事實上，集體開會這件事只動用了會議室裡一小部分的腦力而已。

從運動團隊、委員會、交響樂團到陪審團，各種團體都會發生社會惰化的現象。當我們關切的主要是團隊整體的表現，而不是團隊中誰做了什麼，團隊成員就比較不會賣力表現。這種現象有時嚴重到成爲一種社會弊病。

「坐享其成」是跟社會惰化類似的現象，只不過，坐享其成的人不止在團隊中出力較少，也會很有技巧地達到不勞而獲的目的。逃漏稅，但照樣享用公路、公園等公物，就是在坐享別人努力的成果。職場上，坐享其成的人從不主動做事，但照樣領薪水、享用員工福利。在家裡，坐享其成的人從不洗碗或倒垃圾。

人在團體中之所以會惰化或坐享其成，原因要追溯到我們談過的中途障礙（第七章），當我們的行爲不會受到注意，我們就不那麼在乎自己做得好不好。在團體中，個人的貢獻造成的影響往往難以評估，所以，如果惰化的原因是沒人看到我們造成的影響，甚至連我們自己都看不到，那麼，解決辦法可能就是把個人的貢獻凸顯出來。

對付社會惰化和坐享其成

二〇一〇年，兩位病毒式行銷的專家布萊德．丹普豪斯（Brad Damphousse）和安迪．巴勒斯特（Andy Ballester）創了一個群眾募資的網站。看到 Indiegogo 和 Kickstarter 等爲藝術家和企業家募資的網站大獲成功，他們想創一個供一般人爲「人生重要時刻」募資的平台。兩人的願景是讓大眾利用這個網站爲度蜜月、畢業禮物等個人需求募資，網站叫做 GoFundMe，字面意思就是「來資助我」。

如今，GoFundMe 是廣受歡迎的募資平台。一對夫妻爲他們的黃金獵犬募得將近一萬五千美元的化療費用。加州一個七歲小女孩募得五萬多美元的購書款，她買了涵蓋多元角色的書籍和一盒盒有各種膚色的蠟筆，捐給地方上的中小學。科羅拉多州一位老師爲他的學生募得九萬兩千多美元，作爲這個住在寄養家庭的小男孩動腎臟移植手術的救命基金。

這些都是很大的目標。GoFundMe 的成功雖然有很多原因，但丹普豪斯和巴勒斯特爲他們的群眾募資平台設計了兩個很有用的功能，一是逐一明列每筆或大或小的捐款，二是捐款人可以選擇公開自己的姓名。

匿名捐款的情況下，捐款人往往捐得比較少，因爲他們不覺得要爲自己的捐款負責。更有甚者，當捐款人只能拿他們個人捐款和整體捐款總額相比時，他們覺得自己的貢獻只是滄海一粟。但是當每一筆捐款都附上捐款人的大名，捐款人就覺得對自己那筆捐款有責任，而且他們既在乎整體捐款總額，也在乎自己和別人相比捐了多少，所以會捐得比較多。不只捐款有這種效應，團隊合作時，如果誰做了什麼很清楚，每個成員就會覺得自己有責任，而且自己的貢獻對團隊的成敗有實質影響，所以他們會更努力。

如果你的貢獻不只被突顯出來，而且還有帶頭衝第一的作用呢？透過個人的貢獻來帶動別人，是解決社會惰化的另一個有效辦法。在這種情況下，你做得越多，別人就跟著貢獻越多，團隊裡的其他成員會以你爲榜樣而更加賣力。知道別人把自己當成榜樣，人就會想做得更多，以充分發揮自己的影響力。環保人士或政運分子在社群媒體上貼文，宣揚保存生物多樣性的重要，或表明參與連署，背後的動機就可能是想帶動別人支持同樣的理念。甚至只要有影響別人的「可能性」存在也行。不管是捐錢、貢獻你的時間，還是在工作上更努力，當你想著公開自己的所作所爲可能造成的影響，便能激勵自己全力以赴。

另一個對付社會惰化的辦法，則是將大團體拆成小團隊。在一項落實這個辦法的研究中，畢柏·拉丹（Bibb Latané）和他的研究夥伴請一群受試者一起拍手大喊[2]。表面上，這麼做的目的是要測試群眾的歡呼聲能有多吵，但實際上，眞正的目的是要測試團隊規模對社會惰化的影響。研究人員比較了小規模和大規模的團隊中個別成員製造的噪音量，發現每個人製造的噪音隨著成員從一人增加到六人而遞減。拍手大喊就跟划船一樣，幫手越多，個人出力就越少。難怪社會惰化的問題在大企業比小型新創公司更嚴重。你如果是在一個大型團隊中工作，把團隊分成小組，每組只有幾個人，不失爲解決社會惰化的一個辦法。

最後，將貢獻私人化，也是對抗社會惰化的辦法。有些類型的付出帶有付出者的私人特性，比較極端的例子像是捐血和器官捐贈，你付出自己身體的一部分去幫助別人。捐錢傷荷包的程度即使和捐血傷身一樣，人在同意捐血時，還是會覺得這件事跟他們個人的關係更密切。其他類型的貢獻則在象徵意義上帶有貢獻者的私人特性，舉例而言，透過簽署請願書或簽署工作上的文件，你貢獻了自己的大名，你的名字帶有你的文化和家庭背景，也帶有你作爲社會全體的一分子獨一無二的身分。一旦透過簽名貢獻了自己的名字，人往往會變得出手更大方，對工作更負責。

綜合以上因素，具案廷和我做了一項研究，我們送學生一枝原子筆，接著邀請他們把筆捐給缺乏文具資源的學童。有些學生在我們提出捐贈建議前剛得到這枝筆；有些學生則擁有這枝筆稍微長一點的時間，我們在他們一抵達實驗室時就送這件禮物，並在實驗結束時邀請他們把筆捐出來。當這些學生有時間建立起他們對這枝筆的所有權，我們發現，這讓捐出這枝筆感覺更有意義。擁有這枝筆稍微久一點的學生告訴我們，感覺起來，捐助學童文具資源的理念跟他們的關係更深刻[3]。

如果有機會把一個理念私人化，人就會對這個理念更有使命感，因爲這個理念帶有他們的身分識別特徵。基於類似的原因，有機會做出獨一無二的貢獻——要靠你特有的專業和技能才做得到——你就會受到激勵，爲大家的共同目標貢獻一己之力。這是自製糕點義賣的募款方式這麼流行的原因之一，因爲只有你知道口感綿密的家傳布朗尼食譜。相對而言，這也是爲什麼兩個人一起划船就會想鬆懈的原因，划船的時候，你的貢獻沒什麼特別之處。

團隊協調

雖然截至目前爲止，我都將社會惰化刻畫成一種社會弊病，但在與他人合作時少出一點力，不見得是壞事。之所以要想辦法對抗社會惰化和坐享其成的行爲，背後的假設是，當人認爲別人也在爲共同目標努力時，往往會鬆懈下來，導致整體表現不佳。

然而，少出一點力，雖然有部分是出於自私的動機，但也不盡然如此。有時候，人是爲了與別人協調而收斂自己。

在團隊中做事，可以用輪流出力的方式彼此協調。常言道，人多誤事。深究起來，大家七手八腳一起做一件事，對團隊來講不見得是最理想的。如果已經有人在做這件事了，剩下的人最好等這位夥伴累了再接手，此時累了的人就可以放鬆。

除了輪流以外，團隊成員趁別人在努力時放鬆還有其他很好的理由，這些成員不是自私，而是在跟別人協調。

情況一：不是自私，而是分工

在我們家，洗衣機壞掉的時候，我不負責打電話找人來修。我不負責用吸塵器吸地板、不負責帶狗去看獸醫，也不負責接小孩放學。我是天生的懶鬼嗎？或許吧，誰不是呢？但我們家的安排並不稀奇，夫妻通常會一起分擔家務，兩人各自全權操辦某些事務。雖然以上這些事都不歸我管，但我是負責買衣服和洗衣服的人，我總覺得，要不是有我，我先生和我兒子都會光溜溜地走來走去，沒有衣服可穿，或只有髒衣服可穿。我也負責送小孩上學和接校護打來家裡的電話。

親近的關係牽涉到兩人之間一定程度的互補，夫妻以互補的方式共同分擔責任。

在一項研究中，丹尼爾．韋格納和他的研究夥伴利用記憶力大挑戰，比較了眞實夫妻和一對陌生人之間合作的情形。挑戰的內容涉及各式各樣的益智問答，從電視節目、科學到其他類別的問題不等。受試者學到幾個題目的答案之後，研究人員再測驗他們記得多少。結果夫妻隊比陌生人隊表現得更好[4]。

其中祕訣在於有效的分工。夫妻在學習新知時，雙方各自專注於自己感興趣的類別，剩下的就交給另一半。如果我是我們家的科學迷，而我先生愛看電視，我們就會自動按興趣分工合作，由我來記科學類的答案，由他來注意電視類的答案。相形之下，陌生人隊不會自然而然分工起來，雙方都盡量努力多記一點。所以，即使兩個陌生人有很多重疊的知識，他們作爲一個團隊知道的就少得多。

當然，這種分工也可能有它的缺點。在我們家，我要負的經濟責任相對較少。雖然在工作上我會聽到許多財經方面的相關研究，但在家裡，理財的事情就都交給我先生。雖然我會參與買車之類的重大決定，但我不會定期去注意繳稅、管理銀行帳戶和貸款等事宜，這一切都由我先生打理。

不用管錢，讓我有時間去做別的事，例如寫這本書，但這確實是有代價的。久而久之，我的不聞不問，就會變成沒有理財概念，或專家所謂的「理財素養」很差。現代生活充斥著複雜的財務決定，有理財概念的人具備足以應付日常所需的基本知識，對於錢要怎麼用，他們能夠做出明智的決定。人會在成年後的人生中培養理財概念，但唯有當你必須負責做財務決定的情況下才是如此。如同艾德里安．瓦德（Adrian Ward）和約翰．林區（John Lynch）的發現，夫妻當中負責管錢的一方才會獲得理財相關知識，不負責管錢的人就對理財一無所知[5]。

無論是在理財或其他方面，把責任交給另一半，你現在就不必學習新知，但這同時也會成爲你的障礙，未來你就不知道如何做出明智的決定。如果某方面的知識都是你的配偶在吸收，你可能就不會做菜、不知道要到哪裡買東西，甚至不知道像獸醫的電話幾號這麼簡單的事情。

如此說來，一段關係要成功，雙方多少要分工合作、彼此互補，才能全面涵蓋這段關係和這個家的所有責任，有效處理各方面的事務。如果你的另一半負責做菜，那你最好負責洗碗，而不是同時有兩個廚子在廚房裡。但要注意，雙方若是離異，或其中一人活得比較久，這種固定、沒有彈性的搭配方式就會產生反效果。雖然分工合作是感情成功之鑰，但你不該將某方面的知識完全交給對方。換言之，你的理財概念不該縮減到只知道寫在便利貼上的帳戶號碼。

情況二：不是自私，而是放大團隊利益

肚子餓的時候，你會問都不問就從同事的抽屜拿零嘴吃嗎？如果這位同事剛好是你最好的朋友呢？兩人之間的親疏遠近會不會影響你的決定？或者，你會不會爲了自己要升職加薪而要求別人接受降職減薪呢？如果這個人是你的另一半，他必須爲了你的事業發展搬到陌生的城市呢？

多數人都不會不經允許拿走別人的東西，除非這個人跟你很要好。我們也不會爲了讓自己的事業飛黃騰達，要求別人犧牲他們的事業，除非這個人和我們是終生相守的關係。在親近的人之間，我們的行爲看起來或許很自私，但背後的動機通常不是爲了自己。我們之所以有這種彷彿占親朋好友便宜的行爲，原因是在親近的關係中，我們考量的重點在於個人的做法對團隊整體的影響，如果其中一方的損失小於另一方的收穫，我們就覺得沒關係，因爲團隊整體得到的結果是比較好的。

這種看似自私的行爲，我們稱之爲「善意的取用」，背後是不分彼此的友好精神。比起跟自己關係疏遠的人，人比較會犧牲親朋好友的利益，只要這麼做能放大雙方的集體利益。我們說這種取用他人資源的行爲是友好的，而不是坐享其成，因爲這麼做是出於好意。如同我們在第十二章談過的，人感覺自己的身分認同和親人、密友相重疊，所以在跟親近的人分配資源時，我們關注的是整體的利益。結果若是好處大於害

處，我們就覺得可以犧牲朋友的利益。以上述情境來講，拿朋友抽屜裡的零嘴來吃，或要求另一半放棄自己的事業，都是因爲我們認爲自己得到的好處大於親友的損失，以一個團隊而言，整體的結果是利大於弊。

這不代表所有的取用都是善意的。當人利用陌生人，獨厚自己人，那純粹就是一種私心而已。人也可能基於私心而利用自己的親友。唯有心中衡量清楚，確定占用親友的資源可以讓雙方得到更大的好處，這種取用才是善意的。所以，夫妻一起走在雨中，我可能會接受外子給我的雨衣，因爲我不想淋濕，而他不介意淋濕。把雨衣讓給我，他損失了一點，而我得到了很多。因爲我的收穫大於他的損失，所以我們夫妻的得大於失。

涂豔蘋、艾力克斯・蕭（Alex Shaw）和我在一項實驗中探究了這種效應[6]。我們請受試者帶一位朋友來試吃巧克力太妃糖，受試者要在兩種試吃包當中選一種，A試吃包有「十顆太妃糖：七顆給你自己、三顆給你朋友」，B試吃包則有「六顆太妃糖：兩顆給你自己、四顆給你朋友」。受試者拿到太妃糖之後不能重新分配，他們必須在「對自己很有好處」或「對朋友有點好處」之間抉擇。不出我們所料，跟朋友越要好的受試者越有可能選擇對自己有利的A試吃包。除了對自己有利，A試吃包也放大了團隊整體的利益。選A試吃包看起來雖然自私，但背後卻是出於善意，而不是出於想占朋友便宜的私欲。

在緊密的關係中，人關切的是「我們」加起來得到多少，而不是哪個人得到比較多。他們會選擇讓自己得到多一點，但也會選擇讓自己得到少一點，基本上，只要團隊整體得到比較多就好。

其他研究也發現，在爲自己和摯友選擇獎勵時，人關注的主要是兩個人加起來的好處，受試者甚至沒興趣知道誰得到什麼。這種傾向或許說明了互訂終身的夫妻在乎的是放大兩個人合起來的收入，即使這意味著其中一方賺得比另一方多很多。放棄自己的工作，跟著獲得升遷的伴侶搬到另一座城市，就是基於這種考量。但別忘了這麼做的壞處，如果有人單方面犧牲自己的收入，兩人的關係就可能失衡。長遠來看，平等一點對感情有幫助。

從全球的角度來看，放大整體效益的傾向，也能解釋執政者擔心的往往是全國整體的經濟成長，而不是國內貧富差距問題。同樣的，對國家整體較好的做法，可能對許多國民個人來說並不好。

不介意誰得到什麼的傾向，還可以說明爲什麼我們有時會把別人的點子當成自己的。當我在談激勵學相關研究時，有時我會忘記要把功勞歸於其他研究者，我說「我們發現」，但實際上是別人的發現，我只是讀到別人發表的研究結果。說來很不好意思，比起我個人不認識的研究者，我更容易忘記要把功勞歸於跟我有私交的同事。在我心目中，同事的想法和我的想法不分彼此，是「我們的」想法，即使這想法嚴格來講並不是「我的」。

對團隊整體利益的關注，甚至可以用來解釋侵占智慧財產權的行為。如果你覺得利用別人的作品（例如免費使用軟體）對你的幫助大過對他們的傷害，在你心目中，這麼做對團隊整體（此處的「團隊」指你和他們，或有共同利益的人）就是有利的，即使實際上是對你比較有利，對智慧財產權人比較不利。這種善意取用的現象解釋了為什麼人常常表現得像是坐享其成，因為我們認為這是有效的解決辦法。

情況三：不是自私，而是要到緊要關頭才出手

想想別人為你們的共同目標所做的貢獻，或想想別人沒做的貢獻，何者更能激發你的動力？以小組報告為例，聽說你的組員努力在做報告，或聽說你的組員在偷懶，何者更能讓你為小組報告多出一點力？

這個問題或許會讓你想起第六章有關提升動力的討論：杯子半滿和杯子半空，哪一種才能提升你的動力？在追求個人目標的情況下，我們思考「已完成的行動」和「有待完成的行動」何者更能激勵自己。說到個人幫助團隊追求共同目標的動力，我們也

要問問一樣的問題。「考量其他組員已經完成的行動」和「考量其他組員還沒完成的行動」，哪一種考量更有可能令組員出手相助？當組員不幫忙的時候，他們是出於自私的動機，還是因爲想用互補的方式合作？

答案如前，「已完成的行動」和「有待完成的行動」何者較能提升動力，要看你有多大的決心而定。這次，除了要看你對達成大家共同的目標有多大的決心，也要看你對這個團隊有多投入。對你來講很重要的目標，你就會有更強的決心。這些目標可能會影響你向別人介紹自己的方式（例如「我在醫院工作」），或有長遠的後果（例如長達數年的房屋整修計畫），抑或是伴隨著很大的代價（例如一件決定公司命運的產品）。你對某些團隊也會比其他團隊更投入。對於你在最近才加入的團隊，例如工作上新加入的小組，你不會那麼投入。如果你剛新婚，相較於你自己的家族，你對另一半的家族和他們共同的目標可能就沒那麼投入，因爲在你的人生中，你的家族一直是你的一部分。

如果你對一個目標或一個團體沒那麼投入，你會衡量追求這個團隊的共同目標是否值得。你應該爲了他們想達成的目標付出自己的時間、金錢和力氣嗎？在這種情況下，其他人的貢獻暗示這個目標既重要又可行，你之所以做出貢獻，是因爲別人也有貢獻。如果別人沒什麼貢獻，那你也會貢獻得少一點。所以，別人已完成的行動會提升你投入的意願。舉例而言，如果新辦公室的茶水間乾乾淨淨、井然有序，你就會記得要洗自己的咖啡杯，你不想壞了大家的規矩。但如果茶水間本來就已杯盤狼藉，你就會覺得把髒杯子丟在水槽裡沒關係。

相形之下，當你對一個團體或一個目標很投入，你會評估達到目標的進度。對目標很投入的組員，如果發現別人沒什麼行動，自己應該補足別人的不足時，就會選擇付出更多時間、金錢和力氣。在這種情況下，能提升動力的是欠缺的行動。舉例而言，如果你的家人丟下亂七八糟的廚房不管，你比較有可能動手收拾，你不會只是仿照家人的做法，你會補足他們欠缺的行動。

二〇〇七年，烏干達愛滋病毒大流行，在一項針對捐款幫助愛滋孤兒的研究中，具峯廷和我觀察到，人之所以爲共同目標做出貢獻有相反的理由──要麼因爲別人有付出，要麼因爲別人沒有付出[7]。主辦單位向兩種捐款人募款，一是新加入、對這件事沒那麼投入的捐款人，一是對這件事相當投入、從前已捐款多次的捐款人。我們發現，如果主要訴求是已有的捐款（截至目前爲止，我們已成功透過募得四千九百二十美元），新加入的捐款人就較有可能捐款，得知別人捐了多少讓他們也想有所貢獻。相形之下，若是強調不足的款項（我們已成功透過各種管道募得善款，目前尙缺五千零八十美元），捐款常客才比較有可能捐款。一旦得知還缺多少錢，他們就決定貢獻一己之力，他們幫忙是因爲別人不幫忙。

很投入的人不會坐享其成，相反的，他們比較有可能補足別人的不足。當別人不做事的時候，他們覺得自己應該幫忙把事情做完，而不是學別人一起不做事。他們的舉動或許看起來很像坐享其成，但背後的動機絕非如此，他們是想把自己的力氣保留到團隊落後時再用。

除了對目標的投入，對團隊的投入也決定了我們是要仿照別人的做法，還是要補足別人的不足。舉例而言，比起幫助來自其他地方的年輕人，大學生會更投入幫助同校同學。在一項研究中，學生分組腦力激盪，爲手機和高蛋白能量棒之類的產品提出行銷構想[8]。有些學生跟同校學生一組，有些學生跟別校學生一組。和同校學生一組時，學生會去補足別人欠缺的行動，所以，當我們說這一組還要提出更多構想才行，這一組的學生會更努力思考。和別校學生一組時，學生看別人怎麼做，自己就怎麼做，所以，當我們說這一組已經有一些構想了，他們會跟著提出自己的構想。創造力這種東西常常取決於你有多願意發揮創意，而你對這個團隊越投入，越有可能在別人腸枯思竭時拿出自己的創意。

當我們覺得受到幫助的是自己人，眼看別人沒在幫忙，我們就會多幫忙一些。但是當受到幫助的不是自己人，這種模式就反轉過來，看到別人已經在幫忙了，我們才比較會去幫忙。無論是幫忙美國加州野火的受災戶，還是幫忙肯亞政治暴動的受害者，在有關助人意願的研究中，我們都看到了這兩種模式。我們提醒受試者加州野火受災戶是我們的同胞，或是用「我們的孩子和家人」這種拉近人際距離的方式描述肯亞的受害者，一旦受試者覺得自己跟這兩個國家的人很親近，如果別人幫得不夠，他們就會多幫忙一些。不覺得跟受災戶或受害者很親近的人，則是看到很多人已經在幫忙了，才會跳下來幫忙。而且，如同前面的例子，把受害者當自己人的人，若沒有任何表示，比較可能是因為他們想補足別人的不足，緊要關頭才會出手，而不是因為自私。

如果你很投入卻不出力（例如不陪你的孩子做功課），原因往往是別人（例如你的配偶）已經在做這件事了。對共同目標很投入的人，會把力氣保留到最需要他們的時候。在這種情況下，你不會因為別人都在努力而跟著努力，相反的，你會因為別人沒有努力而激勵你努力。

值得注意的是，很投入的人對於象徵性的貢獻比較沒興趣，放在超商結帳櫃台上的零錢捐款箱就是最好的例子。捐一塊錢的實質幫助不大，所以，對這個理念很投入的人沒興趣做小額捐款。如果你很投入，你會希望自己的付出能發揮作用，你想造成實質的影響，推動事情發展，你不想只是捐點錢意思意思。

這樣說來，人很少有自私自利或意圖坐享團隊成果的時候囉？那倒不是。人不為己天誅地滅。人也喜歡保留自己的資源。否認人有自私或自保的傾向，就像否認人類的天性一樣。但和別人合作也是人類的天性。任何偉大的成就都要靠合作。所以，我們該問的不是人會不會有了別人的幫忙就不做事，而是在有人幫忙的情況下，人爲什麼會少做一點事，背後的動機是什麼？一旦發現有人（包括我們自己）出力太少，我們就該用激勵學提供的介入手段，對付眞正自私的社會惰化行爲。

問問自己

一旦明白團隊合作對達成許多重大目標來講不可或缺，我們就要分清楚團隊成員間有效和無效的協調模式是什麼。如何減少社會惰化和坐享其成的現象？團隊成員間何時該輪流出力，何時又該全體一起出力？你要如何激勵自己為大家的共同目標貢獻一己之力？答案似乎要看目標而定，也要看團隊而定。

為了減少社會惰化行為，放大團隊成員的合作效益，並保持你個人把事情做好的動力，以下是一些你可以問問自己的問題：

❶ **你和別人一起追求的主要目標是什麼**？考慮調整你的目標系統，納入需要團隊合作的共同目標。

❷ **在追求共同目標時，你們要如何減少社會惰化和坐享其成的行為**？考慮將每個人的個別貢獻突顯出來、讓團隊成員當彼此的榜樣、把大團體拆成小團隊或分工給個人，或是讓團隊成員以私人化的方式做出貢獻。

❸ **和別人合作時，協調是成功之鑰。你們團隊的協調狀況如何**？尤其是：

- 你們的分工方式理想嗎？雙方是否將任務與知識的重疊範圍縮到最小，同時又不損害自身的獨立能力，以因應團隊構造發生變化？
- 跟別人很要好的感覺，是否導致你有時表現出自私的行為，即使背後是出於好意？舉例而言，你會要求另一半做出犧牲嗎，而且是你不會要別人做的犧牲？
- 當你對目標很投入的時候，你能否把焦點放在別人沒做的事（杯子中別人留下的半空部分），激勵自己補足別人的不足？當你沒那麼投入的時候，你能否把焦點放在別人有做的事（杯子中別人填滿的半滿部分），激勵自己跟上別人的腳步？

CH 14

目標造就幸福關係

生第一個小孩不久後，我就開始跟沒生小孩的朋友漸行漸遠了。她們約我去看電影、吃晚餐或去新開的咖啡館踩點時，我幾乎是一律推掉。當她們跟我說愉快或不愉快的約會經驗時，我沒有共鳴。而當我跟她們說我花了四小時終於把小孩哄睡，或我有多擔心小孩吃得不夠時，她們聽了不知道要回我什麼。我笑廣告很蠢，居然說我需要搖籃也需要嬰兒床（這兩種東西本質上是一樣的啊），她們聽不出笑點在哪裡。最後，她們不再約我出去，我也不再跟她們聊我的生活。我的生活主要就是繞著我的女兒打轉。

這些朋友和我之間的問題，不只是缺乏共同話題這麼簡單而已，我們的人生分道揚鑣了。每當人生中發生了改變生活樣貌的大事，我們往往就跟一些朋友漸行漸遠，因爲這些朋友和我現在追求的目標不一樣了，我們沒辦法再相互扶持。

在任何成功的人際關係中，支持彼此的目標都是很重要的一環。然而，無論是親情、友情或愛情，在絕大多數的人際關係中，每個人都比較在乎自己有沒有得到幫助，而不是自己有沒有提供幫助。「不是你的錯，是我的問題」這句惡名昭彰的分手台詞，對任何一段關係來講都是成立的。根據激勵學，你的人際關係關乎的都是你自己。確切說來，一切的關係連結的都是對你的目標有幫助的人。

出現在你生命中的人，不只幫助你達到人際關係上的目標（例如配偶讓你成爲丈夫、孩子讓你成爲父親），也幫助你達到其他你設定的目標。你靠近那些支持你、爲你鋪路的人，遠離那些礙手礙腳的人。在一段關係中，因爲雙方都想感覺受到支持，所以唯有雙方都覺得有付出、也有收穫，這段關係才會成功。

如果你們有共同的目標，要爲彼此提供支持往往就比較容易。我說「往往」，因爲也不一定，你還是可以去支持別人有、但你沒有的目標，只不過可能比較難而已。目標一致，有助造就幸福和諧的關係。我們結交目標一致、也鼓勵我們堅守目標的朋友。小學的時候，你可能跟一樣愛玩攀爬架的同學變成朋友。中學的時候，你的朋友可能懂最新的流行，支持你打扮得又酷又帥。工作上，你抱持著努力和誠信的態度，就跟支持你這套工作哲學的人結爲朋友，或是去結交看相同電視節目、讀相同書籍的同好。久而久之，隨著成長的腳步和興趣的改變，有些友誼淡了，有些朋友疏遠了。舉例而言，上大學後，認識了讀同樣科系、有共同人生目標的朋友，高中時期的同學自然就散了。新朋友對你來講比較有用，你對新朋友來講也比較有用。

當然，有共同的目標也不保證兩個人就會互相扶持，只是提高這種機率罷了。與你競爭升遷機會的同事跟你目標一致，但他說不定會試圖扯你後腿。在這種情況下，跟你目標一致的人最不可能成爲朋友。相形之下，你的父母可能會支持你的課業和職業目標，即使他們自己的人生道路跟你截然不同。人不必自己上過大學也會支持小孩上大學。說到底，重要的是這段關係有助你追求目標，而不是有礙你追求目標。如果你想當作家、藝術家或廚師，父母卻不支持，你們的關係就可能鬧得很僵。

一對夫妻若是不支持彼此的目標，婚姻也可能分崩離析。雖然目標一致對婚姻有幫助，但夫妻也不一定要有共同的目標。你的另一半可能夢想當畫家，而你連一朵花都畫不好。也可能你的另一半是廚師，但你會的招牌菜就只有炒蛋。又或者你的另一半是醫護人員，但你看到血就昏倒。撇開這些差異不談，你們還是可以成爲彼此的助力。

在生活中給你支持的人，鼓勵你堅持目標，也在你懈怠下來時鞭策你。他們看好你的成功，當你眞的成功了，他們還是會覺得你很了不起。他們也可能爲你提供資源，例如你的另一半雖然只會做炒蛋，但她買了上好的烤盤給你用，或她總是把鍋碗瓢盆洗得乾乾淨淨，以備你不時之需。在你們共同的生活中，他們可能把其他方面打理好，讓你可以專心追求目標，例如我想寫這本書的時候，我先生就多分擔一點照顧小孩的責任。如果你的目標很花錢，他們甚至可能幫你支付費用。

變動的目標，過渡的關係

就像我生了孩子以後，人生的目標改變，人際關係也會跟著改變。除了成爲新手父母，或開始新工作等人生階段的重大改變之外，你的目標也會有微小的改變。目標每天都在變。今天早上，我在家教我兒子做功課，因爲疫情的關係，他只能關在家裡，大部分都要仰賴父母有限的能力教他小學二年級的課程，他的新任虛擬班導幫了我很大的忙。下午，我回到大學教授的工作上，這時兒子的功課做完了，他的班導不再是我的靠山。我的目標改變了，所以幫忙我的人也不同了。

這些變動很重要。當目標的優先順位改變時，幫助我們達成目標的人也跟著改變，於是我們靠近某些人或遠離某些人。如果現在是時候處理某個目標了，或某個目標的進度落後了，這個目標的優先順位跑到前面，於是我們就靠近有助達成這個目標的人。一旦這個目標有了充分的進展，它的急迫性降低了，我們就跟這些人拉開距離。

葛藍妮·費茲蒙斯（Gráinne Fitzsimons）和我在一項檢驗達標進度如何影響人際關係緊密度的研究中，請大學生列出兩個他們生命中的人，一個是對他們的課業有幫助的人，一個是和他們的學業成績無關的人[1]。我們請某些學生想想他們在課業上已經達到的成果，其他學生則想想自己還有什麼需要達到的學業目標。我們想知道「回顧既有的課業進展」和「展望有待完成的學業」如何影響學生對他們列的兩個人的親近感。你可能也猜到了，「展望有待完成的學業」的學生說，他們覺得和幫助他們達到目前進度的朋友比較親近。然而，當學生「回顧既有的課業進展」時，他們覺得和兩個朋友都一樣親近。「有進展」暫時降低了學業目標的優先順位，學生對於身邊的好幫手的親近感連帶跟著降溫。

人會親近支持自己的目標的人，這種傾向可能產生令人意外的效應，首先，我們在別人幫忙「之前」，會比幫忙「之後」更感激他們。當然，有人伸出援手，事情終於解決了，你一定會很感激，但不會像得到幫助之前那麼感激。這是因爲你對幫手的感激要看你還有多需要他們而定。當你想實現某個目標，並認爲某個人對這個目標有幫助時，你會對他很感激。一旦實現了目標，你的注意力轉移到新的目標上，對於剛剛幫助你完成目標的人，你就不會那麼感激了。

爲說明感激之情在何時達到高峰，班傑明・康福斯（Benjamin Converse）和我用益智遊戲進行了一項實驗[2]。遊戲的玩法類似電視節目《百萬富翁》，爲贏得獎品，參賽者要回答一連串的益智問題，其中一個問題可以打求救電話找人幫忙。我們發現，參賽者在「問幫手問題之後、得到幫手的答案之前」比「因幫手提供的線索贏得那一局之後」更感激他們的幫手。

這個模式很不符合直覺。如果你幫朋友搬家，你通常直覺認爲，朋友應該是在你放下最後一箱家當之後才感激你的幫忙，而不是在你幫忙打包時就對你心懷感激。同理，醫護人員多半認爲病患會在治好之後才感激他們，而不是在治療進行中就滿懷感激。還有，餐廳的顧客應該是在接受服務時會比較感激，願意給比較高的小費，但餐廳一般都是等服務完成後才跟你收小費。了解人的感激之情在何時會達到高峰，你就不會因爲別人對你的感激不如預期而失望了。

目標結起的緣分

一八九四年，一名年輕的波蘭女性認識了法國的一位男性，她剛拿到索邦大學的數學學位和物理學學位，他則是巴黎高等物理化工學院的教授，後來，他們一起改革了化學、物理學和醫學。但是在當時，他們就是兩個陷入熱戀的人。兩個人頭腦都很聰明，又有共同的熱情，對學問的熱情，讓瑪麗．居禮（Marie Curie）和皮耶．居禮（Pierre Curie）一拍即合。認識一年後，他們就在皮耶的家鄉索鎮的市政廳完婚了。皮耶他們用婚禮上收到的禮金買了兩輛單車，因爲騎單車是兩人另一項共同的興趣。皮耶任教的學校校長准許他們在破敗的校內倉庫做實驗，爲了打破日復一日單調枯燥的研究生活，瑪麗和皮耶會騎單車到很遠的地方探險。

現在，我們知道他們是發現了「釙」和「鐳」這兩種化學元素的科學家。我們尤其知道瑪麗．居禮是第一位有這種不凡科學成就的女性。一九〇三年，居禮夫妻和亨利．貝克勒（Henri Becquerel）以自發輻射的研究共同贏得諾貝爾物理學獎，多虧皮耶堅持瑪麗也要提名。八年後，瑪麗憑一己之力二度贏得諾貝爾獎，這次她拿的是化學獎。

居禮夫妻能有這麼了不起的成就，有部分是因爲發現新元素這個共同目標將他們連結起來。事實上，皮耶還爲此放棄了他對晶體的研究。但他們身爲一對夫妻的力量也來自許多別的共同目標：科學研究的目標、騎單車的目標、照顧伊雷娜和伊芙這兩個女兒的目標。除此之外，我敢說他們還有其他史書沒告訴我們的目標。

目標將人連結在一起，終其一生，這對舉世聞名的夫妻透過目標的連結機制，在各方面成就了彼此。首先，如前所述，我們選擇和目標近似的人結伴同行，兩個人想要的差不多，相處起來就比較容易。瑪麗和皮耶初相遇時，立刻就因爲他們對科學的興趣一拍即合。當你邂逅你的伴侶時，你們可能發現雙方都愛爬山、愛做菜，是你們的共同點激起了愛的火花。

其次，我們透過支持別人的目標並感覺自己受到支持來建立連結（如同皮耶堅持讓瑪麗一起提名諾貝爾獎），在這種情況下，人際關係的基礎在於幫助彼此追求目標。每晚你坐在餐桌前，關心另一半今天過得如何，幫他一起想辦法解決工作上的問題，看怎麼跟偷懶懈怠的同事談，你就是在協助他達成事業上的目標。當另一半注意到你每晚下班回家都很煩躁，他安撫你的情緒，陪你聊迫在眉睫的交期，他也是在支持你的事業目標。支持是互相的，如果單方面得到支持，卻不給另一方支持，得到支持的一方就可能比另一方更滿意這段關係。

除了上述兩種連結機制，我們也會透過共同的目標建立連結。和朋友、同事、家人或伴侶一起追求一個目標時，你和這個人或這群人就會產生很深的革命情感。需要群策群力的目標，將一起追夢的人凝聚起來。在那間破倉庫裡，居禮夫妻日以繼夜合作無間，努力將「釙」和「鐳」分離出來。你和你的另一半可能要一起存錢買房子、一起照顧寵物，或計畫一起去紐西蘭旅行。無論是什麼目標，有彼此才能成功的前提條件讓你們緊緊相依。事實上，如果你感覺自己和伴侶或朋友的感情越來越淡，而你還想維持這段關係，那麼，嘗試找到一個雙方可以一起努力的目標，或許就有助於加深你們的感情。你可以和伴侶一起報名畫畫課，或是和朋友一起報名飛輪課。

第四種機制則是我們爲別人實現目標，而別人也爲我們實現目標。就跟多數父母一樣，居禮夫妻也希望兩個女兒功課好。推測起來，他們最重視的應該就是自然科學了，所以日後他們的大女兒伊雷娜・約里奧－居禮（Irène Joliot-Curie）也在一九三五年得到諾貝爾化學獎。追隨父母的腳步，她也是和她的夫婿合作，贏得了這個獎項。

當我們爲家人或朋友設下目標，例如希望你的妹妹事業有成，或希望你的朋友跑完馬拉松，我們和這個人的感覺就會更緊密。反之，對於爲我們設下目標的人，我們也會產生關係更緊密的感覺。但在這種情況下，唯有這個人也對自己有一樣的期許，他才會覺得跟你有志一同、心心相連。如果你的弟弟妹妹自己不想多讀書、多運動，你卻要他們這麼做，恐怕只會惹他們反感而已。切記，唯有當對方自己有這個意願，你才好爲他設定目標。你要我走這條路，但我自己不想，那我才不會跟你變得更要好呢！

在目標連結機制的各種作用之下，結果就是，我們個人的目標會影響親朋好友和伴侶的目標。我希望我和另一半的目標類似，也希望我的目標得到他的支持，我不但和他有共同的目標，也會爲他設下目標。可想而知，我們的關係勢必會影響我們的目標。有些激勵學家甚至建議相愛的兩個人要有共同的目標系統[3]。研究者分析了夫妻之間的目標系統，包括兩個人的共同目標是什麼，雙方期許對方達到的目標又是什麼。同理，大型團體（例如大家族或大企業）也是建立在共同的目標系統之上。在這個系統中，有大家共同認可的一套目標和實現目標的辦法，有些目標是互相妨礙的關係，有些目標是相輔相成的關係。

兩個以上的人之間雖然常有一套共同的目標系統，這套系統卻不會取代個人的目標系統。我們要的東西不見得都是這份關係中的一部分，有些目標純屬個人所有，有些目標則牽涉到完全不同的另一群人。更有甚者，在共有目標的人之間，這個目標不見得都具有一樣的分量，這個目標在某個人的目標系統中或許占據核心地位，但在另一個人的目標系統中就比較邊緣。

回到因爲伴侶獲得升遷，兩個人決定一起搬家的例子上。放棄事業的那一方，現在要擔負較多家務和育兒的責任，也要在伴侶轉職過程中給予精神上的支持，所以，升遷這個目標對其中一方的好處遠大於另一方。近數十年來，雖然女權已有長足的進步，但許多女性還是要面臨這種狀況，她們覺得自己應該爲了支持伴侶的目標而放棄個人的目標。作爲一家人，共同的目標系統損害到這些女性個人的目標系統。即使夫妻、家人或朋友之間的目標有所交集，我們和別人的目標系統通常不會完全重疊。

人我之間目標系統的互相依賴有一些微妙的效應，例如你會把實現目標的責任交給別人。在關係很緊密的兩個人之間，如果另一方會協助你達成目標，尤其是達成他也希望你能達成的目標，你靠自己達成目標的動力就會減弱，因爲你相信有人會拉你一把。許多孩子就把「保持個人衛生」這個目標交給父母。對孩子來講，如果父母會叫他們去洗澡，他們就不必提醒自己要洗澡了。在一項研究中，若父母會對大學生子女的課業給予支持（或施壓），這些大學生就比較不會主動鞭策自己念書[4]。知道別人會盯著你實現目標，你對這個目標的個人責任感就沒那麼重了。

透過日常目標與人連結

說到建立在共同目標之上的人際關係，你想到的可能只有養家、拚事業之類的大目標，目前談到的多半也屬於這一類，但我們隨時都在透過小目標與人連結。當你和鄰居一起去遛狗時，你們共同的小目標是帶小狗活動筋骨。我們也會透過互相借書或推薦音樂與人連結。舉例而言，我就常常藉喝茶跟同事交流，或是跟我的以色列同鄉分享鷹嘴豆泥和芝麻醬——中東人最愛的兩種食物。吃吃喝喝是人生在世很日常、也很基本的目標，一起分食或一起吃飯的人，往往被視爲是朋友。英文的同伴「companion」，源自法文的「compagnon」，字面意思就是「分食一塊麵包的人」。中文裡代表朋友的「伙伴」一詞，則是由代表「開伙」的「伙」和代表「同伴」的「伴」組合而成。把食物分給別人，或是和別人一起吃東西，都能將你們連結起來。

就連幼童也會透過基本的目標來建立人際關係。克莉絲丁．芙賽特（Christine Fawcett）和蘿莉．馬克森（Lori Markson）讓木偶假裝選擇要吃什麼，她們發現，三歲小孩比較喜歡跟自己口味一致的木偶玩[5]。這種交友傾向一直延續到成年，在一項研究中，吃類似食物的陌生人對彼此比較信任，合作起來也比較順利[6]。相形之下，基於食物過敏或文化加諸的限制而無法跟別人共享一道菜的人，在用餐過程中往往會覺得比較孤單[7]。

不能和別人一起追求基本的目標有損人與人的交流。如果你的孩子對麩質過敏，你要擔心的可能不是他在慶生會上不能吃美味的蛋糕或披薩，而是他無法跟朋友建立共享同一種食物的人際連結。你家的青少年如果急著想開始喝酒，他追求的可能不是好喝或微醺的感覺，背後眞正的原因，可能是他想跟已經開始喝酒的朋友打成一片。你如果想阻止他喝酒，不妨鼓勵他結交其他目標契合的朋友。

我們往往憑直覺就會透過小小的目標來建立人際連結。父母用滿足新生兒的基本需求來跟孩子連結，例如餵寶寶喝奶、幫寶寶洗澡。我們也用招待別人吃飯、鄰居去度假時幫忙澆花、太陽很大時遞防曬乳給朋友、天冷時遞圍巾給朋友等舉動建立人際連結。雖然沒有發明出愛情魔藥（至少目前還沒有），人類卻發現了用目標拉近人際距離的科學方法。

有人懂你的感覺

在我寫作本書之際，我們正處於社交距離和自主隔離的年代，這些是科學證實能夠減緩新冠病毒傳播的辦法。但就在全世界的人都跟親朋好友拉開距離時，保健專家和社會學家卻紛紛擔心起社交孤立的壞處。這些日子以來，我們都強烈意識到孤單本身就會危害健康。

爲了評估缺乏人際接觸對健康的危害，茱莉安妮·霍特－盧斯塔德（Julianne Holt-

Lunstad）、提摩西・史密斯（Timothy Smith）和布萊德雷・萊頓（Bradley Layton）分析了大約一百五十份已發表的研究資料。他們發現，社交孤立造成的壽命減損可比抽菸、喝酒和缺乏運動[8]。雖然很難斷定這些研究中的因果關係（你也知道下雨不是雨傘造成的，但雨傘往往會在下雨時出現），但根據既有的研究資料，對你的健康來講，人際接觸可能比減肥更重要。

並非所有人都值得你交朋友。要產生有益健康的妙用，你的人際關係必須要有意義才行。那又是什麼讓人與人的連結有意義？什麼樣的人際連結對你的身心健康才有好處呢？無論對方是你的鄰居、同事、老師、家人或伴侶，這個人要能支持你的目標，你們之間才存在眞正的連結。爲此，這個人最起碼要了解你，並讓你覺得受到理解。

當你覺得受到理解的時候，你覺得那個人懂你。他明白你爲什麼這麼做，即使別人都覺得你的行爲很怪或很蠢。他懂你的那些歪主意、怪念頭，他了解你的需求和心願，像這樣的人才是你想拉來當隊友的人，你才會接受他的意見。這種受到理解的感覺不只是戀情穩定的基礎，也是共事關係、醫病關係、師生關係等各種人際關係的基礎。它甚至決定了選舉時你要投給誰——感覺起來，哪個候選人了解你的需求，你就投給他。尤其談戀愛的時候，受到對方理解的感覺很重要，許多戀情之所以告吹，就是因爲其中一方覺得另一方「不懂我」。

當然，「感覺受到理解」和「眞的受到理解」是兩回事。如果從未測試過對方了解你多少，你可能只是一廂情願地以爲他很懂你而已。有時候，你甚至會覺得素昧平生的人很懂你，即使對方根本不知道你的存在。例如我們覺得和某位藝術家、運動家或偶像明星心有靈犀一點通，即使實際上不然，但你也覺得他們好像認識你一樣。同樣的，眞正認識你的人對你的了解也可能不如預期，而我們對身邊的人也通常不像自以爲的那麼了解。

有一項研究就比較了受試者「自以爲」和「實際上」了解伴侶的程度，測試方式有點類似電視節目《新婚遊戲》。在其中一版的遊戲中，威廉・史旺（William Swann）和麥克・吉爾（Michael Gill）準備了一連串有關個人性愛史的問題，他們先請受試夫妻猜另一半會怎麼回答，再請他們說對自己的猜測有幾分把握。[9] 這些問題包括有過幾個性伴侶、多常使用保險套、通常約會幾次才上床等等，受試者應答如流，有把握自己很了解另一半，但他們的答案往往是錯的。你自以爲很了解另一半，實則不然。更有甚者，兩個人在一起越久，你越有把握自己很了解對方，但你還是會答錯很多。

不過也別太自責，別忘了，你的另一半也一樣。你以爲你很了解他，他也以爲他很了解你。更有甚者，你們雙方可能都以爲對方很了解自己，但對方其實沒有你以爲的那麼了解你。一般而言，人都會高估別人對自己的認識[10]。

別人對你的認識往往不如預期，接受這個事實吧！要知道，不管別人實際上有多了解你，「感覺」自己受到了解，才是這段關係是否令人滿意的基礎。就你對這段關係的滿意度而言，「感覺自己了解對方」並不如「感覺自己受到了解」來得重要。

試想一下，大家一定都對忘記名字的經驗不陌生。如果我忘了你的名字，你可能會覺得我們沒有你本來以爲的那麼要好。但如果換成是你忘了我的名字呢？從你的角度而言，「你忘記我的名字」不會像「我忘記你的名字」那麼傷感情。

或者，試想一下以下的情境。挑個親朋好友或戀愛對象，試想你會如何回答這三個問題：

一、你有多了解這個人的目標與志向？
二、這個人有多了解你的目標與志向？
三、你對你和這個人的關係有多滿意？

我和朱莉安娜·修德（Juliana Schroeder）做的實驗顯示，第一題和第二題分別預言了第三題的答案。但當我們比較「感覺受到了解」和「感覺了解對方」這兩種人際關係的形式時，感覺受到了解（第二題）往往對親密感的影響更大[11]。

對多數人而言，只有一種獨特的關係是支持別人高於支持自己，那就是父母對子女的關係。當爲人父母者針對自己的成年子女來回答前述三個問題時（你有多了解自己的孩子、孩子有多了解你、你對你們的關係有多滿意），比起受到了解的程度，父母了解孩子的程度更能反映他們對親子關係的滿意度。以我自己的成年女兒爲例，比起向她們訴說心事並感覺她們有在聽，我還比較樂於聽她們跟我分享心事，能夠多了解她們，帶給我的滿足感更大。

所以，別人不像你以爲的那麼了解你，你也不像你以爲的那麼了解別人。你在乎受到了解的感覺，更甚於了解別人，而且，你直到現在才知道這一點。這件事告訴我們：在任何人際關係中，對於自己了解別人多少，我們應該更謙虛。爲了支持身邊的人追求他們想要的目標，也爲了跟他們保持密切的關係，我們要格外用心去了解他們才行。

工具人

有些人際關係純屬工具性質。幫你找房子的房仲、幫你打掃辦公室或家裡的清潔人員、幫你剪頭髮的髮型師，你把這些人找來，只是爲了幫你達成特定目標而已。你雖然希望他們了解你的需求、滿足你的需求，但你可能沒興趣認識他們，也沒必要了解他們的需求。這些人往往被視爲功能型人物：你看到的只是他們作爲房仲、清潔人員或髮型師的一面，而不是他們整個人。

舉例而言，醫護人員在我們眼裡常是超人般的功能型人物。當我們生病了需要照顧，有他們在一旁幫忙，我們就忘了他們也是人，也會累，也會沮喪。有一項研究就探討了人看待功能型人物的眼光。去一般門診看病的人說他們的醫生沒什麼情緒，不管是痛苦、飢餓和疲倦等負面情緒，還是快樂、寬慰和希望等正面情緒皆然。然而，他們也說醫生善於體察病人的情緒[12]。你假設醫生、老師、清潔人員的存在都是爲了你，他們自己沒有情緒，卻能掌握你的情緒。

只看到一個人的功能，最極端的例子，就是把這個人「物化」。你不把這個人當人看，只把他當成你達到目的的工具。例如有些男性會把女性物化，在他們眼裡，一個女人性感與否就等於她全部的價值，女人只是滿足性欲的工具，她們沒有自己的思想與感受。有趣的是，被物化的人也會透過他人的眼光看待自己，而產生「自我物化」的現象。心理學家芭芭拉・弗雷德里克森（Barbara Fredrickson）指出，許多女性將物化她們的眼光內化，以至於她們也將自己視爲一件物品[13]。雖然「把功能型人物視爲工具」離「物化」仍有一大段距離，但這兩種現象基本上都是把別人看成幫助自己達成目標的工具。

和爲我們提供服務的人互動時，我們常常不小心就忽略他們的喜怒哀樂。還不只如此，說來不幸，上司很容易把下屬當成工具。你如果研究過徵友啓事列的那些條件，你可能也注意到了，想要受到照顧的人，多過想要照顧別人的人。徵友者要的不是去取悅別人，而是別人來取悅自己。多數徵友啓事都很自我中心，呈現出求愛者尋求的是受到支持。當你想認養一隻小狗的時候，你會說你有很多愛可以給牠。但是當你在找戀愛對象時，你則說你想找個人來愛你。

然而，徵友啓事的作用應該是爲自己打廣告，徵友者藉由他們的簡介推銷自己，吸引對的人來跟他們交朋友，寫法應該要讓讀的人受到吸引才對。現在我們已經知道，徵友者要爲應徵者提供支持，才會吸引應徵者，反則不然。

因此，比起讓他們自由發揮，請徵友者在簡介中說明自己爲什麼是理想的對象，他們寫出來的簡介才會比較吸引人。**不只徵友啓事，無論你是想徵才，還是想跟老朋**

友重拾聯絡，最好都是從你會給他們什麼支持的角度去想。

爲了避免把別人當工具，在跟身邊的人互動時，不妨多以別人爲重，多多給別人支持，別人就會更受我們吸引。如此一來，我們就更有機會把自己喜歡的人留在身邊。

爲了得到別人支持，你也要給別人支持。但你可能犯兩種錯誤：一是，你給新朋友、戀愛對象或同事的幫助太少了。這段人際關係可能很順你的意，你覺得受到理解，你要的目標達成了，但這段關係恐怕不會長久。如果你沒有幫助別人達成目標，他們可能覺得和你往來沒什麼好處。二是，你幫助別人達成目標，但別人卻沒有給你幫助。在這種人際關係中，你的付出沒有回報，你跟家人、伴侶或同事都可能形成這種關係。這種關係是不對等的，所以也很難長久維持下去，你可能會想從對方那裡得到更多，抑或是乾脆走人算了。

問問自己

人與人透過目標相連，無論打算做什麼，我們都希望身邊的親朋好友和伴侶了解我們、幫助我們一起達成目標。旁人給你多大的支持，也預言了你對這段人際關係會有多滿意。

所以，你應該清楚旁人在你的目標系統中扮演的角色。他們不只對實現你在人際關係上的目標有幫助，也對實現其他的目標有幫助。舉例而言，私人教練幫助你達成維持身材的目標，你的另一半則可能當個賢內助，幫助你達成升遷的目標。你也應該想一想自己在別人的目標系統中扮演的角色。你覺得你對他們的情緒健康和心智成長有幫助嗎？他們會說自己得到了你的支持嗎？

最後別忘了，良好的人際關係有助實現我們的目標，但我們也可能為了增進人際關係而設定共同目標。從學習新技能（例如攀岩或烘焙）到創造新的人生意義（例如推動社會正義）不等，這些目標可以拉近兩個人的距離。為了做到上述這一切，你可以先問問自己：

❶ **你有多了解身邊的人？你知道他們的目標、需求和志向嗎？**你能否明確勾勒出他們的目標系統？如果勾勒不出來，不妨從提問、觀察、記在心上開始。

❷ **你身邊的人了解你的目標系統嗎？**對於自己想要什麼，你會不會表達得太模糊，甚至不曾表達過？

❸ **你都怎麼支持別人實現目標？他們又是如何幫助你實現目標？**有什麼需要改變的地方嗎？

❹ **你們能不能找到連結彼此的目標，例如兩個人一起培養新的嗜好？**透過這個目標，你可以受到支持，也可以反過來支持對方。

謝詞

有一段時間，本書是一個母女共寫計畫。我在女兒席拉的協助下寫了初稿，她給了我寶貴的批評指教和修改意見。醫學院不好念，她面對課堂和考試始終保持熱忱，我也從她的表現得到無窮無盡的靈感。在寫作過程中，我的另一個女兒瑪雅和我的兒子塔默爾也給我很大的啓發。自律的瑪雅完成了天體物理學博士的學位，塔默爾完成一年級和二年級的課業。關於動力的養成，他們倆都教給我一課又一課。阿隆常伴我左右，他是我的老公，也是我最好的朋友，是他將我們全家凝聚在一起。他的愛與支持給我滿滿的力量。沒有我的家人，這本書就沒有了心和靈魂，我很感激他們。

也很感激我的研究夥伴們。我在書中談及的研究，有許多都是和我合作過的傑出科學家一起完成的，我很樂意稱他們爲一輩子的朋友。謝謝亞科夫・托普和艾里・庫格蘭斯基兩位導師，是你們爲我打開了激勵學研究的大門。更感謝受我指導的學生們：張影、具峯廷、崔辰熙、克里斯提安・莫爾西、班傑明・康福斯、戴先熾、史黛西・芬克斯坦、瑪費瑞瑪・圖里－蒂樂莉、沈璐希、涂豔蘋、朱莉安娜・修德、凱特琳・伍利、賈妮娜・史坦梅茲、富蘭克林・薛迪、蘿倫・艾斯奇利斯－溫克勒、安娜貝爾・羅柏茲……等等。我最重要的研究發現都要歸功於我們師生間的合作。

我也要感謝我在芝加哥大學和耶魯大學的同事。我花了一小時又一小時跟他們討論本書的想法，他們甚至常常不知道自己在幫我一起腦力激盪。

最後，感謝鼓勵我寫作本書的文學經紀人麥克斯・布魯克曼（Max Brockman）、爲我平淡無奇的故事增色的卡珊德拉・布拉寶（Kasandra Brabaw），以及督促我扣緊全書主題的編輯崔西・畢哈（Tracy Behar）。

附注

PART 1

CHAPTER 1

1 Subarctic survival exercise, by: Human Synergistics, Inc.

2 Thaler, R. H. (2015). *Misbehaving: The Making of Behavioral Economics*. New York: W. W. Norton.

3 Shaddy, F., and Fishbach, A. (2018). Eyes on the prize: The preference to invest resources in goals over means. *Journal of Personality and Social Psychology*, 115(4), 624–637.

4 Fujita, K., Trope, Y., Liberman, N., and Levin-Sagi, M. (2006). Construal levels and self-control. *Journal of Personality and Social Psychology*,90(3), 351–367.

5 Oettingen, G., and Wadden, T. A. (1991). Expectation, fantasy, and weight loss: Is the impact of positive thinking always positive? *Cognitive Therapy and Research*, 15(2), 167–175.

6 Wegner, D. M. (1994). Ironic processes of mental control. *Psychological Review*, 101(1), 34–52.

7 Carver, C. S., and White, T. L. (1994). Behavioral inhibition, behavioral activation, and affective responses to impending reward and punishment: The BIS/BAS scales. *Journal of Personality and Social Psychology*, 67(2), 319–333.

8 Keltner, D., Gruenfeld, D. H., and Anderson, C. (2003). Power, approach, and inhibition. *Psychological Review*, 110(2), 265–284.

9 Higgins, E. T. (2000). Making a good decision: Value from fit. *American Psychologist*, 55(11), 1217–1230.

10 Higgins, E. T. (1997). Beyond pleasure and pain. *American Psychologist*, 52(12), 1280–1300.

CHAPTER 2

1 Heath, C., Larrick, R. P., and Wu, G. (1999). Goals as reference points. *Cognitive Psychology*, 38(1), 79–109.

2 Kahneman, D., and Tversky, A. (1979). Prospect theory: An analysis of decision under risk. *Econometrica*,47(2), 263–291.

3 Allen, E. J., Dechow, P. M., Pope, D. G., and Wu, G. (2017). Reference-dependent preferences: Evidence from marathon runners. *Management Science*, 63(6), 1657–1672.

4 Dreze, X., and Nunes, J. C. (2011). Recurring goals and learning: The impact of successful reward attainment on purchase behavior. *Journal of Marketing Research*, 48(2), 268–281.

5 Miller, G. A., Galanter, E., and Pribram, K. A. (1960). *Plans and the Structure of Behavior*. New York: Holt, Rinehart, and Winston.

6 Ariely, D., and Wertenbroch, K. (2002). Procrastination, deadlines, and performance: Self-control by precommitment. *Psychological Science*, 13(3), 219–224.

7 Zhang, Y., and Fishbach, A. (2010). Counteracting obstacles with optimistic predictions. *Journal of Experimental Psychology: General*, 139, 16–31.

8 Brehm, J. W., Wright, R. A., Solomon, S., Silka, L., and Greenberg, J. (1983). Perceived difficulty, energization, and the magnitude of goal valence. *Journal of Experimental Social Psychology*, 19(1), 21–48.

9 https://www.livestrong.com/article/320124-how-many-calories-does-the-average-person-use-per-step/; https://www.mayoclinic.org/healthy-lifestyle/weight-loss/in-depth/calories/art-20048065.

10 Bleich, S. N., Herring, B. J., Flagg, D. D., and Gary-Webb, T. L. (2012). Reduction in purchases of sugar-sweetened beverages among lowincome black adolescents after exposure to caloric information. *American Journal of Public Health*, 102(2), 329–335.

11 Thorndike, A. N., Sonnenberg, L., Riis, J., Barraclough, S., and Levy, D. E. (2012). A 2-phase intervention to improve healthy food and beverage choices. *American Journal of Public Health*, 102(3), 527–533.

12 Brehm, J. W. (1966). *A Theory of Psychological Reactance*. New York: Academic Press.

13 Ordonez, L. D., Schweitzer, M. E., Galinsky, A. D., and Bazerman, M. H. (2009). Goals gone wild: The systematic side effects of overprescribing goal setting. *Academy of Management Perspectives*, 23(1), 6–16.

14 Camerer, C., Babcock, L., Loewenstein, G., and Thaler, R. (1997). Labor supply of New York City cabdrivers: One day at a time. *Quarterly Journal of Economics*, 112(2), 407–441.

15 Uetake, K., and Yang, N. (2017). Success Breeds Success: Weight Loss Dynamics in the Presence of Short-Term and Long-Term Goals. *Working Papers 170002*, Canadian Centre for Health Economics (Toronto).

16 Cochran, W., and Tesser, A. (1996). The "what the hell" effect: Some effects of goal proximity and goal framing on performance. In L. L.

Martin and A. Tesser (Eds.), *Striving and Feeling: Interactions Among Goals, Affect,and Self-Regulation* (99–120). Hillsdale, NJ: Lawrence Erlbaum Associates, Inc.

17 Polivy, J., and Herman, C. P. (2000). The false-hope syndrome: Unfulfilled expectations of self-change. *Current Directions in Psychological Science*, 9(4), 128–131.

18 Oettingen, G., and Sevincer, A. T. (2018). Fantasy about the future as friend and foe. In G. Oettingen, A. T. Sevincer, and P. Gollwitzer (Eds.), *The Psychology of Thinking About the Future* (127–149). New York: Guilford Press.

CHAPTER 3

1 Kerr, S. (1995). On the folly of rewarding A, while hoping for B. *Academy of Management Perspectives*, 9(1), 7–14.

2 In the play *Antigone*, Sophocles wrote around 440 BC: "For no man delights in the bearer of bad news."

3 Lepper, M. R., Greene, D., and Nisbett, R. E. (1973). Undermining children's intrinsic interest with extrinsic reward: A test of the "overjustification" hypothesis. *Journal of Personality and Social Psychology*, 28(1), 129–137.

4 Higgins, E. T., Lee, J., Kwon, J., and Trope, Y. (1995). When combining intrinsic motivations undermines interest: A test of activity engagement theory. *Journal of Personality and Social Psychology*, 68(5), 749–767.

5 Maimaran, M., and Fishbach, A. (2014). If it's useful and you know it, do you eat? Preschoolers refrain from instrumental food. *Journal of Consumer Research*, 41(3), 642–655.

6 Turnwald, B. P., Bertoldo, J. D., Perry, M. A., Policastro, P., Timmons, M., Bosso, C., ... and Crum, A. J. (2019). Increasing vegetable intake by emphasizing tasty and enjoyable attributes: A randomized controlled multisite intervention for taste-focused labeling. *Psychological Science* 30(11), 1603–1615.

7 Zhang, Y., Fishbach, A., and Kruglanski, A. W. (2007). The dilution model: How additional goals undermine the perceived instrumentality of a shared path. *Journal of Personality and Social Psychology*,92(3), 389–401.

8 Kruglanski, A. W., Riter, A., Arazi, D., Agassi, R., Montegio, J., Peri, I., and Peretz, M. (1975). Effect of task-intrinsic rewards upon extrinsic and intrinsic motivation. *Journal of Personality and Social Psychology*, 31(4), 699–705.

9 Shen, L., Fishbach, A., and Hsee, C. K. (2015). The motivating-uncertainty effect: Uncertainty increases resource investment in the process of reward pursuit. *Journal of Consumer Research*, 41(5), 1301–1315.

CHAPTER 4

1 Grant, A. M. (2008). Does intrinsic motivation fuel the prosocial fire? Motivational synergy in predicting persistence, performance, and productivity. *Journal of Applied Psychology*, 93(1), 48.

2 Grant, A. M., and Berry, J. W. (2011). The necessity of others is the mother of invention: Intrinsic and prosocial motivations, perspective taking, and creativity. *Academy of management journal*, 54(1), 73-96.

3 Woolley, K., and Fishbach, A. (2017). Immediate rewards predict adherence to long-term goals. *Personality and Social Psychology Bulletin*, 43(2), 151–162.

4 Ryan, R. M., and Deci, E. L. (2000). Self-determination theory and the facilitation of intrinsic motivation, social development, and well-being. *American Psychologist*,55(1), 68–78.

5 Woolley, K., and Fishbach, A. (2018). It's about time: Earlier rewards increase intrinsic motivation. *Journal of Personality and Social Psychology*, 114(6), 877–890.

6 Althoff, T., White, R. W., and Horvitz, E. (2016). Influence of Pokemon Go on physical activity: Study and implications. *Journal of Medical Internet Research*, 18(12), e315.

7 Milkman, K. L., Minson, J. A., and Volpp, K. G. (2013). Holding the Hunger Games hostage at the gym: An evaluation of temptation bundling. *Management Science*, 60(2), 283–299.

8 Woolley, K., and Fishbach, A. (2016). For the fun of it: Harnessing immediate rewards to increase persistence on long-term goals. *Journal of Consumer Research*, 42(6), 952–966.

9 Sedikides, C., Meek, R., Alicke, M. D., and Taylor, S. (2014). Behind bars but above the bar: Prisoners consider themselves more prosocial than non prisoners. *British Journal of Social Psychology*, 53(2), 396–403.

10 Heath, C. (1999). On the social psychology of agency relationships: Lay theories of motivation overemphasize extrinsic incentives. *Organizational Behavior and Human Decision Processes*, 78, 25–62.

11 Woolley, K., and Fishbach, A. (2018). Underestimating the importance of expressing intrinsic motivation in job interviews. *Organizational Behavior and Human Decision Processes*, 148, 1–11.

12 Woolley, K., and Fishbach, A. (2015). The experience matters more than you think: People value intrinsic incentives more inside than outside an activity. *Journal of Personality and Social Psychology*, 109(6), 968–982.

PART 2

CHAPTER 5

1 Hull, C. L. (1932). The goal-gradient hypothesis and maze learning. *Psychological Review*, 39(1), 25–43.

2 Shapiro, D., Dundar, A., Huie, F., Wakhungu, P. K., Bhimdiwala, A., and Wilson, S. E. (December 2018). Completing College: A National View of Student Completion Rates—Fall 2012 Cohort (Signature Report No. 16). Herndon, VA: National Student Clearinghouse Research Center.

3 Kivetz, R., Urminsky, O., and Zheng, Y. (2006). The goal-gradient hypothesis resurrected: Purchase acceleration, illusionary goal progress, and customer retention. *Journal of Marketing Research*, 43(1), 39–58.

4 Arkes, H. R., and Blumer, C. (1985). The psychology of sunk costs. *Organizational Behavior and Human Decision Processes*, 35, 124–140.

5 Thaler, R. H. (1999). Mental accounting matters. *Journal of Behavioral Decision Making*, 12, 183–206.

6 Sweis, B. M., Abram, S. V., Schmidt, B. J., Seeland, K. D., MacDonald, A. W., Thomas, M. J., and Redish, A. D. (2018). Sensitivity to "sunk costs" in mice, rats, and humans. *Science*, 361(6398), 178–181.

7 Festinger, L. (1957). *A Theory of Cognitive Dissonance*. Palo Alto, CA: Stanford University Press.

8 https://news.gallup.com/poll/244709/ pro-choice-pro-life-2018-demographic-tables.aspx.

9 Bem, D. J. (1972). Self-perception theory. In *Advances in Experimental Social Psychology* (Vol. 6, 1–62). Cambridge, MA: Academic Press.

10 Freedman, J. L., and Fraser, S. C. (1966). Compliance without pressure: The foot-in-the-door technique. *Journal of Personality and Social Psychology*, 4(2), 195–202.

11 Koo, M., and Fishbach, A. (2008). Dynamics of self-regulation: How (un)accomplished goal actions affect motivation. *Journal of Personality and Social Psychology*, 94(2), 183–195.

12 Wiener, N. (1948). *Cybernetics: Control and Communication in the Animal and the Machine*. Cambridge, MA: MIT Press.

13 Carver, C. S., and Scheier, M. F. (2012). Cybernetic control processes and the self-regulation of behavior. In R. M. Ryan (Ed.), Oxford Library of Psychology. *The Oxford Handbook of Human Motivation* (28–42). New York: Oxford University Press.

14 Louro, M. J., Pieters, R., and Zeelenberg, M. (2007). Dynamics of multiple-goal pursuit. *Journal of Personality and Social Psychology*, 93(2), 174.

15 Huang, S. C., and Zhang, Y. (2011). Motivational consequences of perceived velocity in consumer goal pursuit. *Journal of Marketing*

Research,48(6), 1045–1056.

CHAPTER 6

1 These examples are based on conversation with Drazen Prelec at MIT.

2 Koo, M., and Fishbach, A. (2010). A silver lining of standing in line: Queuing increases value of products. *Journal of Marketing Research*, 47, 713–724.

3 Koo, M., and Fishbach, A. (2010). Climbing the goal ladder: How upcoming actions increase level of aspiration. *Journal of Personality and Social Psychology*, 99(1), 1–13.

4 Kruglanski, A. W., Thompson, E. P., Higgins, E. T., Atash, M. N., Pierro, A., Shah, J. Y., and Spiegel, S. (2000). To "do the right thing" or to "just do it": Locomotion and assessment as distinct self-regulatory imperatives. *Journal of Personality and Social Psychology*, 79(5), 793–815.

5 Gollwitzer, P. M., Heckhausen, H., and Ratajczak, H. (1990). From weighing to willing: Approaching a change decision through pre- or postdecisional mentation. *Organizational Behavior and Human Decision Processes*, 45(1), 41–65.

CHAPTER 7

1 Bar-Hillel, M. (2015). Position effects in choice from simultaneous displays: A conundrum solved. *Perspectives on Psychological Science*, 10(4), 419–433.

2 Greene, R. L. (1986). Sources of recency effects in free-recall. *Psychological Bulletin*, 99(2), 221–228.

3 Toure-Tillery, M., and Fishbach, A. (2012). The end justifies the means, but only in the middle. *Journal of Experimental Psychology: General*, 141(3), 570–583.

4 Koo, M., and Fishbach, A. (2012). The small-area hypothesis: Effects of progress monitoring on goal adherence. *Journal of Consumer Research*, 39(3), 493–509.

5 Dai, H., Milkman, K. L., and Riis, J. (2014). The fresh start effect: Temporal landmarks motivate aspirational behavior. *Management Science*, 60(10), 2563–2582.

6 Cherchye, L., De Rock, B., Griffith, R., O'Connell, M., Smith, K., and Vermeulen, F. (2020). A new year, a new you? A two-selves model of within-individual variation in food purchases. *European Economic Review*, 127.

CHAPTER 8

1 Kahneman, D., and Tversky, A. (1979). Prospect Theory: An Analysis of Decision under Risk. *Econometrica*, 47(2), 263–291.

2 Eskreis-Winkler, L., and Fishbach, A. (2019). Not learning from failure—The greatest failure of all. *Psychological Science*, 30(12), 1733–1744.

3 Gramsci, A. (1977). *Selections from political writings (1910–1920)* (Q. Hoare, Ed., J. Mathews, Trans.). London: Lawrence and Wishart.

4 Eskreis-Winkler, L., and Fishbach, A. (2019). Not learning from failure—The greatest failure of all. *Psychological Science*, 30(12), 1733–1744.

5 Gervais, S., and Odean, T. (2001). Learning to be overconfident. *Review of Financial Studies*, 14(1), 1–27.

6 Diamond, E. (1976). Ostrich effect. *Harper's*,252, 105–106.

7 Webb, T. L., Chang, B. P., and Benn, Y. (2013). "The Ostrich Problem": Motivated avoidance or rejection of information about goal progress. *Social and Personality Psychology Compass*, 7(11), 794–807.

8 Sicherman, N., Loewenstein, G., Seppi, D. J., and Utkus, S. P. (2015). Financial attention. Review of *Financial Studies*, 29(4), 863–897.

9 Eskreis-Winkler, L., and Fishbach, A. (2020). Hidden failures. *Organizational Behavior and Human Decision Processes*, 157, 57–67.

10 Seligman, M. E., and Maier, S. F. (1967). Failure to escape traumatic shock. *Journal of Experimental Psychology*, 74(1), 1–9.

11 Hiroto, D. S., and Seligman, M. E. (1975). Generality of learned helplessness in man. *Journal of Personality and Social Psychology*, 31(2), 311–327.

12 Dweck, C. S. (2008). *Mindset: The New Psychology of Success*. Random House Digital, Inc.

13 Finkelstein, S. R., and Fishbach, A. (2012). Tell me what I did wrong: Experts seek and respond to negative feedback. *Journal of Consumer Research*,39, 22–38.

14 Finkelstein, S. R., Fishbach, A., and Tu, Y. (2017). When friends exchange negative feedback. *Motivation and Emotion*, 41, 69–83.

15 Yeager et al. (2019). A national experiment reveals where a growth mindset improves achievement. *Nature*, 573, 364–369.

16 Eskreis-Winkler, L., Fishbach, A., and Duckworth, A. (2018). Dear Abby: Should I give advice or receive it? *Psychological Science*, 29(11), 1797–1806.

17 Eskreis-Winkler, L., and Fishbach, A. (2020). Hidden failures. *Organizational Behavior and Human Decision Processes*, 157, 57–67.

18 Koch, A., Alves, H., Kruger, T., and Unkelbach, C. (2016). A general valence asymmetry in similarity: Good is more alike than bad. *Journal of Experimental Psychology: Learning, Memory, and Cognition*,42(8), 1171–1192.

19 Rozin, P., and Royzman, E. B. (2001). Negativity bias, negativity dominance, and contagion. *Personality and Social Psychology Review*, 5(4), 296–320.

20 Eskreis-Winkler, L., and Fishbach, A. (2020). Predicting success. Working paper.

PART 3

1 https://news.gallup.com/poll/187982/americans-perceived-time-crunch-no-worse-past.aspx.

CHAPTER 9

1 Kopetz, C., Faber, T., Fishbach, A., and Kruglanski, A. W. (2011). The multifinality constraints effect: How goal multiplicity narrows the means set to a focal end. *Journal of Personality and Social Psychology*, 100(5), 810–826.

2 Etkin, J., and Ratner, R. K. (2012). The dynamic impact of variety among means on motivation. *Journal of Consumer Research*, 38(6), 1076–1092.

3 Simonson, I., Nowlis, S. M., and Simonson, Y. (1993). The effect of irrelevant preference arguments on consumer choice. *Journal of Consumer Psychology*, 2(3), 287–306.

4 Schumpe, B. M., Belanger, J. J., Dugas, M., Erb, H. P., and Kruglanski, A. W. (2018). Counterfinality: On the increased perceived instrumentality of means to a goal. *Frontiers in Psychology*, 9, 1052.

5 Monin, B., and Miller, D. T. (2001). Moral credentials and the expression of prejudice. *Journal of Personality and Social Psychology*, 81(1), 33–43.

6 Effron, D. A., Cameron, J. S., and Monin, B. (2009). Endorsing Obama licenses favoring whites. *Journal of Experimental Social Psychology*,

45(3), 590–593.

7 Shaddy, F., Fishbach, A., and Simonson, I. (2021). Trade-offs in choice. *Annual Review of Psychology*, 72, 181–206.

8 Tetlock, P. E., Kristel, O. V., Elson, S. B., Green, M. C., and Lerner, J. S. (2000). The psychology of the unthinkable: Taboo trade-offs, forbidden base rates, and heretical counterfactuals. *Journal of Personality and Social Psychology*,78(5), 853–870.

CHAPTER 10

1 Hofmann, W., Baumeister, R. F., Forster, G., and Vohs, K. D. (2012). Everyday temptations: An experience sampling study of desire, conflict, and self-control. *Journal of Personality and Social Psychology*,102(6), 1318–1335.

2 de Ridder, D. T., Lensvelt-Mulders, G., Finkenauer, C., Stok, F. M., and Baumeister, R. F. (2012). Taking stock of self-control: A meta-analysis of how trait self-control relates to a wide range of behaviors. *Personality and Social Psychology Review*, 16(1), 76–99.

3 Allemand, M., Job, V., and Mroczek, D. K. (2019). Self-control development in adolescence predicts love and work in adulthood. *Journal of Personality and Social Psychology*, 117(3), 621–634.

4 Casey, B. J., andCaudle, K. (2013). The teenage brain: Self control. *Current Directions in Psychological Science*, 22(2), 82–87.

5 Sheldon, O. J., and Fishbach, A. (2015). Anticipating and resisting the temptation to behave unethically. *Personality and Social Psychology Bulletin*, 41(7), 962–975.

6 Fishbach, A., and Zhang, Y. (2008). Together or apart: When goals and temptations complement versus compete. *Journal of Personality and Social Psychology*, 94(4), 547–559.

7 Parfit, D. (1984). *Reasons and Persons*. Oxford: Oxford University Press.

8 Bartels, D. M., and Urminsky, O. (2011). On intertemporal selfishness: How the perceived instability of identity underlies impatient consumption. *Journal of Consumer Research*, 38(1), 182–198.

9 Berger, J., and Rand, L. (2008). Shifting signals to help health: Using identity signaling to reduce risky health behaviors. *Journal of Consumer Research*, 35(3), 509–518.

10 Toure-Tillery, M., and Fishbach, A. (2015). It was(n't) me: Exercising restraint when choices appear self-diagnostic. *Journal of Personality and Social Psychology*, 109(6), 1117–1131.

11 Oyserman, D., Fryberg, S. A., and Yoder, N. (2007). Identity-based motivation and health. *Journal of Personality and Social Psychology*,

93(6), 1011–1027.

12 Zhang, Y., and Fishbach, A. (2010). Counteracting obstacles with optimistic predictions. *Journal of Experimental Psychology: General*, 139(1), 16–31.

13 Trope, Y., and Fishbach, A. (2000). Counteractive self-control in overcoming temptation. *Journal of Personality and Social Psychology*, 79(4), 493–506.

14 Gine, X., Karlan, D., and Zinman, J. (2010). Put your money where your butt is: A commitment contract for smoking cessation. *American Economic Journal: Applied Economics*, 2(4), 213–235.

15 Myrseth, K. O., Fishbach, A., and Trope, Y. (2009). Counteractive self-control: When making temptation available makes temptation less tempting. *Psychological Science*, 20(2), 159–163.

16 Kross, E., Bruehlman-Senecal, E., Park, J., Burson, A., Dougherty, A., Shablack, H., ... and Ayduk, O. (2014). Self-talk as a regulatory mechanism: How you do it matters. *Journal of Personality and Social Psychology*, 106(2), 304–324.

17 Mischel, W., and Baker, N. (1975). Cognitive appraisals and transformations in delay behavior. *Journal of Personality and Social Psychology*, 31(2), 254.

18 Zhang, Y., and Fishbach, A. (2010). Counteracting obstacles with optimistic predictions. *Journal of Experimental Psychology: General*, 139(1), 16–31.

19 Baumeister, R. F., Tice, D. M., and Vohs, K. D. (2018). The strength model of self-regulation: Conclusions from the second decade of willpower research. *Perspectives on Psychological Science*, 13(2), 141–145.

20 Dai, H., Milkman, K. L., Hofmann, D. A., and Staats, B. R. (2015). The impact of time at work and time off from work on rule compliance: The case of hand hygiene in healthcare. *Journal of Applied Psychology*,100(3), 846–862.

21 Linder, J. A., Doctor, J. N., Friedberg, M. W., Nieva, H. R., Birks, C., Meeker, D., and Fox, C. R. (2014). Time of day and the decision to prescribe antibiotics. *JAMA Internal Medicine*, 174(12), 2029–2031.

22 Fishbach, A., Friedman, R. S., and Kruglanski, A. W. (2003). Leading us not unto temptation: Momentary allurements elicit overriding goal activation. *Journal of Personality and Social Psychology*, 84(2), 296–309.

23 Stillman, P. E., Medvedev, D., and Ferguson, M. J. (2017). Resisting temptation: Tracking how self-control conflicts are successfully resolved in real time. *Psychological Science*, 28(9), 1240–1258.

24 Wood, W., and Neal, D. T. (2007). A new look at habits and the habit-goal interface. *Psychological Review*, 114(4), 843–863.

25 Gollwitzer, P. M. (1999). Implementation intentions: Strong effects of simple plans. *American Psychologist*, 54(7), 493-503.

CHAPTER 11

1 Mischel, W., Shoda, Y., and Rodriguez, M. L. (1989). Delay of gratification in children. *Science*, 244(4907), 933–938.

2 Watts, T. W., Duncan, G. J., and Quan, H. (2018). Revisiting the marshmallow test: A conceptual replication investigating links between early delay of gratification and later outcomes. *Psychological Science*, 29(7), 1159–1177.

3 Duckworth, A. L., Tsukayama, E., and Kirby, T. A. (2013). Is it really self-control? Examining the predictive power of the delay of gratification task. *Personality and Social Psychology Bulletin*, 39(7), 843–855.

4 Benjamin, D. J., Laibson, D., Mischel, W., Peake, P. K., Shoda, Y., Wellsjo, A. S., and Wilson, N. L. (2020). Predicting mid-life capital formation with pre-school delay of gratification and life-course measures of self-regulation. *Journal of Economic Behavior and Organization*, 179, 743–756.

5 McGuire, J. T., and Kable, J. W. (2013). Rational temporal predictions can underlie apparent failures to delay gratification. *Psychological Review*, 120(2), 395–410.

6 Roberts, A., Shaddy, F., and Fishbach, A. (2020). Love is patient: People are more willing to wait for things they like. *Journal of Experimental Psychology: General*.

7 Dai, X., and Fishbach, A. (2014). How non-consumption shapes desire. *Journal of Consumer Research*, 41(4), 936–952.

8 Roberts, A., Imas, A., and Fishbach, A. Can't wait to lose: The desire for goal closure increases impatience to incur costs. Working paper.

9 Ainslie, G. (1975). Specious reward: a behavioral theory of impulsiveness and impulse control. *Psychological Bulletin*, 82(4), 463–496.

10 Rachlin, H., and Green, L. (1972). Commitment, choice and self-control. *Journal of the Experimental Analysis of Behavior*, 17(1), 15–22.

11 Dai, X., and Fishbach, A. (2013). When waiting to choose increases patience. *Organizational Behavior and Human Decision Processes*, 121, 256–266.

12 Hershfield, H. E., Goldstein, D. G., Sharpe, W. F., Fox, J., Yeykeelis, L., Carstensen, L. L., and Bailenson, J. N. (2011). Increasing saving behavior through age-progressed renderings of the future self. *Journal of Marketing Research*, 48, S23–S37.

13 Rutchick, A. M., Slepian, M. L., Reyes, M. O., Pleskus, L. N., and Hershfield, H. E. (2018). Future self-continuity is associated with improved health and increases exercise behavior. *Journal of Experimental Psychology: Applied*, 24(1), 72–80.

14 Koomen, R., Grueneisen, S., and Herrmann, E. (2020). Children delay gratification for cooperative ends. *Psychological Science*, 31(2), 139–148.

PART 4

1 Holt-Lunstad, J., Smith, T. B., Baker, M., Harris, T., and Stephenson, D. (2015). Loneliness and social isolation as risk factors for mortality: A meta-analytic review. *Perspectives on Psychological Science*, 10(2), 227–237.

CHAPTER 12

1 Asch, S. E. (1956). Studies of independence and conformity: I. A minority of one against a unanimous majority. *Psychological Monographs: General and Applied*, 70(9), 1–70.

2 Keysers, C., Wicker, B., Gazzola, V., Anton, J. L., Fogassi, L., and Gallese, V. (2004). A touching sight: SII/PV activation during the observation and experience of touch. *Neuron*, 42(2), 335–346.

3 Kouchaki, M. (2011). Vicarious moral licensing: The influence of others' past moral actions on moral behavior. *Journal of Personality and Social Psychology*, 101(4), 702–715.

4 Tu, Y., and Fishbach, A. (2015). Words speak louder: Conforming to preferences more than actions. *Journal of Personality and Social Psychology*, 109(2), 193–209.

5 Ariely, D., and Levav, J. (2000). Sequential choice in group settings: Taking the road less traveled and less enjoyed. *Journal of Consumer Research*, 27(3), 279–290.

6 Triplett, N. (1898). The dynamogenic factors in pacemaking and competition. *American Journal of Psychology*, 9(4), 507–533.

7 Steinmetz, J., Xu, Q., Fishbach. A., and Zhang, Y. (2016). Being Observed Magnifies Action. *Journal of Personality and Social Psychology*, 111(6), 852–865.

CHAPTER 13

1 Ringelmann, M. (1913). "Recherches sur les moteurs animes: Travail de l'homme" [Research on animate sources of power: The work of man], *Annales de l'Institut National Agronomique*, 2nd series, vol. 12, 1–40.

2 Latane, B., Williams, K., and Harkins, S. (1979). Many hands make light the work: The causes and consequences of social loafing. *Journal of Personality and Social Psychology*, 37(6), 822–832.

3 Koo, M., and Fishbach, A. (2016). Giving the self: Increasing commitment and generosity through giving something that represents one's essence. *Social Psychological and Personality Science*, 7(4), 339–348.

4 Wegner, D. M., Erber, R., and Raymond, P. (1991). Transactive memory in close relationships. *Journal of Personality and Social Psychology*, 61(6), 923–929.

5 Ward, A. F., and Lynch, J. G. Jr. (2019). On a need-to-know basis: How the distribution of responsibility between couples shapes financial literacy and financial outcomes. *Journal of Consumer Research*, 45(5), 1013–1036.

6 Tu, Y., Shaw., A., and Fishbach, A. (2016). The friendly taking effect: How interpersonal closeness leads to seemingly selfish yet jointly maximizing choice. *Journal of Consumer Research*, 42(5), 669–687.

7 Koo, M., and Fishbach, A. (2008). Dynamics of selfregulation: How (un)accomplished goal actions affect motivation. *Journal of Personality and Social Psychology*, 94(2), 183–195.

8 Fishbach, A., Henderson, D. H., and Koo, M. (2011). Pursuing goals with others: Group identification and motivation resulting from things done versus things left undone. *Journal of Experimental Psychology: General*, 140(3), 520–534.

CHAPTER 14

1 Fitzsimons, G. M., and Fishbach, A. (2010). Shifting closeness: Interpersonal effects of personal goal progress. *Journal of Personality and Social Psychology*, 98(4), 535–549.

2 Converse, B. A., and Fishbach, A. (2012). Instrumentality boosts appreciation: Helpers are more appreciated while they are useful. *Psychological Science*, 23(6), 560–566.

3 Fitzsimons, G. M., Finkel, E. J., and Vandellen, M. R. (2015). Transactive goal dynamics. *Psychological Review*, 122(4), 648-673.

4 Fishbach, A., and Trope, Y. (2005). The substitutability of external control and self-control. *Journal of Experimental Social Psychology*, 41(3),

256–270.

5 Fawcett, C. A., and Markson, L. (2010). Similarity predicts liking in 3-year-old children. *Journal of Experimental Child Psychology*,105(4), 345–358.

6 Woolley, K., and Fishbach, A. (2019). Shared plates, shared minds: Consuming from a shared plate promotes cooperation. *Psychological Science*, 30(4), 541–552.

7 Woolley, K., Fishbach, A., and Wang, M. (2020). Food restriction and the experience of social isolation. *Journal of Personality and Social Psychology*, 119(3), 657–671.

8 Holt-Lunstad, J., Smith, T. B., and Layton, J. B. (2010). Social relationships and mortality risk: a meta-analytic review. *PLOS Medicine*, 7(7), e1000316.

9 Swann, W. B., and Gill, M. J. (1997). Confidence and accuracy in person perception: Do we know what we think we know about our relationship partners? *Journal of Personality and Social Psychology*,73(4), 747 757.

10 Kenny, D. A., and DePaulo, B. M. (1993). Do people know how others view them? An empirical and theoretical account. *Psychological Bulletin*, 114(1), 145.

11 Schroeder, J., and Fishbach, A. (2020). It's not you, it's me: Feeling known enhances relationship satisfaction more than knowing.

12 Schroeder, J., and Fishbach, A. (2015). The "empty vessel" physician: physicians' instrumentality makes them seem personally empty. *Social Psychological and Personality Science*, 6(8), 940 949.

13 Fredrickson, B. L., and Roberts, T. A. (1997). Objectification theory: Toward understanding women's lived experiences and mental health risks. *Psychology of Women Quarterly*, 21(2), 173 206.

Eurasian Publishing Group
圓神出版事業機構
用心與你對話・視野無限寬廣
先覺出版社
Prophet Press

www.booklife.com.tw　reader@mail.eurasian.com.tw

人文思潮 156

達標：芝大商學院教授親授，意想不到的激勵課

作　　者／艾雅蕾・費雪巴赫 Ayelet Fishbach
譯　　者／祁怡瑋
發 行 人／簡志忠
出 版 者／先覺出版股份有限公司
地　　址／臺北市南京東路四段50號6樓之1
電　　話／（02）2579-6600・2579-8800・2570-3939
傳　　真／（02）2579-0338・2577-3220・2570-3636
總 編 輯／陳秋月
資深主編／李宛蓁
責任編輯／劉珈盈
校　　對／劉珈盈・朱玉立
美術編輯／李家宜
行銷企畫／陳禹伶・黃惟儂
印務統籌／劉鳳剛・高榮祥
監　　印／高榮祥
排　　版／陳采淇
經 銷 商／叩應股份有限公司
郵撥帳號／ 18707239
法律顧問／圓神出版事業機構法律顧問　蕭雄淋律師
印　　刷／祥峰印刷廠
2022年6月　初版

GET IT DONE: Surprising Lessons from the Science of Motivation
by Ayelet Fishbach

定價 440 元　ISBN 978-986-134-420-1　

要達到任何目標，乃至於保有人生中你所珍惜的東西，事事都要經過一番努力。
若不激勵自己前進，你恐怕移動不了半步。

——艾雅蕾・費雪巴赫《達標》

國家圖書館出版品預行編目資料

達標：芝大商學院教授親授，意想不到的激勵課／艾雅蕾・費雪巴赫 Ayelet Fishbach著；祁怡瑋譯. -- 初版. -- 臺北市：先覺出版股份有限公司，2022.06
352面；14.8×20.8公分. --（人文思潮；156）
譯自：GET IT DONE: Surprising Lessons from the Science of Motivation
ISBN 978-986-134-420-1（平裝）
1. 成功法　2. 動機　3. 行為科學
177.2　111005811